AF619833

COUTUMES DU BAILLIAGE *D'AMIENS*, TANT GENERALES QUE LOCALES ET PARTICULIERES,

Avec les Notes de Maître Charles du Molin,

ET AUTRES REMARQUES PARTICULIERES

De M. JEAN-MARIE RICARD, *Avocat en Parlement*,

Augmentées de plusieurs autres nouvelles Remarques.

Suite du Traité des Donations Entre-vifs & Testamentaires.

A PARIS,

Chez ROLLIN, Quay des Augustins, à Saint Athanase & au Palmier.

M. DCC. LIII.

AVEC PRIVILEGE DU ROY.

PREFACE

De Maître JEAN-MARIE RICARD, 1661.

COMME les Coutumes qui regissent les Provinces de ce Royaume, font une des principales parties de notre Jurisprudence Françoise, j'en ai fait une étude particuliere pendant quelques années. Et quoique d'abord en m'y appliquant je n'eusse autre pensée que mon utilité particuliere, & le dessein de satisfaire aux obligations de ma Profession; néanmoins ayant reconnu que le Public avoit fait un accueil assez favorable à des observations que j'avois faites sur la Coutumes de Paris, qui ont été imprimées contre ma volonté, & sur un exemplaire que je n'avois point revû, avec la Conference de Maître Gilles Fortin; je me suis laissé aller à mettre au jour d'autres remarques sur la Coutume de Senlis, que j'ay choisie particulierement, tant parce qu'elle gouverne une partie du Beauvoisis, où j'ai pris ma naissance, que par la considération de ce qu'elle contient des décisions fort singulieres, & qui avoient besoin d'explication. Les mêmes raisons font que je donne aussi presentement au Public la Coutume d'Amiens; à quoi je me suis d'autant plus facilement résolu, que combien que ce fût celle de toutes nos Coutumes, sur laquelle Me Charles du Molin avoit le plus écrit; toutefois on avoit obmis de joindre au texte, dans toutes les impressions qui s'en sont faites, plus de la moitié de ses Notes, que j'ai restituées en leurs lieux.

Au reste, j'ai suivi, en interprétant cette Coutume, la même regle que je me suis prescrite à l'égard des autres, de ne parler que des difficultés particulieres qui concernent la Coutume; estimant qu'il est fort inutile de rebattre les questions generales qui se trouvent traitées par tout, & que l'on satisfait suffisamment à ceux qui recherchent les explications des Coutumes, quand ils y trouvent la résolution des questions qui naissent des termes particuliers avec lesquels la Coutume se trouve conçûe. Je n'entends pourtant point blâmer ceux qui en usent autrement, chacun ayant ses motifs differens, dont je laisse à juger.

AVIS

Sur cette nouvelle Edition.

LA proximité de la Coutume d'Amiens qui régit une partie du Bailliage de Beauvais, m'ayant donné lieu d'éclaircir plusieurs difficultés de ladite Coutume, ou que nous avons eu à juger, ou qui m'ont été proposées, ou que je me suis fait à moi-même; j'en ai fait un Recueil que j'ai appliqué aux articles de la Coutume & aux Remarques de Me Jean-Marie Ricard. *Et comme j'ai déja donné au Public des Additions sur tous les Ouvrages de cet Auteur, hormis sur cette Coutume, je me suis trouvé engagé d'inclination à donner aussi celles que j'ai faites, où je me suis réduit autant que j'ai pû, aux difficultés particulieres de la Coutume, suivant le dessein de* Me. J. M. R. *& j'ai omis ce que j'avois déja traité, qui pouvoit avoir rapport à cette Coutume sur les Donations, le Don mutuel, la Coutume de Senlis, sur la Pratique de* Me *J. Lange, & principalement dans les deux petits Traités, en quels cas les Coutumes sont réelles, personnelles ou mixtes, & des actions de reprises, de remplois & d'indemnités de la femme, qui sont à la fin de l'Histoire de Beauvais.*

TABLE DES TITRES DE LA COUTUME generale du Bailliage d'Amiens.

TITRES DE LA COUTUME LOCALE DE GERBEROY.

COUTUMES

COUTUMES DU BAILLIAGE D'AMIENS,

TANT GENERALES QUE LOCALES ET PARTICULIERES,

MISES & redigées par écrit, de l'avis des trois Etats dudit Bailliage, par nous Christofle de Thou, Chevalier, Conseiller du Roy en son Privé Conseil, & Premier Président en sa Cour de Parlement, Barthelemy Faye, & Jacques Viole, aussi Conseillers dudit Seigneur en sadite Cour, Commissaires à ce députés.

Coutumes.] Jugé par Arrêt rendu en la Cinquiéme Chambre des Enquêtes, au rapport de M. de Thurin, au procès du Vidame d'Amiens, Seigneur de Pequigny, le 7. Septembre 1571. que cette Coutume avoit dû être observée du jour qu'elle avoit été arrêtée, & publiée en l'Assemblée des Etats, combien qu'elle n'eût été apportée au Greffe de la Cour, que long-temps après. La raison qu'en rend M. Loüet, qui fait mention de ces Arrêts, en son Recueil, lettre C. nombre 20. est décisive; sçavoir que les Coutumes ne s'apportent point au Parlement, pour y être homologuées ou verifiées, mais seulement pour y être gardées par forme de dépôt public.

TITRE PREMIER.

De Fiefs.

ARTICLE I.

QUAND un vassal va de vie à trépas, le Seigneur féodal peut quarante jours après faire saisir par sa Justice le fief dudit vassal, & prendre à son profit tous les fruits & revenus d'icelui, & en jouir jusques à ce que l'héritier du trépassé l'ait relevé, payé les droits, & fait les devoirs en tels cas requis. Et en doit user comme bon pere de famille sans aucune chose demolir, ne autrement en mal user. Mais s'il ne fait saisir, ne fait ledit Seigneur les fruits siens.

Par sa Justice.] Quoiqu'elle ne soit que basse & fonciere, qui suffit pour faire les exploits de seigneurie, & est même particulierement institué pour cet effet, & propre aux fiefs.

La saisie se peut aussi faire en vertu de Commission du Juge supérieur ou du Juge Royal.

II.

Après laquelle saisie faite sur ledit fief, ne peut l'héritier, ou autre prétendant droit en icelle, empêcher directement ou indirectement en quelque maniere que ce soit, la main dudit Seigneur de fief, ains est tenu l'en laisser & souffrir joüir, ou les commissaires qui par lui auront été commis. Et si ledit vassal enfraint malicieusement la saisie & main-mise du Seigneur dûement faite & signifiée, il encourt l'amende de soixante livres parisis.

III.

Et s'il y a opposition à ladite saisie, elle tiendra nonobstant ladite opposition, avec pareille défense & peine que dessus.

IV.

Et afin que les vassaux ne prétendent cause d'ignorance de ladite saisie, ledit Seigneur feodal est tenu la faire signifier au chef-lieu du fief saisi, si aucun en y a, sinon au portail de l'Eglise Parochiale du lieu, & par affiches.

V.

Pour quelque temps que le Seigneur feodal jouisse du fief saisi, il ne peut prescrire la proprieté dudit fief. Mais en est garde seulement, de maniere que l'héritier est toûjours en son entier de relever ledit fief, en payant les droits & devoirs & frais de la saisie, & en rétablissant les fruits pris par le vassal durant ladite saisie, & payant l'amende, au cas d'infraction de main-mise.

VI.

Si le fief saisi se trouve avoir été baillé à ferme sans fraude, le fermier ou laboureur doit jouir de son bail pendant la saisie, en payant au Seigneur feodal la redevance telle qu'eût pris le vassal.

VII.

Les droits de relief en proprieté sont tels, que pour chacun fief noble tenu en plein hommage, est dû au Seigneur feodal, soixante sols parisis, avec vingt sols parisis, pour droit qu'on dit chambellage. Et pour chacun fief tenu en Pairie, est dû audit Seigneur feodal pour droit de relief, dix livres parisis, avec quarante sols parisis pour droit de chambellage.

Fief noble tenu en plein hommage.] Tous les fiefs qui sont tenus à soixante sols parisis de relief, & vingt sols de chambellage, ou par plus grande tenue, sont réputés nobles, & tenus en plein hommage par l'article 25. de cette Coutume.

Il paroît par le procès verbal qu'il y a eu opposition à cet article, & à quantité d'autres, par M. l'Evêque de Beauvais, à cause de son Vidamé de Gerberoy, qui est assis dans l'étendue de cette Coutume, auquel par une Coutume locale & particuliere redigée en l'année 1507. avec les gens des trois Ordres du Vidamé, le relief est du revenu entier d'une année, ou d'une somme pour une fois, proportionnée à ce revenu, de laquelle on convient ou le dire de Pairs. Et quoique cette Coutume locale ne se trouve point rédigée avec la Coutume générale d'Amiens, néanmoins Messire Augustin Potier Evêque de Beauvais, y a été maintenu, par Arrêt du 14. Août 1621. comme ayant repris le procès au lieu de Messire René Potier précédent Evêque, contre Jean de Senemont Ecuyer, & Damoiselle Gabrielle de Tiercelin sa femme, appellans de la Sentence rendue par le Bailly du Vidamé de Gerberoy le 27. Septembre 1607. par laquelle la saisie faite du fief de Lignieres scis à Feuquieres, à la requête du Procureur Fiscal du Vidamé, avoit été déclarée bonne & valable, ordonné qu'elle tiendroit jusques à ce que les défendeurs eussent payé les droits de relief dûs au demandeur, selon les Us & Coutumes du Vidamé de Gerberoy, avec gain de fruits depuis la saisie & dépens, laquelle Sentence a été confirmée par l'Arrêt, sans avoir égard à l'inscription en faux formée en ce procès, contre l'original manuscrit de cette Coutume locale de Gerberoy, par Geoffroy de Tiercelin, sieur de Brosses & de Feuquieres, reçû partie intervenante au procès, & appellant de la même Sentence. Il s'agissoit du relief de mary, & bail dû par le sieur de Senemont à cause de sa femme, qui avoit soutenu ne devoir pour ce relief que soixante sols parisis, suivant la disposition de cet article 7. de la Coutume générale.

VIII.

Et en relief de bail n'y échet que simple relief tel que dessus, sans aucun droit de chambellage.

En relief de bail.] Ce relief est dû par le mari à cause des fiefs qui appartiennent à sa femme, ou qui lui échéent pendant leur mariage, & par le gardien noble qui fait les fruits siens.

Relief, tel que dessus.) C'est-à-dire, suivant qu'il est expliqué par l'article précédent.

I X.

Si femme tenant fief se marie, le mari est tenu le relever comme mari & bail de sa femme, pour desservir ledit fief, & doit relief tel comme dessus. Et à faute de faire ledit relief, le Seigneur féodal le peut faire saisir & gouverner sous la main de sa Justice, aux dépens du revenu d'icelui fief: mais ne fait les fruits & profits siens.

X.

Et quand le fief échet à une femme constant son mariage, soit par succession, don testamentaire, ou par don entre-vifs fait en avancement d'hoirie & de succession: en ce cas le mari & la femme sont tenus de relever la proprieté dudit fief, & payer droit de relief & chambellage selon la nature d'icelui, & n'est ledit mari tenu relever de bail.

X I.

Quand le relief de proprieté est fait par la femme ou par son mari constant son mariage, elle n'est plus tenue relever ledit fief après le trépas de son mari.

X I I.

Avant qu'aucune personne, soi disant héritier d'autrui, puisse dire avoir droit réel ès fiefs dont il se veut dire héritier, & d'iceux faire dessaisine au profit d'autrui ès mains des Seigneurs féodaux, dont ils sont tenus, ou de leurs officiers, faut qu'il ait relevé iceux fiefs, & payé ausdits Seigneurs feodaux, ou satisfait de leurs droits, & fait les devoirs.

Au profit d'autrui.] *Id est si hæres cedit extraneo priùs debent solvi jura per hæredem, deinde per cessionarium: secùs dividendo vel assignando cohæredibus, quia nulla nova jura deberentur,* C. M.

X I I I.

Quand le vassal va de vie à trépas, tenant un ou plusieurs fiefs, & l'aîné & plus proche héritier d'icelui s'abstient d'appréhender lesdits fiefs, ou aucuns d'iceux, les puinez & chacun d'eux en son ordre peuvent relever & appréhender lesdits fiefs. Pour raison duquel relief, n'est dû que simple droit de relief & chambellage. Et est tenu le Seigneur recevoir lesdits puinés, encore que l'aîné eût relevé autres fiefs d'icelle succession.

L'aîné & plus proche héritier.] *Hæc copula, &, stat pro alternativa ampliando.* C. M.

Et appréhender lesdits fiefs.] *Sine solutione novorum aliquorum jurium, quia hic nulla est cessio, & sic hic §. differt à præcedenti in quo est cessio & mutatio manus de uno in alium* C. M.

X I V.

Après que le vassal a été reçu à relief, il est tenu de bailler dénombrement par écrit dudit fief sous son scel, ou autrement en forme autentique: & par icelui déclarer en quoi se consiste ledit fief & tout ce qu'il entend tenir de son Seigneur, avec les charges & servitudes dont ledit fief est chargé envers ledit Seigneur, & ce dedans quarante jours après ledit relief.

A l'égard des fiefs qui appartiennent aux femmes mariées, il ne suffit pas que le mari seul présente l'aveu, mais il doit l'être par la femme de l'autorité de son mari; parce qu'il s'agit d'une obligation réelle.

Après que le vassal.] C'est-à-dire, le propriétaire, & ainsi l'aveu n'est pas dû après un simple relief de bail.

X V.

Et si après lesdits quarante jours, ledit vassal est délayant de ce faire, le Seigneur feodal peut par faute de dénombrement baillé, faire saisir & mettre en sa main ledit fief, & le faire régir & gouverner aux dépens des fruits d'icelui, jusques à ce que ledit vassal aura baillé sondit dénombrement, ou qu'en personne, ou par Procureur il se soit soumis en la main dudit Seigneur, ou de son Bailly, de le bailler dedans temps competant, en quoi faisant, le vassal doit avoir main-levée à son profit de sondit fief, en payant par lui les mises de Justice raisonnables.

X V I.

Mais si ledit vassal n'avoit fourni dans le tems de ladite soumission, ledit Seigneur peut derechef faire saisir ledit fief en sa main & régir & gouverner aux dépens des fruits, jusques à ce que ledit vassal ait effectuellement baillé ledit dénombrement. Et si après ladite prise & saisie dûement signifiée, selon la forme ci-devant dite, ledit vassal, ou autre s'ingere de prendre & lever les fruits dudit fief ainsi saisis, l'infracteur commet amende de soixante sols parisis envers ledit Seigneur, pour l'infraction de main : & outre est tenu réintegrer & remettre ès mains d'icelui Seigneur, les fruits par lui pris & levés.

XVII.

Et si depuis ledit vassal baille son dénombrement, il peut demander compte des fruits de sondit fief, en payant (comme dit est) les frais & mises de justice, tels que de vingt-cinq sols pour les frais de chacune saisie & main-levée, & en ce faisant doit avoir main-levée.

Vingt-cinq sols pour les frais de chacune saisie & main-levée.] Outre les frais de l'exploitation des fruits qui se déduisent sur les fruits en rendant compte, *sup. art.* 16. Comme aussi en ces vingt-cinq sols, ne sont compris les dépens ausquels le vassal peut être condamné, en cas qu'il forme une mauvaise contestation.

XVIII.

Si le vassal a une fois baillé son dénombrement, il ne peut être contraint le bailler une autre fois, quelque mutation de Seigneur qu'il y ait.

XIX.

Trois mois après le dénombrement baillé, le Seigneur est tenu bailler à son vassal, ou faire bailler par son Bailly, s'il en est requis, lettres de récépissé en forme dûe, ou contredire & débattre icelui dénombrement, & dire les causes pourquoi il ne les veut recevoir. Autrement & à faute de ce faire, le dénombrement demeure pour accordé.

XX.

Quand le Seigneur veut qu'on lui fasse les foy & hommage personnels que ses hommes de fief lui sont tenus faire en personne, il doit par commission de lui ou de son Bailly faire sçavoir à cesdits hommes sur le chef-lieu de leurs fiefs (si aucun en y a) sinon à l'Eglise Parochiale & par affiches, comme dessus, que dedans quarante jours en ensuivans, ils ayent à venir en personne faire lesdites foy & hommage sur son chef lieu. Et se doit icelui Seigneur durant lesdits quarante jours, tenir sur la seigneurie dont lesdits fiefs sont tenus : afin que lesdits vassaux le puissent trouver audit lieu, lesquels ne sont tenus d'aller faire ledit hommage hors les fins de ladite seigneurie. Et autrement lesdits vassaux ne sont tenus de faire les foy & hommage personnels audit Seigneur.

Il semble que cet Article s'entende du nouveau Seigneur, & qu'il puisse contraindre tous ses vassaux en général, tant anciens que nouveaux, à lui faire la foy & hommage, comme dans la plûpart des Coutumes du Royaume, & non pas seulement ceux qui n'ont point encore été reçus en foy, & pour ce sens fait l'Article 1. lequel en cas de mutation de la part du vassal, donne pouvoir au Seigneur de saisir sans dénonciation précédente. Et l'Article vingt-uniéme qui suit immédiatement celui-ci, parlant de l'hommage qui est dû en cette occasion, dit, que ce n'est que la bouche & les mains ; ce qui ne s'accorde pas au cas de mutation de la part du vassal. Il faut pourtant expliquer cet Article autrement, qui ne veut dire autre chose, sinon que le Seigneur qui veut obliger ses vassaux à lui faire la foy & hommage personnelle, est obligé d'être en personne en sa seigneurie, à faute de quoi les vassaux ne sont tenus de faire la foy & hommage en personne, comme il est porté en la fin de cet Article. Mais il ne faut pas entendre que sur la publication faite par le Seigneur, que ses vassaux ayent à lui venir rendre les hommages personnels, tous les vassaux indistinctement soient obligés de ce faire, mais seulement ceux qui ne les ont pas faits jusques alors, attendu l'article 22. qui porte, que l'hommage une fois fait par le vassal ne se réitere pas sa vie durant, quelque changement de Seigneur qu'il y ait, à quoi les Articles 1. & 21. ne dérogent pas.

Et se doit icelui Seigneur durant lesdits 40. jours tenir sur la seigneurie.] *Per se vel specialem procuratorem.* C. M. Cette explication de Du Moulin n'est nullement conforme à l'esprit de la Coutume. Et de fait, il paroît par le procès-verbal, que le Cardinal de Châtillon en qualité de Vidame de Gerberoy, prétendit par un privilége particulier qu'il avoit droit de commettre pour recevoir les foy & hommage, à quoi s'opposa l'Avocat du Roy, supposant que la prétention du Cardinal de Châtillon étoit contraire au texte de la Coutume : mais quoi que ce soit, cette question ne peut plus recevoir de difficulté depuis la derniére réformation, lors de laquelle a été ajoutée la derniére clause de cet Article, qui porte expressément, que faute de se trouver en personne sur le lieu par le Seigneur, les vassaux ne sont pas tenus de faire les foy & hommages personnels.

XXI.

Si le vassal au cas dessus dit, est refusant, ou délayant de faire ledit hommage après lesdits quarante jours, le Seigneur peut faire saisir par sa justice lesdits fiefs,

& d'iceux prendre & appliquer à ſon profit les fruits, juſques à ce que ledit vaſſal aura fait ledit hommage, qui eſt de bouche & de main.

XXII.

L'hommage une fois fait par le vaſſal à ſon Seigneur feodal, ne ſe doit réiterer par icelui vaſſal durant ſa vie, ſi bon ne lui ſemble, pour quelconque mutation de Seigneur.

XXIII.

Quand un fief ou héritage cottier tenu de pluſieurs Conſeigneurs par indivis, eſt vendu, il ſuffit que les venditions, deſſaiſines & ſaiſines, ou reliefs, ſoient faites pardevant l'un deſdits Seigneur, ou ſon Bailly & Officiers de Juſtice: & que l'on paye à lui ſeul les droits pour ce dûs à tous les Conſeigneurs par indivis: lequel Seigneur toutes fois recevant leſdits droits, eſt tenu d'en payer & délivrer aux autres Seigneurs, & à chacun d'eux leur part & portion. Et ſont tels reliefs, deſſaiſines & ſaiſines ainſi faits & baillés, réputés bons & valables, comme ſi faits étoient pardevant tous leſdits Seigneurs par indivis enſemble, ou leurs Officiers.

XXIV.

Auſſi ſuffit que le vaſſal tenant de pluſieurs Seigneurs par indivis, faſſe à l'un d'eux ſerment de fidélité & hommage, & lui baille dénombrement du fief qu'il tient de tous leſdits Seigneurs par indivis. Mais celui qui reçoit ledit dénombrement, eſt tenu le communiquer aux autres Conſeigneurs: ſans toutefois qu'il puiſſe bailler récépiſſé, que ce ne ſoit du conſentement de tous leſdits Conſeigneurs enſemble.

XXV.

Le vaſſal tenant en pairie ou en plein hommage, à pareille juſtice & ſeigneurie en ſon fief comme le Seigneur, dont il tient, a en ſon fief. Et tous fiefs qui ſont tenus à ſoixante ſols pariſis de relief, & vingt ſols de chambellage, ou par plus grande tenue, ſont réputés nobles, & tenus en plein hommage, tellement que les propriétaires d'iceux fiefs ont en iceux toute ſeigneurie & juſtice haute, moyenne & baſſe, & telle & ſemblable que les ſeigneurs feodaux dont ils tiennent.

XXVI.

Celui qui a fief, auquel il y a juſtice & ſeigneurie, peut (ſi bon lui ſemble) ſans le conſentement de ſon Seigneur feodal, le bailler tout ou partie pour l'augmentation & mélioration d'icelui à cens ou rente héréditale, ſans rachapt à telle perſonne qu'il lui plaît, en retenant ſur ledit fief, ou partie, baillé à cens ou rente, la juſtice & ſeigneurie, pourvû qu'il le baille à juſte rente & prix, & autant qu'il vaut ſans fraude, pourvû auſſi qu'en faiſant ledit bail, ou pour cauſe d'icelui, il ne prenne aucuns deniers, ne autres profits. Et où il en prendroit autres que leſdits cens & rentes, ſans le ſçu & conſentement de ſondit Seigneur, il eſt tenu de payer les droits ſeigneuriaux, à raiſon des deniers par lui reçus, & outre l'amende de quarante livres pariſis pour le déguiſement & recellement par lui fait.

XXVII.

Peut auſſi bailler partie de ſon fief en arriére fief, pour l'augmentation de ſondit fief & ſeigneurie, ſans fraude.

XXVIII.

Chacun peut échanger ou permuter ſon héritage à l'encontre d'autre héritage. Et ſi iceux héritages ſont tenus d'un même fief & ſeigneurie, le Seigneur pour raiſon dudit échange, ne peut demander aucuns droits ſeigneuriaux, pourvû que ce ſoit ſans fraude, & qu'il n'y ait ſoulte de deniers, ou autre profit. Auquel cas ſeroient dûs au Seigneur feodal droits ſeigneuriaux d'icelle ſoulte par celui qui reçoit les deniers d'icelle, & dont les contractans ſeront tenus ſe purger par ſerment.

Et ſi iceux héritages ſont tenus d'un même fief & ſeigneurie, &c.] Il s'enſuit que ſi les héritages échangés ſont tenus de différents fiefs, les droits en ſont dûs aux Seigneurs comme d'une vente pure & ſimple, & à plus forte raiſon, on ne peut pas pratiquer ce qui ſe fait d'ordinaire aux autres Coutumes, pour ſauver les droits ſeigneuriaux, qui eſt de bailler des rentes conſtituées en échange contre les héritages que l'on acquiert.

XXIX.

Mais ſi leſdits héritages permutés étoient tenus de diverſes ſeigneuries, en ce cas (ſoit qu'il y ait ſoulte, ou non) les droits ſeigneuriaux ſont dûs aux Seigneurs, deſquels iceux héritages permutés, ſont tenus, ſelon la valeur & eſtimation d'iceux.

XXX.

Les héritages pris par échange sont de pareille nature & condition, que les héritages baillés-en contr'échange.

Que les héritages baillés en contr'échange.] *Scilicet respectu qualitatum antiqui vel novi prædii respectu acquirentium : sed non respectu qualitatum intrinsecarum, vel realium ipsius fundi, quia de feudali non fit censuale vel contrà; etiamsi ab eodem domino directè utrumque prædium moveretur.* C. M.

Cet Article est mal placé sous le titre des fiefs, d'autant qu'il ne s'entend pas pour la tenue, & un héritage roturier pris en échange d'un fief, ne devient pas feodal, comme a fort bien remarqué M. Charles du Molin. Si bien que la disposition de cet article regarde le titre des successions, des donations, des testamens, de la communauté & du retrait, à l'égard de toutes lesquelles matieres, si un héritage propre est baillé en échange, l'héritage pris en contr'échange, retient la même qualité.

XXXI.

Le vassal peut éclipser, diviser & démembrer son fief en reconnoissant le contrat pardevant le Seigneur feodal, ou son Bailly & Officiers de sa Justice, & en le contentant de ses droits seigneuriaux. Autrement si tel éclipsement se faisoit au déçû dudit Seigneur feodal, sans le reconnoître pardevant lui ou ses Officiers, & le contenter de ses droits seigneuriaux, & que celui au profit duquel est fait ledit éclipsement, entrât en vertu dudit contrat en jouissance de la partie éclipsée : ledit Seigneur peut faire contraindre celui qui a fait ledit éclipsement, à lui payer ses droits seigneuriaux, ou renoncer audit contrat, à l'élection & choix dudit vassal.

En le contentant de ses droits seigneuriaux.] Suivant la nature des mutations, & dans les cas ausquels il en est dû.

¶ Mais si le possesseur ou propriétaire n'a ni justice ni seigneurie, à cause de son fief, il ne peut bailler son domaine à rente sans permission du Seigneur, sinon il lui doit toujours pleine foy & hommage avec les autres droits ordinaires; le Seigneur n'est plus aussi tenu des rentes infeodées en cas de saisie ou de réunion faute des devoirs; ce que je ne voudrois pas étendre au cas de la confiscation, d'autant qu'elle n'exempte pas des dettes. Aussi dans les cas où il ne s'agit pas de l'intérêt du Seigneur, comme pour la succession entre les enfans, l'arrentement doit avoir effet. M. Maillart sur Artois, art. 41.]

XXXII.

La partie éclipsée sera tenue à tels droits & redevances qu'étoit auparavant tenue la totalité dudit fief.

A tels droits & redevances.] *Scilicet* pour la qualité & non pour la quantité, la partie éclipsée ne devant les droits qu'à proportion.

XXXIII.

Chacun se peut jouer de son héritage feodal ou cottier, jusques à la main mettre au bâton, qui est à dire, que chacun peut donner, vendre & disposer de son héritage, sans le danger de son Seigneur, & sans pour ce être tenu lui payer aucuns droits seigneuriaux, jusques à la reconnoissance du contrat & dessaisine d'héritage dont il dispose, pardevant le Seigneur feodal, ou son Bailly & Officiers: si ce n'étoit qu'en vertu des contrats passés par les parties, les acheteurs, donataires, ou autres, au profit desquels on auroit disposé au desceu du Seigneur feodal, entrassent en l'actuelle possession & jouissance d'iceux héritages. Auquel cas ledit Seigneur peut contraindre les parties qui auroient contracté, à lui payer les droits seigneuriaux, ou eux désister dudit contrat, au choix & élection dudit vassal.

¶ Monsieur d'Argentré art. 342. de la Coutume de Bretagne, *substantialia feudi non pendent à pactis accidentalibus adjunctis citrà substantialium præjudicium aut mutationem; ideo feuda quaque manent in sua natura, nec præjudicatur substantiæ per pacta :* C'est ce qui est encore mieux expliqué par Pontanus sur Blois, *de feudis tit. 5. art. 66. 67. aliud existimarent ubi accessio esset extranea, quia vassallus aliud acquisivisset feudum quod à suo non tenebatur, quia quantumcumque feudum istud extraneum suo adjungeret, unius atque alterius non fieret unio, itaut feudum de novo acquisitum naturam ejus cui adjungitur minime assumat*, & il ajoute, *etiam sub feudi uniti non est perpetua unio, nisi homagium factum superiori & investitura.*]

XXXIV.

Aussi dans un an après que le contrat sera passé, l'acquereur sera tenu entrer en actuelle jouissance de la chose, ou déclarer qu'il s'en désiste : autrement ledit temps d'un an passé, n'y peut plus renoncer, & le Seigneur le peut contraindre pour ses droits.

Ledit temps d'un an passé, n'y peut plus renoncer. *scilicet*, au cas de la derniere clause de l'article précédent, & lorsque le Seigneur a commencé à le contraindre & à agir contre lui, de sorte que si le Seigneur n'a pas fait de demande de ses droits auparavant le desistement, il n'est pas recevable à les prétendre, quelque temps qu'il se soit passé depuis le contrat, & quelque jouissance de la chose qu'ait fait l'acquereur, parce que comme les contrats de ventes & autres semblables, sont en cette Coutume pures conventions personnelles, nonobstant même la tradition de fait, on les peut résoudre *inconsulto domino*, sans qu'il lui soit dû droits. Cela paroît par les Articles 31. & 33. où l'acquereur, quoiqu'entré en jouissance se peut désister du contrat, sans payer aucuns droits, non pas véritablement après l'an, à cause de cet Article 54. qui a été ajouté lors de la réformation, & a apporté cette limitation aux Articles précédens, afin que l'acquereur entré en jouissance, ne pût plus après l'en éluder davantage, le Seigneur demandant ses droits : mais cet Article ne s'entend pas du cas auquel les parties ont resily auparavant la demande du Seigneur, quoi qu'après une ou plusieurs années du jour du contrat, les parties étant toujours entiéres de résilir auparavant l'action ou interpellation du Seigneur. Autrement il seroit dû doubles droits, l'un à cause du premier contrat, & l'autre en conséquence du désistement; ce qui est contre l'intention de la Coutume, lors que les parties ont resily auparavant l'interpellation du Seigneur. v. J. art. 54.

Le Seigneur le peut contraindre pour ses droits.] On demande si le Seigneur peut saisir le fonds pour ses droits? Il semble qu'oüi, à cause du mot de *contraindre* qui va à l'exécution, & non pas à une simple action. Et d'ailleurs, cet Article parle de contraindre l'acquereur, combien que par la Coutume ce ne soit pas lui qui doive les droits, mais le vendeur, tellement que l'acquereur ne peut être contraint au payement des droits sinon à cause du fonds qu'il posséde; & ainsi il semble que le Seigneur ait raison en cette Coutume de se prendre au fonds pour ses droits seigneuriaux, & de faire saisir les fruits par sa Justice. Néanmoins le contraire est plus véritable, à cause de la régle commune, *quâ omnis via executionis prohibita est, nisi quatenus jure, consuetudine, vel privilegio permissa est.* Tellement que le pouvoir de saisir pour lods & ventes, ne se trouvant pas exprès en cette Coutume, il ne reste que la voye d'action. Et ne fait rien le mot de *contraindre* pour en inferer qu'on peut saisir, parce qu'il s'explique de la voye d'action, aussi bien que de l'exécution. Et de fait, la Coutume use d'ailleurs de ce mot, comme en l'article 151. où il ne s'agit point de saisie ni d'execution.

Je demande au sujet de cet Article, si incontinent après le contrat passé, & auparavant la dessaisine, même auparavant que l'acquereur soit entré en jouissance, le Seigneur peut user du retrait feodal? Il semble que non, par la raison que nous venons de toucher, qu'il ne peut pas demander ses droits seigneuriaux, si l'acquereur n'est entré en jouissance, ou qu'il ne se soit passé un an du jour du contrat : & toutefois j'estime le contraire, la condition du Seigneur pour le retrait feodal ne devant pas être pire que celle du parent lignager, qui peut agir aussi tôt que le contrat est fait, sans attendre la tradition. Et l'acquereur n'est pas recevable à dire, qu'il n'a encore aucun droit réel, mais une simple action, *ad rem consequendam*, parce qu'il est hors d'intérêt, en quittant au Seigneur tout tel droit qu'il a. *Facit Molin.* §. 13. *antiq. cons. Par. gl.* 3. Et ne pourra plus l'acquereur résilir au préjudice du Seigneur qui a demandé le retrait.

¶ Je croi que les droits sont dûs après avoir présenté le contrat, encore qu'il n'ait pas été ratifié par la femme, supposé qu'elle soit partie nécessaire : d'autant que le mari ne devoit pas le présenter au Seigneur sans être sûr de son fait : mais auparavant il a été permis de resilir sur le refus fait par la femme. Il n'y a pas de justice de faire perdre à un acquereur à faculté de remeré les droits par lui avancés, (lorsque le vendeur rentre dans le temps de la grace, qui n'excéde pas neuf ans,) sous prétexte qu'il y a eu nantissement qui n'étoit que conditionnel : d'autant que le nantissement ne change rien, si la vente n'a pas d'effet; d'autant plus qu'en cette Coutume on peut résilir en dedans l'année si l'on n'a pas pris saisine : ainsi il semble que l'Arrêt du 25. Janvier 1633. au premier tome du Journal des Audiences, en la Coutume de Ponthieu, qui a jugé que les droits étoient dûs sans restitution, quoique l'on rembourse dans le temps de la grace, ne doit pas faire loi en cette Coutume.]

XXXV.

Lesdits droits seigneuriaux en vendition d'héritages feodaux, sont du quint denier du sort principal de la vendition de la chose : & en autres contrats pour lesquels seroient dûs lesdits droits, sont du quint denier de la valeur & estimation d'icelle. Mais si la vendition est faite francs deniers au vendeur, est dû droit de quint & requint.

Et en autres contrats.] Equipollens à vente.

Et requint. Cette diposition est juste, parce que comme c'est au vendeur en cette Coutume à payer le quint sur le prix qu'il reçoit, le quint fait partie du prix : de sorte que s'il charge l'acquereur, le droit est dû pour le quint qu'il retient.

Maître Adrien Heu est d'avis en son Commentaire sur cet Article, que les droits seigneuriaux sont dûs, non à celui qui étoit receveur de la seigneurie au temps du contrat de vente, mais au temps de la dessaisine & saisine, & dit qu'il a été ainsi jugé plusieurs fois au Bailliage d'Amiens, il ajoute même, que sa résolution doit avoir lieu, quand il s'agit d'une adjudication judiciaire. Je tiens au contraire, que les droits appartiennent au fermier du temps de l'adjudication, par le moyen de laquelle, à cause de la force & de l'autorité de la Justice, celui duquel on a vendu & adjugé le bien demeure suffisamment dessaisi. Ce que j'estime veritable, quand la vente ne seroit que par simple licitation, & que la forme déclarée en l'article 254. de cette Coutume, de signifier la saisie réelle au Seigneur, avec défenses de recevoir dessaisine, ni bailler saisine, n'auroit pas été observée. Car il ne faut pas attendre aux ventes forcées que celui duquel on vend le bien par Justice, vienne après l'adjudication se dessaisir ès mains du Seigneur, ce qu'il ne fera jamais; & ainsi l'adjudication doit tenir lieu de dessaisine, sur laquelle l'adjudicataire peut se faire valablement ensaisiner par le Seigneur, & cela est reçu par l'usage. Et en effet, Du Molin en sa note sur l'article 235. de la Coutume de Senlis, où il est dit, que le vendeur doit aller trouver le Seigneur feodal ou censuel dans quarante jours, lui payer ses droits, & soi dessaisir, y apporte l'exception en ces termes, *fallit in venditione quæ fit per judicem ut in publicis subhastationibus, quia judex non tenetur ire, nec reus quo invito venditur, sed emptor videtur procurator judicis ferendo ejus decretum.* Et ainsi je ne fais nulle difficulté, que les droits ne soient dûs au Seigneur, ou fermier qui étoit au jour de l'adjudication, qui vaut dessaisine. Quant aux ventes volontaires & contractuelles, quoiqu'il y ait plus de difficulté en cette Coutume, j'estime pourtant la même chose, que les droits sont dûs au Seigneur ou fermier qui étoit lors du contrat, & quoiqu'en cette Coutume ils ne soient pas exigibles auparavant la dessaisine ou saisine, au cas que l'acquereur entrât en possession, ou cessât plus d'un an, suivant les deux Articles précédens, néanmoins en considerant l'origine & la cause productive des droits, qui est la vente, & non pas la dessaisine, ni la saisine : je tiens certainement qu'ils appartiennent à celui qui jouissoit de la seigneurie au temps du contrat.

XXXVI.

Et en héritage cottier, ledit droit seigneurial est du treiziéme denier, & s'il est dit francs deniers, outre ledit treiziéme denier, sont dûs venterolles, qui sont le treiziéme denier dudit treiziéme.

Le treiziéme denier.) Cette Coutume use du mot de treiziéme, comme quelques autres, & particulierement celle de Normandie. La plûpart des autres Coutumes se servent du mot de douziéme denier, ou de douze deniers l'un, qui est pourtant la même chose que treiziéme, l'un se prenant inclusivement, & l'autre exclusivement. Ainsi cette Coutume dit au titre des criées qu'il les faut faire par quatre quinzaines, là où les autres disent par quatre quatorzaines. Et la Coutume de Normandie en l'article 174. explique ceci nettement, en disant, que le treiziéme se paye au prix de vingt deniers pour livre, qui est la même raison à laquelle se taxe aux autres Coutumes le douziéme denier au Seigneur censier.

XXXVII.

Quand la vendition est faite simplement, le vendeur est tenu de payer les droits seigneuriaux : & quand elle est faite francs deniers, l'acheteur est tenu de les payer.

XXXVIII.

Un Seigneur ayant justice & seigneurie, peut toutes & quantes fois que le fief ou héritage cottier de lui tenu & mouvant est vendu après la dessaisine faite pardevant lui ou ses Officier de Justice, ayant pouvoir de ce faire, & auparavant la saisine baillée, retenir par puissance de fief & seigneurie ledit fief, terre ou héritage ainsi vendu, & dont on est dessaisi, pourvû qu'auparavant il n'ait reçu, ou ne se soit tenu pour content de ses droits de vente, en payant & remboursant par ledit Seigneur, à l'acheteur, tous les deniers du sort principal, frais & loyaux cousts par lui payés, si la vente est faite francs deniers : mais si elle est faite sans qu'il soit dit francs deniers, ledit Seigneur en ce cas sur le sort principal de ladite vendition, peut retenir son droit de quint denier, ou autres droits seigneuriaux, selon la nature des héritages, & parfournir le surplus du prix de la vendition au vendeur.

· Un de plusieurs Seigneurs ne peut retirer que pour sa part, & néanmoins si l'acquereur lui vouloit quitter le tout, il seroit tenu de l'accepter ; n'étant pas juste, que l'acquereur souffre detriment de cette pluralité de Seigneurs d'un même fief, & en ce cas, le Seigneur partiaire ne reunit que pour sa part ; & pour les autres, il devient vassal, ou tenancier des autres Co-Seigneurs.

¶ Le contraire a été jugé par Arrêt du Juin 1683. en la Quatriéme des Enquêtes sur les conclusions de Monsieur Talon Avocat Général : néanmoins l'opinion de Me J. M. R. est plus juste & conforme au bien public, d'autant qu'un acquereur n'auroit souvent qu'une portion qu'il n'eût jamais acquise, & souffriroit souvent dans les estimations contre un Seigneur puissant. Aussi la question ayant été consultée à Paris pour la Dame Abbesse de Saint Paul, qui vouloit retirer la meilleure partie du bien de Sorci tenu d'elle, & laisser ce qui dépendoit d'autres Co-Seigneurs qui ne l'accommodoit pas ; on n'a pas trouvé qu'elle fût bien fondée.]

XXXIX.

XXXIX.

Et si ledit Seigneur veut retenir ledit héritage, il est tenu ou son Bailly & Officiers, de déclarer pour lui, & lors qu'on requiert avoir la saisine desdits héritages, que sur ce il aura avis, lequel il peut prendre : c'est à sçavoir pour bailler saisine de chose feodale dedans quarante jours, & de chose cottiere dedans sept jours.

Il aura avis.) *Et sic non tenetur interim consignare, nec retrahere, sed solùm eligere, quo facto, quia consuetudo non præfigit aliud tempus debet acquisitor petere à judice, ut aliud certum breve tempus præfigatur domino directo, ad refundendum scilicet, & quando elegit retrahere : & puto quod non debet arbitrari longius tempus octo dierum, vel septem, argumento hujus consuetud. quia non est æquum acquisitorum manere in suspenso. Sed in consuet. Paris. non tenetur emptor notificatione factà interpellare dominum, sed ipso jure ei currit tempus, ut §. 13. indicta consuet. ubi dixi.* C. M.

XL.

Retenue par puissance de fief, n'a lieu en échange, n'en donation d'héritages, soient feodaux, ou cottiers.

XLI.

Toutes & quantes fois qu'un vassal fait en la court de son Seigneur feodal pardevant son Bailly & Officiers aucun acte de vassal, il est par ce moyen tenu & réputé homme & tenant : néanmoins ledit Seigneur n'est privé de pouvoir demander par action son droit de relief, ou autres qui lui seroient dûs. Et quand un Seigneur feodal par lui ou son Receveur, reçoit ou fait recevoir par trois ans continuels & consecutifs, & par trois divers payemens la censive qui lui est dûe par chacun an par son tenancier roturier, le Seigneur en ce cas ne le peut désavouer à homme & tenancier.

Recevoir par trois ans continuels, & par trois divers payemens.) *Argumento l. quicumque C. de apochis pup. lib. 10. si trium cohærentium sibi annorum apochæ securitatesque protulerit.*

XLII.

Un tenancier cottier ne peut, sans le consentement de son Seigneur feodal, bailler l'héritage qu'il tient cottierement à cens ou surcens : & s'il le fait, le bail est nul, & n'y a en ce cas prescription contre le Seigneur.

A cens, ou surcens.) Il est sans difficulté pour les cens. Mais pour ce qui est du surcens, je ne conçois pas pourquoi le tenancier cottier ne puisse bailler son héritage à surcens, ou rente proprietaire, sans le consentement du Seigneur, qui n'a aucun intérêt pour sa censive, ni autrement, le bail à surcens ne lui portant aucun préjudice : c'est pourquoi cette disposition à l'égard du surcens, a justement été abrogée par un usage contraire. Aussi Maître Charles Du-Molin a-t-il fort bien remarqué en la note qu'il a faite sur la clause suivante de cet article, qui porte, *& s'il le fait, le bail est nul*, que cette nullité n'avoit lieu que pour ce qui concerne le Seigneur, *scilicet respectu domini directi.*

XLIII.

Un tenancier cottier peut renoncer & délaisser la terre, héritage ou masure en la main du Seigneur de qui il le tient à censive, en payant préalablement tous les arrérages du cens, jusqu'au jour du délaissement. Mais s'il est preneur & obligé personnellement, ne le peut délaisser, s'il ne plaît au Seigneur.

Mais s'il est preneur & obligé personnellement.) *Signanter addidit*, obligé personnellement, ne suffisant pas qu'il soit preneur à cens, pour l'empêcher de déguerpir, s'il n'y a clauses personnelles au contrat qui resistent à ce deguerpissement.

XLIV.

Quand un vassal commet felonnie contre son Seigneur feodal, dérogeant à son serment de fidélité, il confisque son fief, & échet en amende à discretion de Justice, selon l'exigence du cas.

Cet article a été subrogé au lieu du 70. de l'ancienne Coutume, conceu en ces termes. *Par ladite Coutume générale toutes & quantes fois qu'un vassal commet félonnie à l'encontre de son Seigneur feodal, en derogeant à son serment de fidelité, tel vassal pour ladite félonnie confisque son fief envers sondit Seigneur feodal, ou échet envers lui en amende de soixante livres parisis.* Sur lequel article Maître Charles Du Molin avoit fait cette note : *Soixante livres parisis.*) *Sed cujus electio ? Resp. si æstimatio injuriæ non est minor hac mulcta, electio est domini directi : si verò est minor, electio est vassalli : ut dixi in consuet. Paris.* §. 30. *in secunda editione quo remitto.*

X L V.

Pareillement si le Seigneur commet felonnie contre son vassal, il perd son hommage & droit de fief, lequel retourne au Seigneur supérieur.

TITRE II.

De Donations.

ARTICLE XLVI.

TOute personne âgée & usant de ses droits, peut donner entre-vifs son héritage à lui venu & échû par ses prédécesseurs (soit feodal ou roturier) à telle personne capable qu'il lui plaît, & en icelles donations apposer telles modifications, charges & conditions que bon lui semble.

Aagée & usant de ses droits.] *Scilicet sui juris & major viginti quinque annis.* C. M.

Charges & conditions.] Pourvû qu'elles ne dérogent pas à la nature du contrat, & qu'elles ne l'empêchent de valoir en qualité de donation entre-vifs, comme sont les conditions potestatives, & qui dépendent de la volonté du donateur, qui ne peuvent pas compatir avec l'irrévocabilité qui est une partie essentielle de la donation.

¶ Cette Coutume n'admet aucune donation à cause de mort en forme de donation entre-vifs, non pas même les dons mutuels; c'est pourquoi il semble que l'on ne peut pas autoriser les donations en forme d'entre-vifs, qui se font *cogitatione mortalitatis*, avant que d'entrer en Religion ou d'aller à l'armée, si elles ne sont d'une maniere irrévocable, & ensaisinées, ou revêtues des formalités des testamens.]

XLVII.

Chacun peut donner par donation entre-vifs à son plus prochain héritier apparent ses acquests & aussi son héritage à lui venu & échû de ses prédécesseurs, soit feodal, ou roturier: & si le don est ainsi fait audit héritier apparent, & en avancement d'hoirie & de succession, le donataire en ce cas peut entrer en la jouissance de l'héritage à lui donné par un simple relief & chambellage, selon la nature de fief, sans qu'il soit tenu payer au Seigneur dont est tenu ledit héritage, aucun droit de quint denier, n'autres droits de relief & chambellage: Mais si tel don se faisoit en avancement de mariage, ou pour autres causes, ores que ce fût à l'héritier apparent, sans que ladite donation fût faite en avancement d'hoirie & de succession, en ce cas les Seigneurs dont les héritages donnés sont tenus, peuvent demander, & eux faire payer de leurs droits de quint, ou autres, selon la nature des héritages donnés & transportés.

Chacun.] Aagé comme au précedent article, c'est à sçavoir de vingt-cinq ans, suivant l'interprétation de Du Molin.

Héritier apparent.] *Consuetudo* de Montreuil *infra* §. 88. *addit* à l'aisné, *sed hæc consuetudo generalis non recipit hanc restrictionem.* C. M.

Acquests.] Ce mot doit être pris dans sa plus ample signification, & comprend tous les biens qui ne sont pas propres, c'est-à-dire, les acquests & conquests, tant meubles, qu'immeubles; l'usage l'a aussi expliqué de la sorte, n'étant pas révoqué en doute dans cette Coutume, que l'on peut donner tous ses meubles, combien que cet article, ni aucun autre du titre des donations, n'ait parlé expressément des meubles.

De succession.] *Id est hæc sola causa expressa: quamvis donatarius præmortuus transmittat ad nepotes in collaterali, etiamsi non sit locus repræsentationi vel etiam ad filios, vel alios hæredes in linea collaterali, etiamsi nec communi quidem jure locus esset repræsentationi. Sed an hæc donatio fieri possit secundo genito? Certum est quod non à* Montreuil, *ut nuper dixi: aliàs fieri potest de hâc consuetudine generali; quia etiam stante primogenito cum præmori vel abstinere possit secundo genitus dicitur hæres apparens, & in dubio dicitur facta donatio in anticipationem successionis, sive contemplatione futuræ successionis, quod idem est: ut dixi in consuetud. Parisi.* §. 17. & §. 19. *Etiamsi fiat ad onus ut donatarius sit contentus, nec aliud percipere possit in successione cui renunciat. Tunc hæc jura peculiaria præsertim in linea directa sunt odiosa & restringenda.* C. M.

XLVIII.

Toutefois pour donation faite de pere à fils, en quelque maniere qu'elle soit faite, ne sont dûs pour icelle aucuns droits Seigneuriaux.

On induit de la disposition de cet article, & des deux précedens, que les pere & mere peuvent donner sans Charge de rapport. Ce qui se confirme encore par l'article 93. au titre des successions, qui dit, que si tous les enfans sont mariés, il n'y a point de rapport entre eux, supposé que l'un eût eu beaucoup plus en mariage que l'autre. La raison duquel article est, qu'il y a présomption que les pere & mere ont voulu qu'ils fussent inégaux, suivant la note de Du Molin sur cet article. Tellement que si la seule présomption de la volonté des pere & mere suffit pour exempter les enfans de rapporter, à bien plus forte raison, la volonté expresse du donateur, qui a donné sans charge de rapport, doit-elle être suivie. Ce qui est conforme à la disposition du Droit écrit.

Cet article est plein d'une justice naturelle, disant que de donation de pere à fils, en quelque maniere qu'elle soit faite, ne sont dûs droits. C'est pourquoi quand le pere donneroit des héritages à son fils, à la charge de payer ses dettes, ou s'il avoit donné une somme en mariage à sa fille, & que depuis il vînt à lui bailler en payement un héritage, même si un frere avoit promis à sa sœur, en la mariant, une somme de deniers, & que par après il lui donnât un fonds de la succession au lieu de la somme promise, je n'estimerois pas en tout ces cas qu'il fût dû des droits.

Par cet article & le précedent, il est dû droits seigneuriaux des donations faites aux étrangers, & même aux présomptifs héritiers, sinon qu'elles leur fussent faites en avancement d'hoirie : & néanmoins pour les legs ne sont dûs droits, suivant les articles 57. & 58. par où on voit, que la Coutume a plus favorisé les dispositions testamentaires, que celles d'entre-vifs, comme ailleurs elle permet aux conjoints de se donner par testament, & non pas entre-vifs.

XLIX.

Semblablement pour partage fait par pere, mere, ayeul ou ayeule à leurs enfans, ou autres descendans d'eux, ne sont dûs aucuns droits seigeuriaux, encore que ledit partage ne fût fait du consentement desdits enfans ou descendans, chacun desquels peut après le trépas desdits pere, mere, ayeul ou ayeule, appréhender sa portion, en payant simple relief & chambellage.

Partage.] Ces sortes de partages sont des actes à cause de mort, lesquels sont conséquemment révocables, jusqu'à la mort, ainsi qu'il a été jugé par Arrêts.

En payant simple relief & chambellage.] Il paroît que le relief est dû en mutation, même de pere à fils, ce qui n'est pas aux autres Coutumes, mais le relief est leger en celle-ci.

¶ Les donations faites par les pere & mere à leurs enfans en avancement d'hoirie étant exemptes des droits, il semble qu'il n'y ait pas de nécessité de les faire ensaisiner, à moins qu'il ne s'agisse de l'intérêt des créanciers ; ainsi celui à qui on a donné par prelegs, peut profiter de sa donation sans avoir pris saisine, d'autant qu'il a pû être avantagé par testament ; mais si un mari & une femme avoient donné solidairement par contrat de mariage à un autre qui n'eût pas fait ensaisiner du vivant du premier mourant des donateurs, mais depuis avant le decès de l'autre, la donation vaudra seulement pour la moitié du survivant, dont le bien n'est pas garant, si on n'a pas satisfait à la formalité requise par la Coutume.

Je croi que les donations en avancement d'hoirie, ont lieu hors contrat de mariage à l'égard des héritiers, même au-delà de la part à laquelle on devoit succéder, encore qu'elles ne soient pas ensaisinées, nonobstant un Arrêt contraire rendu en la Coutume de Laon, que j'ai rapporté sur la Conference des Coutumes de Fortin.

On ne peut pas induire de cet article, qu'il soit dû des lots & ventes pour partages entre cohéritiers, même en collaterale, quoique l'un prenne tout en donnant de l'argent pour les parts des autres, pourvû que ce soit par le premier Acte entre cohéritiers.

L.

En toutes donations entre-vifs, venditions & alienations, le donateur ou vendeur peut, & lui est loisible retenir à soi l'usufruit & viage de l'héritage par lui donné, vendu & alїené, auquel cas & pour raison d'icelle retention d'usufruit, ne sont dûs au seigneur feodal, duquel l'héritage est tenu & mouvant, aucuns droits seigneuriaux.

LI.

Toutes donations faites entre-vifs, & à ce titre apprehendées, sont réputées acquêts aux donataires : en telle maniere qu'ils en peuvent user, & valablement disposer à leur plaisir & volonté, soit par testament entre-vifs, ou autrement, comme bon leur semble : si ce n'étoit que telles donations fussent faites par les donateurs à leur héritier apparent en avancement d'hoirie & de succession : auquel cas seroient censés & réputés l'héritage des donataires dont ils ne pourroient disposer que par dons entre-vifs, & en la maniere qu'il est ci-dessus déclaré.

Maistre Julien Brodeau en son Commentaire sur M. Louet lettre A. nomb. 2. dit, qu'il a été jugé, que cet article qui répute acquêts toutes les donations entre-vifs, si elles ne sont faites à l'héritier apparent, en avancement d'hoirie & de succession, ne comprend pas les donations d'un propre ancien, faites à un de la ligne, quoique non en avancement d'hoirie, ni pour lui demeurer propre, par Arrêt donné en la Troisiéme Chambre des Enquêtes au rapport de M. Scarron, le 23. Août 1625. confirmatif de la Sentence du Senechal de Ponthieu, ou son Lieutenant à Abbeville, du 8. Mai 1624. entre Jean Ouffroy, Jacques Boistel, Claude & Ysabelle du Vauchel leurs femmes, appellants, & Catherine Poiret, veuve de Maistre Nicolas de Lestoile, intimée, touchant trente-six journaux de terre, provenant du côté des d'Ouffrois, qui furent adjugés à l'intimée, parente du côté & ligne, à l'exclusion des appellantes, parentes en degré plus proche, mais non de la ligne; ayant été jugé que les héritages n'avoient pas changé de qualité ni sorti de la ligne par la donation entre-vifs qui en avoit été faite par M. Nicolas de Vauchel son neveu, en faveur de mariage, lequel donataire étoit de la ligne d'où ces héritages étoient advenus au donateur. Cet Auteur ajoute que cet Arrêt, & autres semblables dont il fait mention, sont intervenus entre cohéritiers, les uns succedans aux propres, les autres aux acquêts, & que leur décision ne doit pas avoir lieu à l'égard de la femme du donataire, laquelle peut prétendre sa moitié en l'héritage donné à son mari pendant la communauté par son frere, ou autre collateral, quoique ce fût un propre ancien, dont ils ne pourroient disposer que par dons entre-vifs. On pourroit conclure de ces termes à la rigueur, que la donation étant faite à l'heritier apparent en avancement d'hoirie, le donataire ne pourroit en façon quelconque disposer par testament de l'héritage donné, attendu que l'admission de l'un emporte l'exclusion de l'autre; & que cet article ne permet en ce cas de disposer de l'héritage donné, que par donation entre-vifs, après avoir parlé auparavant du testament, aussi bien que de la donation. Néanmoins l'article 57. ci-après permettant en general de disposer du quint des propres, il n'y auroit point d'apparence d'en vouloir excepter les propres qui sont venus au testateur à titre de donation, & il y a bien plus de lieu de dire, que cette question doit être résolue par la disposition de l'article 57. qui est sous le titre des Testamens, que par cet article 51. qui est sous le titre des Donations. Et même on pourroit dire, supposé qu'il se rencontrât quelque contrarieté entre ces deux articles, que le dernier auroit dérogé au premier.

L I I.

Un héritier apparent appréhendant l'héritage à lui donné, comme à héritier apparent, & en avancement d'hoirie & de succession, se charge de toutes les dettes, obligations, dons, faits & promesses faites & contractées par le donateur auparavant, jusqu'au temps d'icelle appréhension.

Se charge de toutes les dettes.] Cela est bon à l'égard des créanciers de la succession qui le peuvent poursuivre pour le payement de leurs credits faits auparavant la donation insinuée, & même ensaisinée, si ce n'étoit qu'elle fût en faveur de mariage, parce que le mariage saisit *traditione corporum.* Mais si le donataire en avancement d'hoirie vient à renoncer à la succession, ceux qui l'auront appréhendée ne peuvent pas prétendre qu'il soit tenu de contribuer au payement des dettes; au contraire s'il est poursuivi par les créanciers héréditaires pour quelque dette que ce soit, les héritiers sont tenus l'en acquitter.

Combien que cet article ne parle que de donation faite à l'héritier apparent en avancement d'hoirie, néanmoins il faut tenir, que les autres donataires sont obligés aux dettes à l'égard des créanciers, comme les autres tiers detempteurs, n'étant pas au pouvoir du donateur de faire préjudice à ses créanciers, en donnant un héritage sur lequel ils ont un droit acquis auparavant que la donation soit faite & accomplie. Et la difference qu'il y a entre le donataire qui a reçu en avancement d'hoirie, & celui à qui la donation a été faite autrement, est à l'égard des héritiers seulement, de sorte que celui-ci n'est jamais tenu des dettes, au respect des héritiers, lesquels au contraire sont tenus de l'en décharger; au lieu que pour ce qui concerne l'autre, les héritiers sont aussi à la vérité tenus de l'en acquitter, pourvû qu'il renonce à la succession, mais s'il se porte héritier, il payera comme les autres.

Si les donataires & les légataires universels sont tenus de contribuer aux dettes avec les héritiers; v. J. art. 90.

D'icelle appréhension.] *Et sic non est nec tenetur esse hæres, nec renunciando hæreditati donum amittit; aliàs teneretur de debitis etiam post donationem & apprehensionem factis. C. M.* Du Molin est d'avis en cet endroit, que la donation faite en avancement d'hoirie à l'héritier apparent, ne l'oblige pas de prendre la succession, ou de rendre les choses données, nonobstant son opinion, sur le §. 17. de l'ancienne Coutume de Paris, où il dit, *quod si donatarius nolit esse hæres, resolvitur donatio tanquam causâ finali non sequutâ, & res revertitur ad corpus successionis, nec licere filio donatario se tenere ad donationem sibi factam abstinendo à successione*, laquelle opinion n'a pas été suivie avec raison. Et en effet, un pere donne ordinairement en avancement de son hoirie, parce qu'il espére toujours qu'elle sera bonne, & que ses enfans y viendront, *semper amplius de facultatibus suis sperant homines*, mais s'il en arrive autrement, il est bien juste qu'on reçoive l'enfant à renoncer, & à se tenir à son don.

L I I I.

Quand héritages feodaux sont donnés ou legués à plusieurs personnes par égales, ou inégales portions, ils sont partageables & divisibles entre les donataires, & peut chacun d'eux apprehender sa portion, en contentant les Seigneurs feodaux de leurs droits seigneuriaux, & en tenant icelles portions par semblable relief, foy, hommage & service, que le total d'iceux fiefs étoit auparavant tenu faire.

Sa portion.] *Sive pro diviso, sive pro indiviso, sed nulla nova jura debentur pro divisione.* C. M.

Auparavant tenu.] *Scilicet*, pour le regard de l'hommage, ou simple chambellage, mais non pour les reliefs & droits pecuniaires qui se divisent. C. M.

LIV.

Quand un proprietaire & possesseur d'héritages feodaux ou cottiers, vend, donne, ou transporte lesdits héritages, ou partie d'iceux, & que durant sa vie il n'en fait aucune dessaisine ès mains des Seigneurs feodaux, dont iceux héritages sont tenus, ou de leurs Baillifs & Officiers ayant pouvoir de ce faire : en ce cas tels héritages donnés, vendus & transportés, viennent & échéent après le decès du donateur, ou vendeur, aux plus prochains héritiers d'icelui donateur ou vendeur : mais *si tels donataires* ou acheteurs veulent poursuivre la vente, ou don à eux fait, faire le peuvent par mise de fait, ou autrement dûement : quoi faisant, ledit héritier est tenu entretenir telle donation, vendition ou transport.

Quid, si l'acquereur appréhende de fait l'héritage qui lui est vendu, donné ou autrement transporté, & qu'il en soit jouissant au jour du decès du vendeur, ou donateur, le défaut de dessaisine & saisine, fera-t'il que la chose tombe en la succession du vendeur ou du donateur? Maître Charles Heu dans le Commentaire qu'il a fait sur cette Coutume, a prévu cette question, & l'a résolue, suivant l'opinion commune pour l'affirmative. Cet avis est fondé, tant sur la disposition de cet article, qui parle indistinctement, que sur l'article 137. ci après, qui dit, que tous contrats sont purs personnels, & n'acquierent aucun droit réel, sans dessaisine & saisine. Il y en a d'autres qui soutiennent au contraire, que la chose ainsi vendue ou donnée, dont l'acquereur se trouve actuellement jouissant, ne retombe pas en la succession du vendeur, ou du donateur ; d'autant, ce disent-ils, que l'appréhension réelle de la chose, & la jouissance actuelle que fait l'acquereur, vaut en ce cas ici autant que l'appréhension feinte qui se fait par la saisine du Seigneur. Ce qui est confirmé par les termes de l'article 52. ci-dessus, qui dit, que l'héritier apparent, appréhendant l'héritage à lui donné, &c. se charge de toutes les dettes contractées par le donateur auparavant & jusques au temps de l'appréhension. Ce mot d'appréhension ne s'entendant pas d'une saisine, mais d'une appréhension de fait ; & ainsi l'appréhension de fait, & la jouissance actuelle que fait l'acquereur de la chose, vaut pour exclure les créanciers postérieurs à cette appréhension, & fait que la chose ne retombe pas en la succession du donateur, non plus que du vendeur, ou autre cédant à quelque titre que ce soit ; & par ce moyen ils condamnent l'opinion de ceux qui tiennent en cette Coutume, que les créanciers hypothequaires du vendeur, ou du donateur postérieurs aux contrats de vente, donation, ou autre, ont hypotheque sur la chose vendue, donnée, ou autrement transportée, nonobstant l'appréhension de fait, & la jouissance qu'en aura prise l'acquereur auparavant les dettes contractées. Ils répondent à l'article 137. qui porte, que les contrats de vente, & autres sont réputés purs personnels, tant à l'égard du Seigneur, que du créancier précedent l'appréhension de fait, & la jouissance actuelle ; ce qui est conforme aux termes ci-dessus rapportés de l'article 52. qui oblige le donataire en avancement d'hoirie aux dettes faites par le donateur, jusqu'au jour de l'appréhension, & non par conséquent à celles qui ont depuis été créées. Ils ajoutent, qu'il s'ensuit deux grandes absurdités de l'opinion contraire ; l'une que l'acquereur qui n'auroit pas pris saisine, ne prescriroit jamais, quelque jouissance qu'il fist, son acquisition demeurant toujours pure mobiliaire, & sans réalité, ce qui éluderoit le titre entier des prescriptions. Et l'autre, qu'un second acquereur qui auroit pris saisine, évinceroit toujours le second, qui ne l'auroit pas pris, en quelque possession & jouissance de l'héritage, que fût celui-ci auparavant le contrat de ce second acquereur. Quoique ces raisons soient fort plausibles en apparence, j'estime la premiere opinion mieux fondée dans l'esprit de la Coutume, parce qu'en effet par la disposition de l'article 137. & des autres suivans, la proprieté, ni même la veritable possession d'un héritage ne peut point passer d'une main à l'autre, sans le fait du Seigneur ou de la Justice. Et il ne faut pas s'arrêter à ce que dans la raison, & suivant l'esprit des autres Coutumes, la jouissance actuelle est plus puissante pour ce regard, que la possession qui s'acquiert par une voye feinte, & par le moyen de la saisine, d'autant que les habitans de ce Bailliage se sont formés des loix contraires, ausquelles il y a nécessité d'obéir. C'est un droit que les Seigneurs qui se sont trouvés les plus puissans dans les assemblées qui ont été faites pour la rédaction de cette Coutume, ont introduit vrai-semblablement par le motif de leurs intérêts, mais qu'il faut suivre exactement, puisqu'il se trouve établi, comme il n'y a pas de difficulté, du moins à mon avis, après les termes de l'article 137. qui décide indéfiniment, que les contrats de vendition, de donation, ou autres, sont réputés purs personnels, ou mobiliaires, tant à l'égard du créancier, que du Seigneur, si les contrats ne sont reconnus pardevant le Seigneur dont les héritages sont tenus, ou les Officiers de sa Justice. Et c'est un fort mauvais échappatoire à ceux de l'opinion contraire, de dire, que cet article doit être entendu lorsque le contrat n'a pas été suivi d'une possession réelle & actuelle ; d'autant qu'outre que cet article est general, d'ailleurs étant expliqué par les articles suivans, il se voit par la disposition de l'article 144. que la possession de fait n'est pas suffisante pour acquerir hypotheque, ou le droit réel d'un héritage, à moins que cette possession ne soit prise par l'autorité de la Justice. Cette opinion est puissamment confirmée par la disposition de l'article 12. qui ne veut pas même qu'un héritier puisse dire avoir droit réel ès fiefs du défunt, qu'il ne les ait relevé du Seigneur, & ce que nous avons remarqué sur l'article 34. ci-dessus, que l'acquereur d'un héritage s'en peut librement départir, sans payer aucuns droits, sert encore pour l'établissement de cet avis, étant constant, que l'acquereur n'auroit pas cette liberté dans les autres Coutumes, dans lesquelles le contrat ayant été une fois parfait, les parties seroient tenues de payer double droit, si elles vouloient en résilir sans cause. Quant à l'argument qui est tiré de l'article 52. il est facile d'y satisfaire, parce que l'appréhension de fait dont parle cet article, ne doit pas être entendue de la simple jouissance que peut faire l'acquereur, ou le donataire de son autorité privée, mais de la jouissance & possession qui est prise avec l'autorité de la Justice, suivant qu'il est expliqué par l'article 144. qui parle *ex professo* de cette matiere, & d'où conséquemment l'explication en doit être tirée. C'est aussi sans fondement que ceux qui défendent l'opinion contraire, prétendent que le titre des prescriptions demeureroit inutile, si leur avis n'étoit pas suivi, attendu que la prescription trouve toujours son effet, lorsque la possession est prise aux termes prescrits par la Coutume. Et à l'égard de l'autre prétendue absurdité, qu'ils font résulter de la préference du second acquereur, qui a pris saisine contre le premier qui ne l'a point prise; c'est à la verité un droit rigoureux, mais qui ne choque point les régles de la Jurisprudence, & qui trouve son fondement dans le droit commun, du moins en ce qu'il préfére l'acquereur, qui le premier est entré en jouissance, quoiqu'il se trouve postérieur par la datte de son contrat.

Au surplus, je ne puis pas approuver l'opinion de M. Charles Heu, en ce qu'il soutient, que le tiers acquereur prescrit sans saisine par dix ans entre presens, & vingt ans entre absens, parce que comme c'est la saisine qui fait le véritable titre en cette Coutume, & cessant laquelle, le nouvel acquereur n'est point présumé posseder, il s'ensuit qu'il ne peut tirer avantage que de la prescription de trente ans, qui fait présumer le titre. Et en effet, si les créanciers qui contractent avec le vendeur postérieurement au contrat d'acquisition, & à la jouissance actuelle de l'acquereur sans saisine, ne laissent pas d'acquerir hypotheque sur l'héritage vendu, par la raison que le vendeur est présumé avoir conservé la proprieté & la possession, jusques à ce que l'acquereur se soit fait ensaisiner, il n'y a pas de difficulté par la même consideration, que les créanciers antérieurs conservent leurs droits en plus forts termes, nonobstant cette jouissance actuelle de l'acquereur.

Donateur ou vendeur.] *Nonobstante clausula constituti vel precarii. Sed si res esset realiter tradita, non posset possessor per hæredem expelli prætextu deficientis investituræ.* Cette résolution de Maître Charles Du Molin, qui ne permet pas que le donataire qui est en possession actuelle, mais qui n'a point pris saisine, puisse être expulsé par l'héritier du donateur, est dans les régles; d'autant que combien que cet article fasse retomber l'héritage donné en la succession du donateur, faute d'investiture, néanmoins elle donne action au donataire contre l'héritier pour l'obliger à consentir l'exécution de la donation, si bien que ce seroit un circuit inutile de permettre à l'héritier de déposseder le donataire, pour ensuite l'obliger à le remettre en possession..

Mais si tels donataires, &c.] Cette Coutume est plus rigoureuse que les autres, en ce qu'elle ne souffre pas que la tradition de fait nécessaire pour la perfection d'une donation, puisse être accomplie par la possession actuelle même du donataire. Mais aussi d'un autre côté elle est plus favorable pour les donataires, en ce qu'elle leur permet de poursuivre l'exécution d'une donation contre les héritiers du donateur, au lieu que par les autres Coutumes la donation demeure absolument nulle aussi-bien au profit des héritiers, que des autres, lorsque le donateur meurt auparavant que la tradition ait été parfaite aux termes qu'elles prescrivent.

¶ Il semble que dans les Villages de la Coutume d'Amiens proche Beauvais, ou par erreur, on se contente de prendre saisine du Receveur à qui on paye les droits : l'appréhension de fait jointe à la saisine telle qu'on l'a prise, doit suffire pour la prescription, d'autant plus que le payement de trois années de censives, supplée au défaut de saisine, & que le Seigneur est tout-à-fait hors d'intérêt.

L'acquisition faite par la femme avant le mariage ne tombe pas dans la communauté, quoiqu'il n'y ait pas de saisine ni de nantissement, d'autant qu'on considére plus le titre que la possession, & supposé que le prix ait été payé des deniers de la communauté, la moitié est reprise par l'autre conjoint. M. d'Argentré, art. 418. gl. 3. n. 4.

La disposition de la Coutume de Gerberoy convient à celle de la Coutume de Senlis, qui se contente de l'appréhension de fait du vivant du donateur; mais il doit être réglé suivant la Coutume generale d'Amiens, où le contrat de donation, même celui de vente, demeurent en pure personnalité, nonobstant l'appréhension de fait : mais au lieu qu'en celle de Senlis la donation demeure nulle & sans effet, même à l'égard des héritiers; ils sont tenus en celle d'Amiens des faits & promesses du défunt; mais à l'égard des créanciers hypotequaires, je croi que la régle, donner & retenir ne vaut, a lieu, encore qu'il y ait eu jouissance actuelle, le donataire ou acquereur n'ayant pas le titre que demande la Coutume, & que s'il n'y avoit que des créanciers mobiliers, celui qui est en possession ne pourroit pas être évincé par eux, d'autant qu'étant nanti de son gage, il ne doit pas entrer en la contribution avec eux; au lieu qu'au défaut d'appréhension de fait, ni le donataire ni l'acquereur n'ont aucun droit en la chose au préjudice des créanciers, mais seulement à la chose contre les héritiers, encore qu'il n'y ait pas eu de possession.]

TITRE III.

De Testamens.

ARTICLE LV.

AVant qu'un testament puisse être réputé solemnel, est requis qu'il soit écrit & signé de la main du testateur, ou passé pardevant deux Notaires, soit d'Eglise, ou de cour laye, ou pardevant un Notaire en présence de deux témoins, ou pardevant le Curé de la Paroisse du testateur, ou son Vicaire général, & d'un Notaire, ou dudit Curé & Vicaire général, & deux témoins, ou du Maire, Bailly, Prevôt de la Justice ordinaire dudit lieu, ou du Greffier de la Justice, & l'un d'eux, en présence de deux témoins, & signé desdits témoins: ou que le testateur ait déclaré sa volonté en présence de quatre témoins idoines & suffisans, non légataires, & n'ayant intérêt audit testament, & qu'icelui testament ait été dicté ou nommé par icelui testateur ausdits Notaires, Tabellions, Curé, Vicaire, Prevôt, Bailly, Maire, ou Greffier, en présence desdits témoins, sans suggestion d'aucunes personnes: & depuis à lui relû en présence desdits temoins, & qu'il soit fait mention audit testament comme il a été ainsi dicté, nommé & relû. Et pour connoître qui sont les Vicaires généraux, sont tenus iceux Vicaires eux faire enrégistrer ès Greffes des Bailliages & autres sieges Royaux.

Et signé desdits témoins.] L'Ordonnance de Blois, article 84 se contente, si les témoins ne sçavent signer, que les Notaires fassent mention de la requisition qu'ils leur ont faite de signer & de leur réponse, ce qui ne suffiroit pas en cette Coutume, & faut que les témoins employés pour la solemnité des testamens, sçachent signer, & signent actuellement, attendu que nos Coutumes en ce qui est du droit public, comme sont les formalités d'un testament, ne se suppléent pas, & l'Ordonnance n'a pas entendu déroger aux Coutumes, en ce qu'elles contiennent une plus grande solemnité que celle qu'elle a prescrite.

Mais à l'égard de la signature du testateur, il suffit de l'interpellation faite par le Notaire, & de la réponse, d'autant qu'elle n'est pas expressément requise par la Coutume, & ainsi n'y étant nécessaire qu'en vertu de l'Ordonnance, c'est assez qu'elle y soit accomplie aux termes de la même Ordonnance, qui porte la même chose pour le testateur que pour les témoins.

Au surplus, on ne peut pas dire que la Coutume ne désirant que la signature des témoins, elle semble exclure celle des testateurs, pour dire qu'il n'est pas nécessaire qu'ils signent, d'autant que ce n'est pas en vertu de la Coutume, mais de l'Ordonnance, que la signature est nécessaire.

Ou que le testateur ait déclaré sa volonté en présence de quatre témoins.] Et que le testament ait été rédigé par écrit, si les dispositions y contenues excédent cent livres, attendu que depuis l'Ordonnance de Moulins, qui rejette la preuve par témoins des choses qui portent conséquence au-dessus de cette somme, les testamens nuncupatifs qui excédent, ne sont pas reçus, quoique les Coutumes les admettent. Ainsi jugé en cette Coutume par un Arrêt du 28. Mars 1606. donné au rapport de Monsieur le Coigneux en la troisiéme Chambre des Enquêtes.

Sans suggestion d'aucunes personnes, & depuis à lui relû en présence desdits témoins, & qu'il soit fait mention audit testament comme il a été ainsi dicté, nommé & relû.] Quoique cet article ne dise pas expressément qu'il doit être fait mention que le testament a été fait sans suggestion d'aucunes personnes, néanmoins ce mot *ainsi*, induit cette nécessité. Et de fait, un testament auquel il n'avoit pas été fait mention qu'il eût été fait sans suggestion, fut déclaré nul par Arrêt rendu contre l'Hôtel-Dieu d'Amiens, le septiéme Juin mil six cens vingt-cinq, & ordonné qu'il seroit lû & publié, combien qu'il eût été justifié par une très-grande quantité d'autres testamens que les Notaires d'Amiens n'avoient pas Coutume d'employer cette clause dans les testamens qu'ils recevoient. Mais comme cet Arrêt alloit à troubler la plûpart des familles d'Amiens, les Notaires du Bailliage obtinrent une Déclaration du Roy le dernier Juillet 1627. vérifiée au Parlement le 27. Août ensuivant, par laquelle il fut dit, que cet Arrêt n'auroit lieu que pour l'avenir.

Il a été jugé par Arrêt rendu en l'Audience de la Grand'Chambre, du 8. Mars 1638. qu'un testament fait en la Ville d'Amiens, par Maître Jacques de Noyelle Prêtre, décédé de la maladie contagieuse dans les vingt-quatre heures de son testament, contenant la déclaration des Notaires, qu'il n'avoit signé à cause de sa maladie, sans qu'il fût fait mention qu'il en avoit été interpellé, & déclaré ensuite ne pouvoir signer, fut jugé nul, & ordonné que le premier testament par lui fait en 1630. seroit exécuté, quoique l'on soutînt de la part de ceux qui avoient intérêt de défendre le dernier testament, que la maladie contagieuse étoit un empêchement palpable & évident qui n'avoit pas besoin d'être déclaré par le testateur, vû que quand il s'offriroit de signer, les Notaires ne l'y voudroient pas recevoir. Il est vrai que la même question s'étant depuis présentée en la même Audience, le 5. Avril 1647. elle fut appointée, & depuis jugée pour la validité du testament, par Arrêt du 7. Mars 1652. j'étois présent lors de la Plaidoirie, en laquelle le premier Arrêt ne fut pas allégué.

¶ On répute que les témoins qui ont assisté en cette qualité au testament, ne doivent pas être rejettés, sous prétexte qu'ils sont parens ou alliés aux légataires, pourvû qu'ils soient au-delà du degré de cousin germain, d'autant que l'Ordonnance n'a pas lieu pour les témoins instrumentaires des contrats ou testamens, n'y ayant aucune nullité prononcée à leur égard par les Ordonnances, ni par les Coutumes, qui se contentent de marquer qu'ils ne doivent être ni légataires ni intéressés.

Ces termes de la Coutume doivent être observés à la lettre, & ceux de *persuasion* ou *induction* ne suppléent pas au défaut de celui de *suggestion*; néanmoins on a réputé ceux *sans être suggeré*, équipoller à ceux sans suggestion.

On a jugé que les mots *dicté* ou *nommé*, n'imposoient pas la loi à l'un des Notaires, d'écrire de sa main le testament, à cause qu'il leur étoit dicté: mais il suffit qu'ils soient présens, qu'ils approuvent & signent ce qui a été écrit par le Clerc qui est la main du Notaire. Il a été jugé en cette Coutume par Arrêt du 16. Janvier 1646. en la Grand'Chambre, sur les conclusions de Monsieur Bignon Avocat Général, rapportées au premier tome du Journal des Audiences, au sujet du testament d'Anselme Bazin Marchand à Amiens, que cet article voulant que le testament, outre ces mots, dicté, nommé & relû en la présence des témoins, fasse mention qu'il a été ainsi relû en la présence des témoins; c'étoit assez qu'on eût mis relû comme dit est, parce que les mots en la présence des témoins n'étant que de la solemnité extérieure, & ayant été mis au commencement, la répétition n'en étoit pas essentielle.

Il a été aussi jugé par Arrêt du 22. Décembre 1654. au même Journal en la Coutume de Rheims, que ce n'étoit pas une nullité, que les mots sans suggestion mis au commencement avec les autres termes essentiels, n'ayent pas été répétés avec les autres en la derniere clause, parce que la Coutume ne l'avoit pas expressément désiré comme pour la premiere clause.

Lelet, sur l'art. 268. de la Coutume de Poitou, pareille à celle-ci, prouve que celui qui y est domicilié n'étoit pas astreint aux solemnités requises par cet article, ayant fait un testament en celle de Boulonnois devant deux Notaires sans aucunes solemnités, attendu que la Coutume de Boulonnois n'en prescrit aucunes, & que pour les solemnités extérieures, il suffit d'observer celles du lieu où l'acte a été passé.]

L V I.

L'âge pour pouvoir faire testamemt est de vingt ans aux mâles, & aux femelles de dix-huit ans accomplis.

On demande si à cet âge de vingt ans aux mâles, & de dix-huit aux femelles, le testateur peut disposer du quint de ses propres? Il faut répondre que oüy, parce que la Coutume permettant indistinctément à cet âge de tester, elle l'entend de toute chose, dont elle permet de disposer par testament, nonobstant que l'article 135. ci-dessous ne répute les mâles & les femelles âgés de vingt ans majeurs, que pour contracter de leurs meubles & acquêts immeubles, & qu'il ne permette de disposer des propres auparavant vingt-cinq ans. Cet article 56. étant particulier pour les testamens, & contenant conséquemment une dérogation spéciale à l'article 135. qui ne regarde que les dispositions entre-vifs. Ce n'est pas que je ne trouve beaucoup à redire à la disposition de nos Coutumes, aussi-bien que du droit Romain, qui permettent à un moribond, dont l'esprit est affoibli & travaillé de captateurs qui l'obsédent, & lui font dire ce qu'ils veulent, de disposer de plus par testament, qu'il ne peut entre-vifs & en bonne santé.

L V I I.

Il est loisible à toute personne par son testament & disposition de derniere volonté, disposer de ses biens meubles, acquêts & conquêts immeubles, à telle personne que bon lui semble: mais n'est loisible de disposer par testament & derniere volonté de ses propres héritages, soient feodaux ou cottiers, venus & échus de ses prédécesseurs, sinon du quint seulement, & par forme de quint viager ou héréditai, selon qu'il veut donner: & ce sans déroger au quint naturel & coutumier appartenant aux enfans puinés: & peut en ce cas le légataire entrer en jouissance & perception de son legs, soit qu'il soit de ses propres ou d'aquêts, en payant au Seigneur feodal droit de relief & chambellage: & si ledit quint est donné simplement sans addition de viager ou héréditai, icelui quint en ce cas est tenu & réputé héréditai.

A toute personne.] Capable.

Du quint seulement.] *Etiamsi non disponat de hærediis: sed tantum de certa summa, in quantum capienda esset suprà hæredüs. Quidam singulis nepotibus legaverat mille ducentos francos, petebant etiam super hærediis, aliis bonis exhaustis, quod judex provisionaliter adjudicavit, hæres appellavit, judex ordinavit, hanc provisionem exequendam nonobstante appellatione, data cautione, rursus adhærendo appellatum: sed per Arrestum in publicis causarum actionibus, die Martis 17. Januarii anno 1558. causa remissa est ad consilium & interim ordinatum executionem supersedandam. Et benè: quia alioquin hæredia diffinitivè adjudicarentur per subhastationes, quod esset iniquum: ut dixi in consuet. Parif.* §. 187. C. M.

Sans

Sans déroger au quint naturel & coutumier appartenant aux enfans puînés.] Le legs que fait le testateur du quint de ses fiefs, ne préjudicie pas au quint coutumier des puînés : de sorte que si un pere a pour vingt-cinq mille livres de fiefs, & qu'il en légue le quint à un de ses puînés, ou autre, le légataire aura cinq mille livres pour son quint, les puînés autres cinq mille pour leur quint coutumier, l'aîné les quinze mille livres restans. Heu, sur cet article est d'autre avis, & que le quint datif étant levé, les quatre quints du surplus appartiennent à l'aîné, & le quint restant aux puînés qui n'auroient par ce moyen que quatre mille livres. Mais ce seroit diminuer le quint coutumier & naturel des puînés, que cet article veut leur être réservé plein & entier. Et même quand il y auroit quelque ambiguité, il seroit bien juste en cette rencontre de répondre en faveur des puînés, vû le désavantage qu'ils ont au partage des fiefs, qui est le fondement de cet article, & la raison pour laquelle il a voulu que le quint destiné par la Coutume pour les puînés, leur demeurât sans diminution. ¶ Par Arrêt du 24. Mars 1683. il a été jugé en la troisiéme des Enquêtes en faveur du sieur Nicolas de Lestoc, qu'un pere avoit pû disposer au profit des puînés, du quint des propres, quoiqu'ils eussent en même temps le quint naturel, & qu'ainsi ils pouvoient avoir ensemble le quint datif & le quint naturel, l'un par succession, & l'autre comme légataires, quoiqu'il n'y ait pas d'article en cette Coutume qui admette le prélegs en ligne directe, & encore que le testament n'ait pas expliqué la volonté du défunt; mais on a eu égard aux grands avantages des aînés; aussi induit-on des termes de cet article, qui permet de disposer des acquêts feodaux, qu'on peut donner au préjudice de l'aîné un fief d'acquêt, ainsi qu'il a été jugé en cette Coutume par Arrêt du 2. Janvier 1623. mais si tous les fiefs étoient acquêts, on donne à l'aîné par un sage temperament la moitié de tous les fiefs pour sa légitime.]

Entrer en jouissance.] Après avoir obtenu la délivrance avec l'héritier.

La question de sçavoir si le testateur ayant legué plus que le quint de ses propres, le légataire qui souffre le retranchement peut demander la recompense sur les meubles & acquêts, que le défunt a laissé *ab intestat*, a été differemment jugée par les Arrêts, & particulierement en cette Coutume. Il y en a deux qui ont jugé contre la recompense, l'un intervenu au Rolle d'Amiens, le 20. Janvier 1631. & le second en la Grand-Chambre au rapport de M. Laisné le 29. Février 1648. touchant l'exécution du testament de Maître Claude Pecoul, ancien Avocat à Amiens. Il y a deux autres Arrêts qui ont jugé pour l'opinion contraire, & en faveur de la récompense? le premier rendu au même Rolle d'Amiens, le 20. Janvier 1632 le second du 22. Juin 1641. entre Charles Rohault demandeur en exécution d'Arrêt du 3. Avril 1635. & Maître Pierre Gaillard Conseiller au Siége Présidial d'Abbeville, défendeur. Il faut voir ce que j'ai écrit sur ce sujet au dixiéme Chapitre, Section 1. de la troisiéme Partie de mon Traité des Donations entre-vifs & testamentaires.] ¶ On tient que cette recompense ne peut avoir lieu en faveur des légataires que contre l'héritier *ab intestat*, qui profite des quints des propres de la même ligne dont le défunt pouvoit disposer, & des meubles & acquêts, & non contre l'héritier institué, ni contre les légataires universels, qui ont les biens par la volonté du défunt, ni contre les héritiers des propres d'une autre ligne; parce qu'à l'égard de ces derniers, il faudroit admettre une double fiction, & les légataires ne sont pas garands les uns envers les autres; néanmoins on tient en celle d'Artois semblable à celle-ci, que l'héritier des propres doit être recompensé par les légataires, aussi-bien que par les héritiers des biens libres qui sont obligés d'entretenir les volontés du défunt: Maillart sur Artois, art. 91. n. 20.]

LVIII.

Toutefois si le testateur donne ou légue plus que ledit quint de ses propres héritages, & l'héritier le consent, telle disposition vaut: & entre le légataire en la jouissance dudit legs, en payant simple relief & chambellage seulement, ainsi que dessus, sinon qu'il y eût argent par lui déboursé & baillé.

Telle disposition vaut.] Pourvû que le consentement prêté par l'héritier ait été libre, & se présume facilement en cette occasion contre la liberté, particulierement des enfans à l'égard de leur pere, le testateur pouvant avec facilité intimider ses héritiers & les forcer à obéir à sa volonté, en les menaçant de changer son bien de nature & de faire des dispositions indirectes à leur préjudice.

Argent par lui déboursé & laissé.] Parce que pour lors la donation est sujette aux mêmes droits que la vente jusques à concurrence de l'argent baillé.

LIX.

Tout quint hereditał donné par entre-vifs, ou par testament sur aucun héritage, peut être racheté par le Seigneur des quatre parts, à la raison du denier vingt, dedans l'an que ledit quint aura été demandé.

¶ Le quint racheté en argent appartient à l'héritier des propres, la Coutume permettant de le retenir en indemnisant.]

LX.

Tous les legs & donations testamentaires à ce titre appréhendés, sont censés tenus & réputés acquêts aux légataires.

Aux légataires.] *Nisi aliàs successuro mavult donum, vel legatum habere quam hæres esse C. M.* Cette résolution de M. Charles du Molin, que les legs faits à l'héritier présomptif qui renonce à la succession, pour conserver son don, a été confirmée par Arrêt intervenu en la deuxiéme Chambre des Enquêtes, au rapport de M. Coquelay, le 3. Avril 1635. infirmatif de la Sentence du Bailly d'Amiens, entre Charles Rohault & Pierre Gaillard, par lequel il a été jugé, qu'un fief legué par un pere à son fils étoit propre pour le tout, & en conséquence que le fils n'en avoit pû donner que le quint par son testament à Pierre Gaillard son neveu, après une enquête par turbes faite en exécution d'un Arrêt interlocutoire, du 21. Août 1532. par lequel il avoit été ordonné, qu'il seroit informé comme les Officiers, Avocats & Procureurs, avoient vû pratiquer cet article 60. de la Coutume, & s'il s'entendoit, que les legs & donations testamentaires faites par pere & mere à leurs enfans, fussent censées & réputées propres, & si cela s'entendoit seulement pour la part & portion que l'enfant pourroit avoir *ab intestat*, en la succession feodale de pere & mere, suivant la disposition de cette Coutume, qui ne donne aux puinés qu'un quint héredital seulement des choses feodales, ou bien si tout ce qui étoit donné & legué par testament à un puîné, outre sa portion héreditaire, devoit être censé propre & non acquêt. J'ai écrit en un procès qui a depuis été formé en exécution de cet Arrêt. ¶ Il a été aussi jugé en cette Coutume par Arrêt du 3. Avril 1635. rapporté par Dufresne sur cet article, & par Maillart sur Artois article 91. que le quint datif étoit propre en la succession d'un ascendant, de même que l'hereditai.]

LXI.

L'exécuteur testamentaire est saisi par an & jour des meubles délaissés par le trépas du testateur, si l'héritier n'aime mieux le saisir de deniers, jusques à la concurrence de ce que monte le testament.

LXII.

L'exécuteur testamentaire paye les legs mobiliers, l'héritier présent ou appellé, & peut retenir par ses mains le legs mobilier à lui fait, mais si c'est d'immeubles, se doit délivrer par l'héritier, non par ledit exécuteur.

LXIII.

Si l'un des deux conjoints par mariage, fait un legs de quelque espece de meuble, tel legs doit avoir lieu pour le total de ladite espece, combien que la moitié dût appartenir au survivant: mais les héritiers du testateur sont tenus de recompenser ledit survivant de la moitié dudit meuble.

LXIV.

Toutefois si c'étoit meubles précieux qui fût dès long-temps de la maison, & venu de pere en fils, audit cas l'héritier le peut entiérement retenir & avoir, en baillant au légataire l'estimation d'icelui.

LXV.

Si aucun veut percevoir les fruits d'héritage à lui donnés & legués par testament, est requis & nécessaire qu'après le trépas du testateur il ait le consentement de l'héritier dudit testateur, & autres à qui il touche, ou qu'en icelui il se fasse mettre de fait, & soit tenu & decreté de droit par Sentence de Juge compétant, parties ouies, ou par coutumace: & si le legs est mobilier il se peut demander par action, comme aussi se peut faire le legs immobilier.

TITRE IV.

De Successions.

ARTICLE LXVI.

Le mort saisit le vif son plus prochain héritier, habile à lui succéder.

LXVII.

Tant que la ligne directe dure en descendant, la ligne ascendante & collaterale n'ont lieu.

LXVIII.

Tant que la ligne ascendante dure, la ligne collaterale n'a lieu, pour le regard des meubles & acquêts du défunt, ensemble des patrimoniaux procédans de ladite ligne ascendante: en maniere que le pere, mere, ayeul ou ayeule succedent à leurs ensans en tous leurs meubles & conquêts immeubles : & aussi aux propres chacun de leur côté à sçavoir les ascendans paternels aux biens venans du côté paternel : & les ascendans maternels, aux biens venans du côté maternel.

On demande si l'acquêt fait par le pere, & échu par sa succession à son fils, doit appartenir par le decès du fils à l'ayeul, ou au frere du fils. Il semble par les termes de cet article, que l'ayeul ait droit de le prétendre. Et neanmoins le contraire est plus véritable, parce que c'est un propre naissant qui ne remonte point plus haut que le pere qui l'a apporté en sa famille, & qui conséquemment doit plutôt appartenir au frere du fils de l'acquereur, qu'au grand-pere.

¶ On entend en plusieurs Coutumes la disposition de l'article 250. de la Coutume de Paris, qui donne aux pere ou mere, ayeul & ayeule survivans l'usufruit de la part qui appartenoit aux enfans dans les conquêts de la communauté entre le survivant & le prédecedé, en cas que lesdits pere ou mere, ayeul ou ayeule, acceptent la succession mobiliaire du dernier des enfans *orbitatis solatium:* mais cette Coutume a pourvû d'ailleurs aux avantages que les conjoints peuvent se faire.]

LXIX.

Representation en ligne directe a lieu infiniment, & viennent les enfans representans leurs pere & mere en la succession de leurs ayeux & ayeules par souches, & non par têtes, soit avec leurs oncles, ou leurs cousins germains, iceux oncles prédecedés.

LXX.

Representation en ligne collaterale a lieu, jusques aux enfans des freres & sœurs inclusivement.

En l'ancienne Coutume la representation n'avoit point de lieu, non pas même en directe, si elle n'étoit accordée ; & faut entendre cet article, de sorte que la representation n'ait lieu, sinon quand les enfans des freres ou sœurs viennent avec leur oncle ou tante à la succession du decedé, auquel cas ils viennent par souches : mais s'il n'y a oncle ni tante vivans, ils viennent par têtes, ainsi qu'il a été jugé par divers Arrêts de la Cour, suivant l'avis d'Azon, & contre l'opinion d'Accurse : ce qui ne reçoit aucune difficulté dans l'usage de cette Coutume.

On a demandé en cette Coutume si la representation admise par cet article a lieu à l'égard des propres ? Ce qui a donné lieu au doute est l'article 84. ci-dessous, qui porte, que *les heritages propres, feodaux, ou cottiers appartiennent au plus prochain parent.* Nous apprenons par le Plaidoyer 48. de Peleus, que la cause en ayant été plaidée entre Damoiselle Françoise le Marchant, femme autorisée par Justice au refus de Maître Antoine Bernard, Controlleur general du Roy en Picardie, contre Maître Charles le Marchant, Pierre Fournel & Pierre Grebert ; il fut ordonné par Arrêt, qu'il seroit informé par turbes de l'usance de ces deux articles. Je n'ai pas pû sçavoir ce qui a été fait en exécution de cet Arrêt, & s'il est intervenu Arrêt diffinitif. Mais je sçai bien que l'on ne doute plus maintenant dans cette Coutume, que la representation n'ait lieu aussi-bien à l'égard des propres, que des acquêts. Et en effet, cette question n'étoit qu'une pure subtilité, & il est certain que cet article 70. qui est de la nouvelle reformation, doit servir à expliquer l'article 84. qui est de l'ancienne Coutume. Aussi peut on dire que la representation rapproche d'un degré, de sorte que par ce moyen les neveux sont aussi proches dans le cas de representation, à l'effet de succeder que leurs oncles. Et même l'article 85. porte la même chose à l'égard des acquêts, que l'article 84. pour les propres ; si bien qu'il s'ensuivroit cette absurdité, si l'autre opinion avoit lieu, que cet article 70. seroit absolument inutile.

Cet article & le precedent, qui admettent la representation en directe infiniment, & en collaterale, jusques aux enfans des freres inclusivement, ont été subrogés à l'article 37. de l'ancienne Coutume, qui contenoit une disposition toute contraire, & portoit, que *par icelle Coutume representation n'a point de lieu, si ce n'est qu'elle fut par lettres, ou fait spécial traitée, faite & accordée, auquel cas elle auroit lieu ;* sur lequel article Maître Charles du Molin avoit fait une note conçue en ces termes : *N'a point de lieu*] *Etiam in linea directa de descendente, & ita de facto hic servant ; quamvis sit durum & corrigendum : nisi quod certo respectu habet rationem ; videlicet ne tam facilè liberi invitis vel inconsultis parentibus contrahant matrimonia, in quibus parentes consentientes solent jus representationis futuris liberis dare. Nec opus est formula contractus, sufficit constare de consensu vel simplici vocatione ad repræsentandum, sive in testamento, vel codicilis, vel aliàs inter vivos. Sed quid si avus unum tantùm ex pluribus nepotibus unius filiorum præmortui vocet ad repræsentandum, legatus cæteris nepotibus ejusdem præmortui quasdam summas ? Videretur fieri non posse : quia ista nova forma repræsentationis difformis est à jure communi, quo omnes nepotes vocantur ad repræsentandum. Tamen quia ista vocatio est gratiosa pendens à voluntate vocantis, puto illum posse ad ponere legem quàm vult : tum præstat vel unum solum ex pluribus nepotibus vocari ad repræsentationem quàm omnes excludi. Et ita anno 1558. in terminis hujus consuetudini ; consului.* C. M.

LXXI.

Quand aucun va de vie à trépas, délaissant plusieurs enfans, fils & filles, à l'aîné mâle, & en faute de mâle, à la fille aînée appartiennent les heritages feodaux nobles, abregés ou reſtrins, que le défunt poſſedoit au jour de ſon trépas, à la charge d'un quint hereditai aux autres enfans, ſi appréhender le veulent, qui ſe diviſe entr'eux par égale portion.

Si appréhender le veulent.] *Quid ſi quatuor ſecundo genitorum tres moriantur poſt parentem nullâ factâ declaratione: quartus ait ſe totum quintum habere, & quod clauſula ſequens intelligitur poſt apprehenſionem, vel ſaltem poſt acceptationem? hoc quidem favorabile eſt, ſed pendet à modo utendi* C. M.

Cette queſtion contenue en la note de Du-Molin, ſçavoir ſi aucuns des cadets mourans auparavant que d'avoir rien déclaré ni accepté, les cadets ſurvivans auront le quint entier, c'eſt-à-dire, ſi la part des prédecedés leur accroîtra au préjudice de l'aîné, a pû être faite lors de l'ancienne Coutume, ſur laquelle cet Auteur a écrit; mais preſentement elle eſt decidée par l'article quatre-vingt-un, qui eſt de la nouvelle réformation, qui n'a pas ſeulement admis l'accroiſſement en faveur des puînés, lorſque quelques-uns d'entr'eux deſcendent auparavant que d'avoir appréhendé la ſucceſſion, mais même après le partage, s'ils viennent à deceder ſans enfans.

Au reſte, on peut dire en ce cas que la part du puîné, ſur-tout lors qu'il renonce, ou qu'il vient à mourir auparavant l'appréhenſion par lui faite de la ſucceſſion, appartient aux autres puînés, plutôt *jure non decreſcendi quam jure ſucceſſorio.* Et cet accroiſſement a toujours été eſtimé ſi favorable, que par Arrêt du 4. Janvier 1653. donné en la Coutume de Mondidier, qui contient, article 175. pareille diſpoſition que celle-ci, il a été jugé, qu'une terre donnée par le pere à un de ſes puînés au-delà de ſa portion de quint, accroît par la mort de ce puîné donataire, à ſes autres puînés, juſques à ſa portion de quint; ſert à ceci l'article 83. de cette Coutume.

Quid, de la ſœur puînée qui a renoncé, moyennant ſa dot en argent, aux ſucceſſions de pere & de mere, ſuccedera-t-elle au droit de quint de ſon frere puîné prédecedé à l'excluſion de l'aîné? Il ſemble que non, attendu qu'elle n'a jamais eu de part au quint; c'eſt pourquoi le mot d'accroître dont ſe ſert la Coutume, ne lui convient pas. Néanmoins j'eſtime qu'il faut diſtinguer, & dire, que ſi le puîné renonce à la ſucceſſion, la ſœur n'y peut rien pretendre, attendu que le droit de quint n'eſt pas ſorti hors de la ſucceſſion du pere, en laquelle elle ne peut demander aucune part. Mais lorſque le droit de quint fait partie de la ſucceſſion du puîné, je ne vois pas de raiſon pour laquelle elle en doit être excluë; auſſi peut-on dire, que l'argent qui lui a été donné eſt au lieu de ſa portion de quint, & la recompenſe qu'elle a eu en deniers, ne doit pas la priver de ſucceder au quint de ſon frere puîné. En effet, je trouve qu'il a été ainſi jugé en la Coutume de Mondidier, qui contient une diſpoſition en l'article 175. ſemblable à celle-ci, par Arrêt intervenu en l'Audience de la Grand'-Chambre, du Lundi dix Fevrier mil ſix cens cinquante-trois, entre le ſieur de Crequy & la Dame de Lignieres ſa ſœur, dans cette eſpèce: Le ſieur de Crequy pere avoit trois enfans, deux mâles & une fille. La fille du vivant du pere eſt mariée au ſieur de Lignieres, & lui donne en dot la ſomme de ſoixante mille livres. Après ſon decès la fille ſe tenant à ſon don, laiſſe le quint entier des fiefs au puîné, & l'aîné prend les quatre quints: arrive le decès du puîné ſans enfans, ce qui forma la conteſtation entre le ſieur de Crequy fils aîné, & la Dame de Lignieres, pour raiſon du quint qui avoit appartenu au puîné prédecedé, & prenoient tous deux avantage des termes de l'article 175. de la Coutume. L'aîné prétendoit que ce quint lui devoit appartenir, parce que la Coutume ne reconnoît en collaterale qu'un héritier pour les fiefs qu'elle donne entierement à l'aîné, que cet article ne donne les portions du quint des puînés prédecedés aux autres puînés ſurvivans, qu'en une rencontre particuliere, & par droit d'accroiſſement, qui ne peut pas avoir de lieu à l'égard d'une perſonne qui n'avoit pas pris de part aux fiefs, & en la ſucceſſion du pere, & que c'étoit choquer les maximes, que de dire, qu'une perſonne qui ne prend point de part, doive profiter du droit d'accroiſſement. D'ailleurs, qu'il y auroit de l'injuſtice à juger contre ſa prétention, attendu que ſa ſœur ayant renoncé, avoit emporté beaucoup plus que ſa part, & le plus clair des biens de la ſucceſſion, ſans charge de dettes; & néanmoins que le puîné prédecedé n'avoit point laiſſé de prendre le quint entier; & ainſi au lieu que la Coutume ne defere aux puînés pour eux tous qu'un quint, que ſa ſœur auroit deux quints ſi ſa prétention avoit lieu; de ſorte qu'il ſoutenoit qu'elle étoit du moins obligée, ſi elle vouloit prendre le quint deſtiné par la Coutume pour les puînés de rapporter à ſon profit la ſomme de ſoixante mille livres, dont elle avoit été avantagée en faveur de mariage. La Dame de Lignieres diſoit au contraire, qu'il n'y avoit pas d'inconvenient à l'accroiſſement qu'elle demandoit qu'il étoit toujours vrai de dire, que la Coutume lui donnoit une part dans le quint, que c'étoit à cette part qui lui appartient de droit, que la portion du puîné prédecedé accroiſſoit. Que c'étoit ſans apparence que ſon frere aîné vouloit l'obliger à rapporter ce qu'elle avoit eu en mariage, vû qu'il s'agiſſoit de deux ſucceſſions, & qu'il étoit inoui de dire, qu'on fût obligé de rapporter à la ſucceſſion d'un frere, ce qu'on avoit eu du pere: que c'étoit deux ſucceſſions ſeparées, & qui n'avoient rien de commun: que la Coutume ne requeroit pas que l'on fût heritier du pere pour jouir de ce droit d'accroiſſement, qu'il ſuffiſoit d'avoir été habile, que ce qu'elle avoit eu en mariage lui tenoit lieu de part hereditaire en la ſuccesſion du pere, & que ſi elle ſe trouvoit plus avantagée que ſi elle avoit accepté la ſucceſſion, que la Coutume permettoit aux peres d'avantager leurs enfans plus l'un que l'autre. Et quoique ce ſoit, que la Coutume n'admettoit à l'aîné à ſucceder au quint qu'après le decès de tous les puînés. Sur quoi par l'Arrêt, la Cour conformement aux conclusions de M. l'Avocat General Bignon adjugea le quint dont étoit question, à la Dame de Lignieres avec restitution de fruits, sans autres charges que celles portées par la Coutume.

Dans la Coutume de Paris, & autres semblables, où l'aîné prend son droit par forme de preciput & de prelegs, il a été jugé par les Arrêts, que les pere & mere ne pouvoient en quelque façon que ce fût, prejudicier au droit d'aînesse, en disposant de leurs fiefs directement ou indirectement au profit de leurs cadets : parce que le preciput accordé par ces Coutumes aux aînés, est leur legitime, à laquelle les pere & mere, ou autres ascendans, ne peuvent toucher, pour en avancer leurs autres enfans : mais on a demandé, si cette Jurisprudence doit avoir lieu dans cette Coutume, en laquelle l'aîné prend les fiefs, en vertu de cet article, non point tant par preciput, que *per modum quotæ*, à la charge d'un quint hereditàl à ses puînés ? La Coutume de Mondidier voisine de celle-ci, qui a été redigée en même temps par les mêmes Commissaires, & qui est conforme pour le partage des fiefs entre les enfans, a decidé cette difficulté par les articles 107. & 169. qui permettent à toutes personnes de disposer de leurs heritages, soit feodaux ou roturiers au profit de leurs enfans aînés ou puînés, ou autre, reservé aux autres enfans la legitime. Suivant quoi il a été jugé en cette Coutume d'Amiens, par Arrêt du Lundi 2. Janvier mil six cens vingt-trois, au Rolle de la Province, seant M. le premier President de Verdun, conformément aux conclusions de Monsieur l'Avocat general Talon, plaidans P. de Cornaille & Delamet, entre Simon & Guillaume Lestocs & consorts, en confirmant la Sentence du Bailly d'Amiens, du quinze Septembre mil six cens vingt-deux, qu'un pere avoit pû disposer du fief de Beaufort, entre ses enfans au préjudice de son aîné.

LXXII.

Auquel quint hereditàl n'est compris le principal manoir, pour pris & accinct dudit fief, ains demeure entierement à l'aîné, & n'y prennent rien les puînés.

¶ Le puîné legataire du quint datif ne peut demander part dans les principaux manoirs ni en pretendre recompense sur le surplus du fief. Arrêt en cette Coutume du 16. Mai 1637. dans Du Fresne & Maillart sur Artois, mais il pourroit l'être sur les autres biens libres, si le testateur l'avoit ordonné.]

Aussi demeure & appartient entierement à l'aîné la provision & institution des Officiers, fruits & émolumens de la Justice, & presentation aux Benefices.

LXXIV.

Pour ledit aîné, si bon lui semble, recompenser ses puînés dudit quint hereditàl, en autres terres de la sucession de pareille valeur & estimation, s'il y en a pour ce faire.

LXXV.

Et s'il n'y a terres, le peut racheter à raison du denier vingt, & ce dedans trois ans, après que ledit aîné sera parvenu en l'âge des vingt-cinq ans : & ledit temps passé, n'y sera plus reçû.

A raison du denier vingt.] L'intérêt de l'Ordonnance pour les rentes constituées & autres sommes de deniers qui produisent intérêt, étoit lors au denier douze, sur lequel pied le fond de terre en fief a été estimé au denier vingt par cette Coutume, sçavoir si à present que l'intérêt est monté au denier dix-huit, l'estimation portée par cet article, doit augmenter à proportion ? L'affirmative est susceptible de beaucoup de raisons & d'équités, attendu que les puînés sont déja fort mal partagés par cette Coutume, sans leur faire perdre sur le véritable prix de leur portion hereditaire aux fiefs qu'ils sont obligés d'abandonner à leur aîné : l'intention de la Coutume n'ayant pas été de leur rien ôter de leur portion, mais de les recompenser de ce qu'ils quittent, suivant sa juste valeur, en leur donnant moyen d'acheter un autre heritage de pareille qualité, ce qu'ils ne peuvent pas faire, en les obligeant de se contenter du denier vingt, les heritages augmentant de prix, à mesure que l'argent qui est le prix de toutes choses, augmente, & sans doute, qu'il n'y a pas de comparaison d'une rente au denier dix-huit, qui periclite tous les jours, & qui oblige le créancier à veiller incessamment avec un fief au denier vingt. Néanmoins l'usage étant demeuré au contraire, on auroit de la peine presentement à faire réussir cette opinion, quoique juste, & semble qu'il faudroit une déclaration particuliere expresse pour ce sujet : Combien que ces articles de nos Coutumes, qui contiennent de semblables estimations, n'ayent pas eu intention de statuer, mais seulement d'estimer sur le prix courant des choses au temps qu'elles ont été redigées & qui charge avec le temps, & que l'on puisse dire, que les Déclarations du Roi, qui ont haussé l'intérêt, contiennent une dérogation à cet article,

Au dernier vingt.] Il semble en tout cas, que l'on pourroit soutenir que cette estimation ne doit être entendue que des simples fiefs, & non pas des terres qualifiées de Baronnies, Comtés, Marquisats ou Duchés.

Et ce dedans trois ans.] Jugé par Arrêt du 20. Decembre 1638. rapporté au Journal des Audiences, que les trois ans courent du jour de l'ouverture de la succession, & non du jour du partage, lors que l'aîné est majeur au jour du decès du pere.

Après que ledit aîné sera parvenu en l'âge de vingt-cinq ans.] Quid, si l'aîné venant à mourir en minorité, délaissant un enfant mineur, les trois ans courront-ils pendant cette seconde minorité ? Il faut dire que non, pour pareille raison. Comme aussi si l'aîné avoit été prisonnier de l'ennemi pendant ces trois ans, & en tout autre cas de nécessaire & invincible empêchement.

LXXVI.

Pendant lequel temps de faculté de rachat, lesdits puînés sont tenus user dudit quint, comme bon pere de famille, sans rien demolir, ne coupper les bois de haute fustaye.

LXXVII.

Pour ledit rachat ne sont dûs aucuns profits seigneuriaux au Seigneur dont le fief est mouvant.

LXXVIII.

Si l'aîné rachette ou recompense ledit quint, il est réuni au fief principal, pour être un seul fief, & non deux.

LXXIX.

Le puîné releve ledit quint de son aîné pour la premiere fois, & ne paye pour icelle aucun droit de relief : mais par après ledit quint & chacune portion d'icelui, se doit relever du Seigneur, dont le total du fief est tenu, & se paye par chacun tel relief, & se fait semblable service pour ledit quint, & chacune portion d'icelui, que devoit le total dudit fief.

Le puîné releve ledit quint de son aîné pour la premiere fois.] Quid, si l'aîné a recompensé son puîné en un fief de la succession, auquel il n'a aucune part, ou qu'il n'en ait que la moindre portion, & son cadet la plus grande, en consideration de ce que l'aîné a retenu les principaux fiefs pour les quatre quints ? Si l'aîné n'a aucune part, j'estime qu'il n'y a pas de difficulté, que les puînés ne peuvent pas relever de lui, puisqu'il ne peut pas faire la foi & hommage pour ses cadets d'un fief auquel il ne possedoit rien. Au second même la raison de la Coutume cessant il s'ensuit que sa disposition ne doit pas avoir de lieu.

Et se paye par chacun tel relief, &c.] *Hoc est*, à proportion.

LXXX.

Ledit quint est tenu aux charges & dettes de la succession, *pro rata* de l'émolument tant seulement.

Arrêt au rapport de Monsieur de Grieu, le septieme Septembre 1604. entre Jacques de Belloy, sieur d'Amy appellant, & de Margival, Damoiselle de Salancy, intimée par lequel a été jugé en la Coutume d'Amiens, qu'en succession collaterale, les puînés payeroient les dettes *pro portionibus hæreditariis*, & non *pro modo emolumenti*, bien qu'en cette Coutume les puînés ne prissent rien aux fiefs en succession collaterale, & qu'ils appartinssent en tout & par-tout aux aînés, & ce après avoir fait enquêtes par turbes, par lesquelles il fut rapporté, que le 80. article de la Coutume d'Amiens, par lequel en ligne directe les puînés qui ne prenoient que le quint des fiefs, n'étoient tenus qu'à raison de ce quint, s'entendoit quand il n'y avoit ni meubles, ni rotures, & encore en ligne directe seulement. Mais quand il y avoit meubles & rotures, soit en ligne directe, soit en ligne collaterale, que les puînés étoient tenus des dettes *pro portionibus hæreditariis*, sans avoir égard à ce que les aînés avoient de plus en fiefs. Il a encore été jugé d'avantage par cet Arrêt, parce que la Damoiselle de Salancy puînée offroit de renoncer aux rotures qui étoient sous la Coutume d'Amiens, se tenant aux partages des biens qui étoient sçis en d'autres Coutumes. Car sans avoir égard à ses offres, il a été dit, qu'elle payeroit des dettes *pro portione hæreditaria*, & non *pro modo emolumenti*, pour ce qui étoit de la Coutume d'Amiens, donnant à l'aîné par préciput les fiefs, à l'exclusion des puînés, les fiefs qui étoient situés en la Coutume d'Amiens, ne viendroient pas en estimation, & ne seroient pas comptés pour le payement des dettes, & ne pourroit l'aînée être tenue de payer plus de dettes que sa sœur puînée, en consideration des fiefs qu'elle prenoit en ladite Coutume. Et ainsi avoit-il été jugé pour de Haraucourt en la Coutume de Chauny, Saint Pol, & Artois, bien qu'il y eût autre Arrêt du 6. Fevrier 1577. en exécution d'autre Arrêt, du 11. Fevrier 1576. entre Antoinette des Essards, par lequel bien qu'il y eût rotures, les parties avoient été néanmoins condamnées à payer pour raison de l'émolument. Mais cet Arrêt fut donné en ligne directe, & si la Sentence du Bailly d'Amiens qui avoit été infirmée, jugeoit le contraire. Il y avoit encore un autre Arrêt, produit en ce procès, donné au rapport de Monsieur le Coigneux en la troisieme Chambre, le seize Fevrier 1602. en la succession de Choqueuse, par lequel il avoit été jugé, que les dettes se payeroient à raison de l'émolument, mais nous voyons par le narré de l'Arrêt que cela avoit été jugé entre les parties, sans qu'elles y eussent contesté. Cette note est extraite du chapitre 83. de la Centurie premiere de Monsieur le Prestre.

Monsieur Louet lettre D. nombre 16. fait aussi mention de l'Arrêt de Haraucourt, & dit, qu'il a été prononcé en robbes rouges, le 24. May 1577. entre Philippes de Longueval sieur d'Haraucourt, & Jean de Gouy Vicomte d'Arcy; où il a été jugé, ce dit-il, qu'ès Coutumes où le droit d'aînesse, n'étoit qu'és biens feodaux & non roturiers, comme ès Coutumes d'Amiens, d'Artois, Coucy, Clermont, les dettes se payeroient *pro portionibus hæreditariis*, encore que les puinés n'eussent qu'un quart. L'Arrêt contient les moyens. Il ajoute, *Sit igitur regula si primogenitus jus precipui habeat in quota parte totius hæreditatis, æs alienum solvit pro modo emolumenti si verò in certis tantum corporibus non in omnibus bonis, putà si tantum in feudis, pro portione hæreditaria tantum, non pro modo emolumenti æs alienum agnoscit*, ce sont les Arrêts de Longueval & du Bellay.

La Jurisprudence établie en vertu de ces Arrêts, est fort extraordinaire, tant à l'égard de la ligne directe, que de la collaterale. Et en effet, pour ce qui est de la directe, elle est precisément contraire à la disposition de la Coutume, qui parle indistinctement, & oblige l'aîné à payer sa part des dettes à proportion de l'émolument, & des quatre quints qu'il prend dans les fiefs; de sorte que c'est un vain échappatoire de dire, que cette disposition ne s'entend, que quand il n'y a aucuns meubles ni rotures dans la succession, vû que la loy ne distingue pas, & il est fort étrange, qu'un arpent de roture fasse qu'un fief de cent mille écus se partage contre la disposition de la Coutume, pour ce qui est du payement des dettes: & les puinés sont déja assez desavantagés en cette Coutume, sans introduire encore contre eux une interpretation qui détruit le sens de cet article, qui a sa raison particuliere, laquelle résulte de ce que, comme il a été observé cy-dessus en la note de l'article 71. l'aîné ne prend pas tant les quatre quints par preciput, que *per modum quota*; cette Coutume donnant tous les fiefs à l'aîné, à la charge d'un quint heredital aux puînés.

Pour ce qui concerne la collaterale, l'aîné prenant tous les fiefs, à l'exclusion des autres héritiers, qui en demeurent absolument exclus, il est bien raisonnable qu'il demeure aussi obligé de contribuer aux dettes, à proportion des fiefs qu'il prend seul, suivant ce qui a été jugé dans les autres Coutumes, puisque celle-ci ne dit rien de contraire, & ce double avantage en la personne de l'aîné, de profiter de tous les fiefs, & de les prendre sans charge de dettes, est exhorbitant contre le droit commun, & le sens de cette Coutume.

¶ On tient en la Coutume de Mondidier, que ces mots de l'article 198. sur les terres & meubles, doivent faire répandre les dettes non mobilieres sur tous les biens, & qu'ils établissent une proportion, eu égard à ce que chacun a dans les mêmes biens, & il a été jugé en conséquence par Arrêt du 30. Août 1625. entre les sieurs de Bournonville, que les dettes seroient payées entre l'aîné & les puinés à proportion de l'émolument, même pour les fiefs où l'aîné prend les quatre quints.

Il a été aussi jugé en la Coutume de Mondidier, que les dettes se payeroient à raison de l'émolument par Arrêt du 7. Septembre 1630. sur un appointé à mettre entre Claude de Bellot Elmer, & Messire Charles de Chellon sieur d'Amy.

Par Arrêt du 11. Janvier 1672. il a été jugé en la Grand-Chambre sur les conclusions de Monsieur Talon Avocat general en la Coutume de Ponthieu, qu'un pere ayant réduit son aîné à ce qu'il ne lui pouvoit ôter, & donné le surplus aux puînés, l'aîné ne devoit contribuer aux dettes que subsidiairement, & après que les meubles & acquêts auroient été absorbés, & que s'ils n'étoient suffisans, elles seroient payées sur les propres entre l'aîné & les puînés à raison de l'émolument; d'autant que la Coutume ne permet d'aliener les propres sans une nécessité jurée.

LXXXI.

La part des puînés qui s'abstiennent d'apprehender ledit quint, ou l'ayant apprehendé, décedent sans enfans, ou sans en avoir autrement disposé, accroît aux autres puînés qui la veulent apprehender, & non à l'aîné: mais si tous étoient décedés sans enfans, & sans en avoir disposé, lesdites portions retournent & sont réunies au fief dont elles sont parties, pour être un seul fief & non plusieurs.

Accroît aux autres puînés.] Combien que ce soient filles qui par leur contrat de mariage ont renoncé aux successions futures de leur pere & mere, lesquelles succédent au quint de leurs freres puînés qui viennent à deceder à l'exclusion de leur aîné, sans même que l'aîné puisse les obliger à rapporter en ce cas les dots qu'elles ont reçues en argent. Jugé en cette Coutume, & en celle de Peronne, qui contient une disposition semblable en l'article 175. par Arrêt du 10. Février 1653. intervenu en l'Audience de la Grand'Chambre, au rolle d'Amiens, entre Dame Marie de Crequy, femme de Messire François des Essars, Chevalier, Seigneur de Lignieres, d'une part; & les enfans de Messire Jean-Baptiste de Crequy son frere aîné d'autre part.

Maistre Julien Brodeau en son Commentaire sur Monsieur Louet, lettre D. nombre 13. après avoir établi que les legs particuliers qui sont sans effet, à l'égard de ceux en faveur desquels ils avoient été faits, accroissent aux légataires universels; ajoute que sur les mêmes raisons est fondée la decision de la Coutume d'Amiens, article 81. & des autres Coutumes voisines, qui decident que la part des puînés qui s'abstiennent d'apprehender le quint heredital des fiefs, ou l'ayant apprehendé, décedent sans enfans ou sans avoir disposé, accroît aux autres puînés qui le veulent apprehender, & non à l'aîné qui n'y peut rien prétendre, sinon en cas que tous les puînés decedent sans enfans, & sans en avoir disposé, *quando tota hæreditas vacat*, pour user des termes de la loi *quidam* 30. *in fi. de vulg. & pup. substit.* Le quint heredital est une legitime coutumiere qui appartient solidairement & pour le tout à chacun des puînés, lesquels sont substitués les uns aux autres, jusqu'au dernier à l'exclusion perpetuelle de l'aîné, *& omnes unus sunt & pro uno habentur*, comme en l'espèce de la loi, *Attius 11. de hæred. inst.* & de la loi *si nepotes 7. de collat. bon. & concursu tantum partes fiunt*. La portion de chacun des puînés n'étant point actuelle ni divisée, mais habituelle & potestative, dont les parts qui eussent pû appartenir à ceux qui s'abstiennent & renoncent, ou qui décedent sans enfans, & sans en avoir disposé, demeurent aux autres puînés, non par droit d'accroissement, comme la Coutume dit improprement, mais plûtost par non decroissement, *jure non decrescendi*. Ce qui doit avoir lieu, non-seulement au quint hereditai, mais aussi au quint datif, c'est-à-dire, en ce qui a été donné par les pere & mere à leurs puînés prevenans l'office de la Coutume; au lieu & jusques à concurrence de leur quint, comme étant subrogé au lieu du quint hereditai, & sujet aux mêmes regles & maximes, & comme la provision & disposition de l'homme fait cesser celle de la loi & de la Coutume, en ce qui ne choque point le droit public; ainsi lors que le particulier fait un acte ou un contrat relatif à la Coutume, il feroit le même effet que feroit la Coutume, cessant sa disposition, comme a singulierement decidé M. Charles du Molin sur la Coutume de Tours, art. 268. *add. infr. S. n.* 10. ce qui a ainsi été jugé par Arrêt provisionnal, du Jeudi 14. Mars 1630. Monsieur le Jay President, moi plaidant, pour Gaspard François & Georges de Godeschard puînés, appellans du Bailly d'Amiens, & demandeurs en évocation du principal, & Chamillart pour Messire Antoine d'Acheu, Chevalier Seigneur de Foucancourt, aîné, intimé & défendeur, touchant la terre & seigneurie de Querieu donnée à tous les puînés pour leur quint hereditai par leur mere, & depuis par l'Arrêt diffinitif donné en la Grand-Chambre au rapport de Monsieur Camus, le 12. Juillet 1631. Le même jugé en la Coutume de Perronne, Mondidier & Roye, sur l'interpretation de l'article 175. encore que le pere par les contrats faits avec ses puînés, leur eût baillé à chacun au lieu de leur quint un fief entier à part & divis, de sorte qu'ils n'avoient rien possedé en commun & par indivis, par Arrêt du Mardi matin quatriéme Janvier mil six cent trente-trois, ledit sieur Premier President le Jay seant, plaidans J. Gaillard pour Messire Charles de Mouchy Baron de Longueval, appellant & demandeur, & moi pour Dame Charlotte de Mouchy, femme de Messire Adrien de Crequy, Chevalier Seigneur de la Cressonniere intimée & défenderesse, conformément aux conclusions de Monsieur l'Avocat General Talon. La même interpretation a été donnée à l'article 226. de la Coutume d'Anjou, par Arrêt donné en la Chambre de l'Edit, au rapport de Monsieur Mandat, le vingt-six Avril 1636. infirmatif de la Sentence du Sénéchal d'Anjou, ou son Lieutenant à Angers, du vingt-deux Juin mil six cens trente, après Enquêtes par turbes faites en la Ville d'Angers, par lequel Arrêt, la part & portion du puîné est déclarée accrue aux autres puînés, à l'exclusion de l'aîné. Daniel, Isaac & Jean de Juigné parties plaidantes. Les Turbiers avoient répondu tout d'une voix, que la part de René puîné decedé, ne devoit demeurer à l'aîné, ains jointe à la portion des autres puînés qui possédoient leur bien-fait ensemblement jusques à ce qu'ils fussent tous decedés. Ce sont les termes du sieur Brodeau.

Il est nécessaire d'observer, que dans l'usage de cette Coutume d'Amiens, aussi-bien que dans celle de Mondidier, le quint datif n'est pas proprement celui qui est donné pour tenir lieu du quint hereditai, mais le quint que les peres & meres peuvent donner à leurs puînés par leurs testamens, outre & par dessus le quint hereditai. Ce qu'étant supposé, il paroît que les Arrêts rapportés par le sieur Brodeau, n'ont pas jugé la question touchant le quint proprement datif, à l'égard duquel même j'estime que la décision doit être contraire, & que les puînés ne peuvent pas le prétendre par droit d'accroissement au prejudice de leur aîné, mais que l'un des puînés venant à deceder, la part qu'il avoit dans les fiefs, à cause du quint datif, doit appartenir entierement à l'aîné, en vertu des articles 84. & 85. ci-après, d'autant que cet article 81. n'ayant introduit cette prerogative particuliere en faveur des puînés, que pour le quint hereditai, il ne peut pas être étendu au-delà de ses limites, ni avoir lieu à l'égard du quint datif, dont cet article ne parle point, lequel conséquemment doit être gouverné par la disposition generale des autres articles, & le surplus des successions.

Les termes de cet article qui porte, que la portion que les puînés prédecedés avoient au quint, accroît aux puînés survivans, donne lieu à la question, de sçavoir si les puînés peuvent prétendre ce droit sans se porter heritiers de leurs freres & sœurs prédecedés? Si on s'arrête absolument à la lettre, & à ce qu'écrit le sieur Brodeau, lequel encherissant sur le texte, dit que les portions des prédecedés appartiennent aux survivans, plutôt par droit de non décroissement, que d'accroissement, il faut répondre pour l'affirmative, parce qu'il est constant qu'il n'est pas nécessaire dans les principes de cette matiere, que celui qui profite en vertu du droit d'accroissement, ou de non décroissement, se porte heritier de celui dont la part lui accroît. J'estime néanmoins que pour résoudre cette question, il faut distinguer, & dire, que si quelques-uns des puînés renoncent, leurs parts appartiennent aux autres puînés par droit d'accroissement, ou de non décroissement, ce qui n'importe, sans qu'ils soient obligés de se porter heritiers de ceux qui renoncent, attendu que par le moyen de leur renonciation, ils sont réputés n'avoir jamais rien eu au quint dont il s'agit. Mais si tous les puînés acceptent, & qu'ensuite quelques-uns d'entre eux viennent à deceder sans enfans, & sans en avoir disposé des portions qu'ils avoient au quint, je ne fais pas de difficulté, que les survivans ne peuvent rien y prétendre qu'en se portant héritiers des puînés prédecedés, & qu'il faut dire, que les portions accroissent en ce cas par droit de succession, *ab intestat*, d'autant que le droit d'accroissement en matiere de proprieté n'a jamais lieu seul, & sans le benefice de la succession, que quand quelques-uns de ceux qui étoient appellés conjointement à la chose, n'y ont jamais pris aucune part, & ce droit

droit cesse dès le moment que la chose a appartenu à plusieurs, ainsi que j'ai fait voir amplement en mon Traité des Donations, partie 3. chapitre 4. Aussi cet article suppose-t-il assez que les survivans ne trouvent ces portions que dans les successions des predecedés, en ce qu'il ne les leur donne qu'en cas que les prédecedés n'en ayent pas disposé. Et d'ailleurs il s'ensuivroit autrement, si ces portions appartenoient aux survivans par droit d'accroissement ou de non décroissement, que les prédecedés n'auroient été que simples usufruitiers, ce qui est contraire à l'intention de la Coutume. Que si le decès de l'un des puînés arrivoit auparavant que d'avoir déclaré sa volonté sur la succession de son pere, qui lui étoit déferée, pour lors le droit qu'il avoit d'apprehender ou de renoncer, se rencontre dans sa succession, de sorte que ses créanciers peuvent obliger ses freres à se porter heritiers de leur pere au nom de leur frere prédecedé, si la succession du pere est avantageuse, en ce cas la portion de leur frere leur appartiendra à titre de succession, & non pas simplement en vertu du droit d'accroissement. Le quint datif ne comprend pas non plus que le naturel, la cinquiéme partie du principal manoir, ni de l'estimation du droit de patronage, ni de l'institution des Officiers, & il n'en est dû aucune recompense.

Le legs du quint datif en faveur d'un descendant qui n'est pas habile à succeder, ne laisse pas de lui être propre, & il n'est dû que le droit de relief par ce légataire, quoiqu'il ne soit pas l'héritier apparent & plus proche à succeder.

L'enfant légataire du quint datif peut se mettre en possession sans demander la délivrance; mais il ne gagne les fruits que du jour qu'il s'est mis en possession, ou qu'il a demandé la délivrance; quoique le puîné possede deux quints à titres differens, il se fait une union de ces deux parts dont il n'est dû qu'un seul droit de relief.

Le légataire du quint datif, quoique héritier du quint hereditaire, contribue aux dettes, à proportion de l'émolument; mais il est acquitté des dettes mobiliaires par l'héritier des meubles.

Quoique le testateur n'ait pas legué specifiquement le quint datif, il doit être fourni par l'héritier au défaut des meubles & acquêts.

En cette Coutume les parts de ceux qui meurent ou qui renoncent, accroissent aux puînés dans le quint naturel, & non dans le datif, au lieu qu'en celle d'Artois, les parts de l'un & de l'autre quint accroissent à l'aîné seul, d'autant qu'ils tiennent lieu d'alimens, dont la prestation finit par la mort.]

LXXXII.

Les autres biens meubles & immeubles cottiers & roturiers d'acquêt, ou de propre, se divisent également entre lesdits enfans.

Egalement.] *Non est hic locus repræsentationi, nec duplicitati vinculi, ut consilio meo indicatum fuit die* 26. *Januarii* 1535. *inter Johannem le Testu, patruum defuncti, & Honoratum la Grene, nepotem ex sorore germana: adjudicavi patruo non solum medium* des meubles & acquêts du défunt, mais aussi la moitié des héritages cottiers ou roturiers qui ont appartenu à l'ayeul paternel dudit défunt, & la totalité des fiefs qui ont appartenu audit ayeul paternel. Et audit Honoré l'autre moitié desdits meubles & acquêts, & moitié desdits roturiers anciens, avec la totalité des acquêts faits par le pere du défunt, *etiam* feodaux, & totalité des héritages maternels dudit défunt: *Et quamvis argutiis Do. Petri Stellæ tum novi in Senatu Parisiensi quo appellatum erat Consiliari, juris quidem periti, sed praxis & consuetudinum expertis Senatus de multis dubitaverit, & confusis testimoniis inquisiverit supervacuo, tamen ea sententia tandem solemni Arresto confirmata fuit, die* 13. *Martii* 1539. *ante Pascha; concurrunt ergò in bonis indifferentibus tanquam pares in gradu: sed in hæredis quisque accipit ea quæ sunt sui lateris non habita ratione duplicitatis vinculi ut Bal. Phi. Corn. leg.* 1. *Cod. de leg. hered. dixi in annotat. ad Alexand. cons.* 9. *in fi. lib.* 5. *& leg.* 2. *in prin. num.* 18. *D. de verb. oblig. in lectione Dolana.* C. M.

Cette note de Maître Charles Du Molin qui a écrit, comme il a été remarqué, sur l'ancienne Coutume, est remarquable pour la décision de tout plein de choses en une succession collaterale échue en cette Coutume à l'Oncle & au Neveu du défunt, disant avoir été jugé par son avis: 1. que l'Oncle & le Neveu issu d'une sœur germaine du défunt, partageroient également & par moitié les meubles & acquêts de la succession, attendu qu'ils étoient égaux en degré, & qu'il n'y a point lieu au double lien en cette Coutume; ce qui est presentement décidé par un article exprès, qui est le 86. de cette nouvelle reformation. 2. Qu'ils diviseroient aussi par moitié les héritages roturiers provenus de l'ayeul paternel du défunt, parce que l'Oncle & le Neveu descendoient tous deux de cet ayeul paternel, qui avoit mis les heritages dans la famille, ainsi il n'y avoit pour ce regard aucune raison de difference entr'eux. 3. Qu'à l'Oncle seul appartiendroient tous les fiefs échûs de ce côté-là; c'est à sçavoir en qualité d'aîné, en vertu de l'article 84. ci-après, il en eût été de même en vertu de l'article 85. pour les fiefs acquis par le défunt, s'il y en eût eu dans la succession. 4. Que le Neveu auroit seul la totalité des acquêts faits par le pere du défunt, parce que c'étoit un propre naissant du défunt, auquel le Neveu succede à l'exclusion de l'Oncle, attendu que le Neveu est issu de celui qui le premier a mis l'héritage dans la famille, au lieu que l'Oncle ne lui étoit que collateral; ce qui donne lieu à la préference du Neveu contre l'Oncle, quoiqu'ils soient en parité de degré, du côté d'où les propres procédent. Cela a été depuis peu jugé, conformément à l'opinion de Du Molin par Arrêt celebre, donné au rapport de Monsieur le Boult, en la Coutume de Paris, le 24. Mars mil six cens quarantesix, de sorte que cette question ne reçoit plus de difficulté. 5. Que le Neveu auroit la totalité des héritages maternels, d'autant que l'Oncle n'étoit point parent de ce côté-là. Et enfin, quant à la remarque qu'il avoit faite, que la representation n'avoit point de lieu en cette Coutume, elle est maintenant détruite par les articles 69. & 70. de la nouvelle Coutume, qui ont introduit la representation aux termes de droit, tant en ligne directe, que collaterale, mais non pas le double lien.

¶ L'exclusion en faveur de ceux qui sont descendus de l'acquereur, ne peut pas avoir lieu en faveur de ceux d'une même tige, contre les autres descendans de l'acquereur qui se trouvent aussi proches, suivant un Arrêt du 11. Decembre 1674. au rapport de Monsieur de Salo, en la premiere des Enquêtes, entre Damoiselle Marie-Martin, femme du sieur Lagaut, Avocat, & Damoiselle Anne-Martin, femme du sieur Portail, Avocat, contre les sieurs & Damoiselle Boucher.]

LXXXIII.

Quand pere ou mere donnent à aucuns de leurs enfans puînés rente hereditale pour leur portion de quint, encore qu'elle ne soit realisée & hypothequée, elle est reputée heritage, & de telle nature & condition qu'eût été le quint des fiefs de pere & mere qui fut advenu audit puîné par leur decès.

Rente hereditale.] Ce n'est pas à dire, comme on pourroit d'abord se persuader, qui procede de succession & d'heredité, mais qui appartienne en proprieté à celui de la succession duquel il s'agit, ce mot étant par cette Coutume opposé à celui d'usufruit.

Encore qu'elle ne soit réalisée & hypotequée.] C'est une question importante en cette Coutume, de sçavoir si les rentes non réalisées, & hypothequées, sont meubles ou immeubles pour autre effet que celui porté par cet article? Il y a deux puissans argumens pour faire juger que l'esprit de cette Coutume a été de mettre au nombre des meubles les rentes non réalisées; le premier resulte de ce que cet article les répute immeubles pour un effet particulier, & par forme d'exception, à la disposition generale de cette Coutume, attendu que si elle les eût consideré comme immeuble universellement, il eut été inutile d'établir en particulier par cet article qu'elles sont reputées telles entre les puînés, lorsqu'elles leur sont baillées, au lieu de leur droit de quint. La deuxiéme de l'article 85. lequel faisant une énumeration generale de tous les biens qui appartiennent au plus prochain par droit de succession, il met au rang des immeubles les rentes réalisées, & comprend tacitement les rentes non realisées sous le nom de meubles par une espece d'opposition, & par la declaration qu'il fait de ces deux sortes de biens, en mettant d'un côté les rentes realisées, & d'un autre les meubles, sans qu'il y ait aucun autre mot que celui de meuble, sous lequel les rentes non realisées puissent être comprises, *& les cottiers, cens & rentes realisées & non infeudées, ensemble les meubles appartiennent, &c.* Neanmoins je trouve un Arrêt parmi les Arrêtés de la cinquiéme Chambre des Enquêtes, du dix-huit Decembre mil six cens quatre, où il est fait mention qu'il a été jugé en la Coutume d'Amiens, que les rentes constituées sont censées & reputées immeubles entre les heritiers du debiteur, encore qu'elles ne soient realisées & nanties, combien que par l'article 137. de cette coutume, elles soient censées pures personnelles, & mobiliaires, & n'engendrent aucune hypotheque, ni droit réel pour le regard du Seigneur & creancier, si elles ne sont realisées & nanties en la forme prescrite par la Coutume. Quoique cet Arrêt soit en quelque façon contraire à l'esprit de cette Coutume, j'estime toutefois qu'il est juste, & qu'il doit être suivi, d'autant que notre Jurisprudence en general, touchant la nature des rentes constituées est absolument changée depuis la redaction de nos Coutumes; & en effet, premierement, au lieu que d'abord on n'estimoit pas qu'une rente pût être valablement constituée que par celui que possedoit des immeubles, & qui faisoit un assignat particulier sur son fonds, le frequent usage de cette espèce de bien, & la commodité que le public en a reçu, a depuis fait abandonner cette maxime, & les rentes qui sont constituées par les personnes qui ne possedent aucun immeuble, vont presentement d'un pas égal parmi nous, avec les rentes qui ont pour leur sureté & leur assignat une hypotheque speciale. En second lieu, comme dans le commencement notre Jurisprudence Françoise ne connoissoit pas d'autres immeubles, que les heritages & les fonds de terre, ont crû que les rentes constituées ne pouvoient trouver leur place que parmi les meubles; mais dans la suite du temps on a crû qu'une rente constituée pouvoit devenir immeuble par un assignat réel sur un héritage; & enfin comme l'on a vû que les rentes constituées étoient reputées immeubles, en un cas on s'est mis en peine de chercher des raisons pour les rendre immeubles en quelque cas que ce fût, & on a commencé à dire que ce n'étoit pas l'hypotheque ni l'assignat qui rendoient la rente immeuble, mais son cours & la continuité, ainsi que j'ai établi en la remarque que j'ai faite sur l'article deux cens un de la Coutume de Senlis; de sorte que nous tenons maintenant pour maxime generale & constante, que les rentes constituées quoique dûes par personnes qui ne possedent que des meubles, sont immeubles pour tous effets, si les Coutumes n'y dérogent expressément. D'où il resulte que les argumens negatifs qui se tirent des articles de cette Coutume, pour faire mettre au rang des meubles les rentes non realisées, ne sont pas suffisans, & il faudroit qu'il se trouvât dans cette Coutume une disposition expresse pour ce sujet. Tellement qu'il faut conclure suivant le principe qui resulte de l'Arrêt & de la regle que je viens d'établir, que les rentes, quoique non realisées & hypothequées, ne laissent pas de devoir être reputées immeubles en cette Coutume pour tous les effets ausquels elle n'a pas specialement dérogé.

De telle nature & condition qu'eût été le quint des fiefs.] C'est-à-dire, pour appartenir aux puînés par accroissement aux termes de l'article 81. duquel celui-ci fait la suite. Mais que dirons-nous en autres cas, cette rente sera-t-elle censée propre, & même feodale : Par exemple, s'il est question de la partager entre collateraux : Quant à la qualité de propre, il n'y a pas de doute que la rente réputée immeuble, ainsi que nous le venons d'établir, elle devient absolument propre dans la succession du fils, sans aucune fiction ; mais comme la qualité de rente feodale ne lui est donnée dans l'espece de cet article que par fiction, & la fiction dans les régles ne devant operer que dans son cas, il s'ensuit que hors l'espece de cet article, la rente dont nous parlons est dépouillée de la qualité feodale, & reprend sa véritable nature.

¶ La rente quoique rachetable & non hypotequée, est immeuble en cette Coutume en la succession du créancier, s'il demeuroit en cette Coutume lors de son decès, d'autant que s'il avoit été établir son domicile en Artois, la rente fût devenue mobiliaire. Nous croyons aussi en la Coutume de Senlis, qu'une rente non ensaisinée, pour laquelle le créancier ne vient que par contribution sur les fonds avec les créanciers de pareilles rentes, étant saisie, les créanciers en touchent le prix par ordre d hypoteques, sans avoir besoin de saisines ; ce qui a lieu même pour les créanciers exerçans les droits de la femme en sous-ordre, sur ses actions reputées immobiliaires ; il semble que la même chose devroit avoir lieu pour les rentes constituées par écrit sous seing privé qui sont immeubles dans la succession ; mais il seroit trop facile de faire commuer les dettes simples par un débiteur oberé en écrits, portant alienation pour en faire toucher le prix aux créanciers hypothequaires, même de supposer & faire antidatter de pareils écrits privés, même en vûe de la succession ; on les peut faire faire au nom d'un défunt, à qui on succede pour rendre la rente propre.]

LXXXIV.

En ligne collaterale les héritages propres feodaux ou cottiers venus & échus au défunt par succession de ses predecesseurs, appartiennent au plus prochain parent d'icelui défunt, du côté & ligne dont lesdits héritages lui sont échus, encore que d'un autre côté il en eût un autre plus prochain : c'est à sçavoir les fiefs soient nobles, abrégés, ou restraints à l'aîné mâle : & en faute de mâle, à l'aînée femelle, & les héritages cottiers & roturiers, cens & rentes realisées, & non infeodées, appartiennent tant à l'aîné mâle ou femelle, qu'aux autres puînés en pareil degré, chacun d'eux par égale portion.

L'aîné mâle, ou l'aînée femelle, succede aux fiefs en collaterale par cet article. Ce qu'il faut entendre hors le cas d'accroissement du quint des puînés, suivant l'article 81.

A l'aîné mâle.] C'est-à-dire, au plus âgé des mâles qui sont habiles à succeder, quoiqu'il soit issu d'une fille, à l'exclusion d un mâle moins âgé issu d'un mâle. Jugé par Arrêt de la Cour du troisiéme Avril 1635. après enquêtes par turbes, en infirmant la Sentence du Bailly d'Amiens du 9. Février 1632. entre Charles Rohault, sieur de Brimont, neveu & héritier feodal de défunt Jacques Gaillard, sieur de Salleville d'une part, & Pierre Gaillard, aussi neveu du même défunt, d'autre part

Sed quid, si dans le cas de representation admis par l'article 70. ci-dessus, le neveu est plus âgé que l'oncle? J'estime en ce cas que l'oncle doit être preferé, d'autant que la representation attribue bien le droit de succeder, mais non pas celui d'exclusion, de sorte que je croi même que la tante devroit exclure le neveu, parce que s'il ne faut qu'un héritier, il est bien juste que ce soit le plus proche, & non pas celui qui ne vient que par privilege pour concourir dans les cas qui en sont susceptibles, & non pas pour exclure, la representation ne se faisant pas en collaterale, comme en directe, avec les prerogatives de la personne representée. Néanmoins Maître Charles Du Molin en son Commentaire sur la Coutume de Paris, art. 19. nomb. 1. témoigne que cette question s'étant presentée en l'année 1537. en interpretation de cette Coutume, il fut ordonné par Arrêt qu'il en seroit informé par turbes, & remet la decision de cette difficulté à un autre endroit de ses ouvrages, où elle ne se trouve point. Que la representation a lieu en cette Coutume, aussi-bien à l'égard des propres que des acquêts. *V. sup. notata ad art.* 70.

¶ Dans cette Coutume qui ne contient pas une disposition pareille à celle de l'article 323. de la Coutume de Paris, le neveu d'un frere exclud sa tante dans les propres feodaux, quoique plus proche, d'autant que le droit d'exclusion suit celui de la representation, qui donne au representant tous les droits qu'avoit le representé, pourvû qu'il ait les qualités nécessaires ; partant l'article 70. de cette Coutume s'entend des mâles qui representent aussi-bien qu'en pareil degré ; c'est pourquoi dans la subdivision entre les representans dans la succession d'un oncle, les niéces sont exclues par les mâles, parce que la succession est presumée venir immediatement de la personne des biens de laquelle il s'agit, & non de celle qu'on represente, quoi qu'en directe les petites-filles viennent pour leurs parts dans celle des puînés, & que dans la transmission on succede à la personne à laquelle on devoit succeder.

On tient aussi en cette Coutume que le fils de la fille ainée succede au droit qu'avoit sa mere, & exclud ses tantes pour les quatre quints des fiefs à l'instar du fils du frere, ayant ce droit du chef de sa mere qu'il represente & du sien.]

LXXXV.

Et quant aux acquêts feodaux ou cottiers, appartiennent au plus prochain du sang sans distinction de cotte & ligne : à sçavoir les feodaux à l'aîné mâle, & en défaut de mâle, à l'aînée femelle : & les cottiers, cens & rentes realisées & non infeodées, ensemble les meubles appartiennent tant à l'aîné mâle ou femelle, qu'aux autres puînés en pareil degré, & par égale portion.

Et non infeodées.] Parce qu'étant infeodées, elles se partagent comme fiefs.

LXXXVI.

Les freres & sœurs d'un côté seulement sont appellés avec leurs freres & sœurs de deux côtés en la succession des meubles & acquêts de leurs freres & sœurs predecedés.

On a demandé en interpretation de cet article, si le double lien étoit considerable aux degrés plus éloignés? La question s'en est presentée en l'Audience de la Grand'Chambre, du 25. Janvier 1655. entre deux cousins germains, le sieur du Monstier Recteur de l'Université, & un autre touchant la succession de Monsieur Nicolas Carvel Chanoine d'Amiens, sur l'appel d'une Sentence rendue par le Bailly de la même Ville, qui avoit condamné la prétention du double lien. Le sieur du Monstier appellant avoit en sa faveur un acte de notorieté des Avocats d'Amiens, & l'Avocat du Roy qui s'étoit rendu conjointement appellant avec lui; ce qui fut trouvé fort extraordinaire: à quoi la Cour n'ayant aucun égard, elle mit sur l'appel les parties hors de Cour & de procès. Et en effet c'étoit sans apparence, que cette Coutume rejettant le double lien dans un cas auquel il est reçû par le Droit civil qui l'a introduit, on vouloit l'y faire admettre dans une espece en laquelle le droit même ne l'a jamais reconnu. La question du double lien avoit été agitée lors de l'ancienne Coutume, qui ne contenoit aucune disposition à ce sujet entre un oncle & un neveu du défunt. L'Arrêt qui est rapporté par M. Charles Du Molin en sa note sur l'article 81. jugea contre la pretention du double lien.

LXXXVII.

Les biens sont estimés paternels, ou maternels, pour appartenir aux lignagers paternels ou maternels quand ils viennent du côté & ligne des pere & mere, encore qu'ils ne viennent de la souche commune, qui est à dire, de pere ou mere, ayeul ou ayeule, dont sont descendus lesdits lignagers: en maniere que les biens acquis par le pere qui sont propres à son fils, retournent par le decès dudit fils à l'oncle paternel, & non à la sœur uterine: Et est le semblable des biens acquis par la mere, qui doivent retourner à l'oncle ou tante maternels, & non aux freres & sœurs paternels.

En maniere que les biens acquis par le pere, qui sont propres à son fils, retournent par le decès dudit fils à l'oncle paternel, & non à la sœur uterine.] Cette espece est mise seulement par forme d'exemple, & non pas pour imiter la régle generale établie au commencement de l'article, de sorte que non seulement l'oncle paternel, mais aussi un parent plus éloigné du même côté exclura semblablement la sœur uterine. Ce qui resulte de l'article suivant, par lequel l'héritier d'une autre ligne ne succede qu'à l'exclusion du fisc, & lorsqu'il n'y a aucuns parens de la ligne. *V. notata ad art.* 82.

LXXXVIII.

Si le défunt n'a laissé aucuns parens collateraux du côté & ligne dont procedent les héritages patrimoniaux, ne pere ou mere ausquels ils puissent remonter, ains autres parens qui ne sont du côté & ligne dont viennent lesdits héritages: en ce cas iceux héritages ne sont réputés vacans, ains appartiennent ausdits parens qui excluent le haut justicier.

Quid, s'il n'y a parens d'un côté ni d'autre, le mari & la femme succederont ils à l'exclusion du fisc, *ex pratoria bonorum successione undè vir & uxor?* Nos Auteurs attestent tous que nous avons reçû par notre usage la disposition de ce droit, & que parmi nous le mari & la femme excluent le fisc, qui veut succeder par le droit de desherence; ce qui est confirmé par les Arrêts rapportés par M. Louet lettre F. nombre 22. Mais à l'égard du droit d'aubaine, le Roi n'a pas souffert que ce privilége des maris & des femmes fût introduit contre lui dans le Royaume, & le fisc par nos maximes exclud la veuve de la succession de son mari étranger decedé sans être naturalisé, suivant la remarque du même Auteur en la lettre V. nombre dernier.

LXXXIX.

Les biens acquis par pere, mere, ou autres parens venans par successions à leurs enfans, ou autres héritiers, sont propres ausdits enfans, ou autres héritiers, & sont sujets à retrait, s'ils sont par eux vendus.

¶ L'inclination de conserver les propres dans les familles, a fait qu'on s'est servi de fictions pour les perpetuer, soit dans les rentes qu'on s'est reservées, soit dans les héritages qu'on a acquis des mêmes deniers; il est constant qu'à l'égard des biens des mineurs, la qualité de propre se conserve dans les simples deniers; mais pour les autres, il a été jugé par Arrêt du quatorze Juin 1653. rapporté par le Let sur l'article 214. de la Coutume de Poitou, qu'une rente constituée au profit de celui qui avoit vendu son bien à condition que le prix seroit employé en achat d'héritages ou constitution de rentes, ce qu'il avoit effectué par la déclaration qu'il avoit faite, ne devoit être considerée que comme un simple acquêt, ces sortes de subrogations n'étant autorisées par aucune loi au préjudice des héritiers qui prennent les biens en l'état où ils les trouvent, parce qu'il n'est pas permis aux particuliers de changer l'ordre des biens pour leurs successions, à moins que la condition n'ait été imposée par un donateur, ou que ce ne soit par convention de mariage.

Néanmoins en matiere d'échange ou de partage, quand un bien paternel est donné pour un maternel, ce qui est subrogé prend la même nature, & le bien paternel devient moitié maternel : pour ce qui est des rentes reservées pour vente de fonds, elles demeurent propres si le contrat ne commence par l'expression du prix, auquel cas on juge qu'on ne peut demander que cinq années d'arrérages, quoique la rente n'ait pas été constituée à prix d'argent.]

X C.

Quiconque appréhende à titre universel les biens meubles d'un défunt, il est tenu de toutes les dettes personnelles, arrérages de cens, & rentes dûes au jour du trépas dudit défunt.

A titre universel.] *Scilicet successionis, secùs si jure legati omnium mobilium, quia est titulus particularis, l. cogi D. Trebell. Quod limito si debita læderent*, le quint viager & les conquêts : car il faut que les quatre parts des propres demeurent franches à l'héritier, nonobstant le testament ou codicile, par lesquels lesdites quatre parts *non possunt directò, nec per obliquum onerari, ut sæpe consultus & primores togati nostri ordinis subscripserunt.* C. M.

Conformément à cette apostille de Maître Charles Du Molin, il a été jugé en cette Coutume, par Arrêt rendu en l'Audience de la Grand-Chambre, du 30 Janvier 1651. qu'une femme légataire de son mari des meubles, & de l'usufruit des immeubles, n'avoit pas confondu en elle son douaire préfix, & en conséquence la Cour jugea que la veuve jouiroit du douaire & du legs.

J'ai de la peine à concevoir le fondement de cette Jurisprudence, d'autant qu'outre que cet article parlant generalement, il semble comprendre le légataire universel des meubles, aussi-bien que l'héritier. D'ailleurs en tout cas dans la maxime generale, & cessant la disposition de cette Coutume, le légataire universel des meubles doit toujours contribuer à proportion de l'émolument aux dettes personnelles, entre lesquelles les derniers Arrêts ont compris le douaire préfix. Et l'opinion de Du Molin, suivant laquelle cet Arrêt a été rendu, étoit fondée sur une erreur, dans laquelle cet Auteur étoit touchant le payement des dettes, qui n'a pas été suivie, ainsi qu'il resulte de ce que j'ai remarqué sur l'article 149. de la Coutume de Senlis, & dans mon Traité des Donations, partie 3. chap. 10. Mais ce qui fait voir évidemment pour le particulier de cette Coutume qu'il s'est abusé, & que le légataire universel est indubitablement compris sous la disposition de cet article, est le contenu en l'article 130. ci-dessous, qui suppose que le légataire universel est tenu de toutes les dettes personnelles de la succession.

¶ En cette Coutume les légataires d'une cotte notable des meubles, contribuent avec l'ascendant qui succede aux meubles & aux dettes mobiliaires, étant également réputés successeurs à titre universel. Mais dans celle de Senlis, le légataire universel n'étant pas compris dans les quatre cas esquels la Coutume charge les meubles des dettes mobiliaires, il y fait contribuer même celui des propres à proportion, ce qui fait qu'en la même Coutume de Senlis l'ascendant concourant avec le légataire universel, il n'est tenu qu'*à rata* avec les autres, autrement les meubles & acquêts n'y contribuent que distributivement & à proportion, au lieu que dans celle d'Amiens il suffit de prendre les meubles pour être tenu des dettes personnelles, suivant les articles 90. & 130. & les acquêts ne contribuent avec les propres qu'aux dettes immobiliaires, quoiqu'à Senlis les acquêts contribuent en même temps & aux mobiliaires & aux dettes immobiliaires, comme les rentes constituées & le douaire préfix.

L'héritier des propres le prenant plutôt à titre successif que de légitime, semble devoir contribuer aux legs, à raison de la totalité des propres ; néanmoins on tient qu'encore qu'on ne se soit pas réduit aux quatre quints, on n'y contribue qu'à raison du quint dont la disposition est libre.

On a reçû en cette Coutume l'ancienne opinion de Du Molin, & autres qui vouloient que les dettes se payassent également pour autant de parts qu'il y avoit d'héritiers, & on a voulu qu'après les dettes mobiliaires prises sur les meubles, les autres se payassent à proportion de l'émolument sur les acquêts & les propres sans aucune distinction de quel côté les dettes passives avoient été créées, & les héritiers paternels payent à proportion les dettes du côté maternel.

On tient aussi qu'après les meubles épuisés les dettes mobiliaires doivent être premierement prises sur les acquêts, & que si on s'adresse aux héritiers des propres, ils en doivent être acquittés par ceux des acquêts ; néanmoins les rentes, douaire préfix, & le remploi des propres alienés dont est chargée la succession lorsqu'il ne s'agit plus de partage de la communauté sont payées sur les propres & acquêts distributivement & à proportion. Je croi que la Coutume est personnelle à l'égard des dettes mobiliaires, & que celui qui avoit son domicile en cette Coutume, y étant décedé, les propres & acquêts situés à Paris ne contribuent pas aux dettes mobiliaires. M. d'Argentré veut même que pour les autres dettes la personne en est tenue suivant la Coutume du domicile, en quelques lieux que les biens soient situés : en effet les rentes actives suivent le domicile du créancier ; néanmoins il semble plus juste de régler les dettes immobiliaires à proportion de l'émolument sur les biens situés en chaque Coutume, suivant la régle qu'elles prescrivent pour le payement des dettes.]

XCI.

Et s'il y a plusieurs prenans à titre universel, les meubles, chacun d'eux peut être poursuivi pour le tout, sauf son recours à l'encontre des autres.

Chacun d'eux peut être poursuivi pour le tout.] L'usage constant en cette Coutume est de condamner chaque héritier personnellement pour le tout, suivant la disposition de cet article, & de l'article 159. ci-après. Il seroit à désirer que cela se pratiquât par tout, quoique la disposition du Droit Romain que nous avons embrassée pour ce regard y résiste. Car il arrive souvent par la multitude des héritiers, entre lesquels les dettes tant actives que passives se divisent, que les créanciers étant obligés de poursuivre chaque héritier pour sa part, perdent souvent une partie de leur dû, s'ils ne sont diligens à faire saisir les effets de la succession, & notamment quand il n'y a pas d'immeuble, ce qui semble injuste, vû que le créancier n'a prêté son argent qu'à une seule personne, & la multitude des héritiers qui succedent à son débiteur, ne doit pas lui être à charge.

Sçavoir si la femme prenant la communauté sera tenue personnellement pour le tout ? Il y a pareille raison, puisque la moitié des meubles lui demeure à titre universel, & il semble absurde, que chacun des héritiers du mari, prenant l'autre moitié, puisse être condamné pour le tout, & elle pour moitié seulement. Et néanmoins fait pour la veuve communiere l'article 99. qui dit que la femme prenant la communauté, est en ce faisant chargée de payer la moitié des dettes de son feu mari. Mais il y a lieu de soûtenir que cette disposition n'est pas suffisante pour déroger à celle de cet article, & que l'article 99. ne sert qu'à régler la communauté, & le payement des dettes, avec les héritiers du mari, & non pas à l'égard des créanciers, & cette interprétation semble d'autant plus juste & plus naturelle, qu'elle ôte la contrarieté qui se rencontreroit autrement entre ces deux articles. Joint qu'il s'ensuivroit encore cette absurdité, en expliquant l'article 99. à la lettre, & en l'entendant aussi-bien pour les créanciers que pour les héritiers, que l'hipotéque des créanciers nantis & hipotéquaires, se diviseroit sur la moitié des conquêts qui appartiendroit à la veuve, à cause de la communauté. Néanmoins la question ayant été agitée en l'Audience de la Grand'Chambre, du Mardi 25. Janvier 1661. depuis que ce Livre est sous la Presse, en une Requête civile obtenue contre un Arrêt qui avoit condamné les héritiers d'une femme de payer solidairement pour le tout une dette mobiliaire de la communauté, la Cour se trouva divisée dans ses suffrages, & en conséquence sur les Lettres en forme de Requête Civile, appointa les parties au Conseil. Il faut en attendre la décision.

Ce qui est decidé par cet article pour les dettes, ne doit pas avoir lieu à l'égard des legs, d'autant qu'il se rencontre, pour ce qui concerne les legs, une raison de difference toute contraire. La consideration sur laquelle est fondée la disposition de cette Coutume, qui oblige chaque héritier au payement de toutes les dettes, résulte de ce qu'elle fait passer entierement en sa personne l'obligation de laquelle étoit tenu le défunt. Ce qui ne peut pas recevoir d'application à l'égard des legs, attendu qu'ils n'ont jamais été dûs par le défunt, & c'est une dette qui ne commence à être dûe que par la succession, ce qui n'est exigible que contre les héritiers, si bien qu'elle se divise dès son principe, en autant de portions qu'ils sont de têtes, ce qui arrive au regard de toutes sortes d'obligations, à moins qu'elles ne soient stipulées solidaires, ou qu'elles ne soient telles de leur nature, ce qui ne peut pas être dit pour les legs, ainsi que j'ai fait voir en mon Traité des Donations, chapitre premier, section 4. ¶ Il y a autant de raison de ne pas obliger les légataires particuliers de s'adresser à chaque héritier, quoique les legs n'ayent pas été dûs par le défunt; les biens n'ont-ils pas été hipotéqués, & les héritiers n'agréent-ils pas l'obligation du testament passé sous scel Royal ou autentique, en appréhendant l'hérédité ? mais cette raison cesseroit, si le testament étoit olographe.]

XCII.

Quand pere ou mere délaissent plusieurs enfans venans à leur succession, dont aucuns sont mariés, les autres non : si les mariés, ou non mariés veulent venir à partage, sont tenus de rapporter, ou déduire tout ce qu'ils ont eu en mariage, & autres avancemens sujets à rapport, & le tout mettre ensemblement pour être partagé entr'eux.

Ce qu'ils ont eu en mariage.] *Idem multo magis de donationibus simplicibus : quia regula est hodiè omnia conferenda : nisi de contrario expressa voluntas constet auth. ex testamento, & ibi Phil. Dec. C. de collat. sed per finem hujus articuli sufficit tacita voluntas.* C. M.

Pour comprendre la derniere partie de cette note de Du Molin, *sed per finem hujus articuli, &c.* Il faut prendre garde qu'ils s'entendent de l'article suivant, qui faisoit autrefois la fin de celui ci, & composoient ensemble l'article 41. de l'ancienne Coutume.

Il n'y a point d'article en cette Coutume, qui décide la question de sçavoir si on peut être héritier & légataire ou donataire ? L'affirmative s'établit par argument même pour la ligne directe en vertu de l'article suivant, qui porte que si tous les enfans sont mariés, il n'y a point de rapport entr'eux ; d'où il s'ensuit, que si le rapport cesse par présomption, & par la volonté tacite du pere, résultant de ce qu'il a marié tous ses enfans de son vivant, il peut en plus forts termes par une volonté expresse, leur conserver les legs & les donations qu'il leur a faites en particulier sans charge de rapport, bien que les légataires, & donataires se portent héritiers; cela se collige des articles 57. & 59. qui permettent de donner, soit par donation entre-vifs, ou par testament, un quint datif outre l'hereditai & des articles 46. & 57. qui souffrent pareillement les donations & les legs au profit de toutes personnes capables, sans que par aucun autre article, les héritiers en soient exceptés; ce qui semble décisif, & ce d'autant plutôt que ces prélegs & prohibitions de rapport sont conformes au droit commun. Aussi Maître Charles Du Molin aux deux Notes qu'il a faites sur cet Article & le suivant, suppose-t'il cette maxime pour constante. Et en effet, tel est l'usage de la Province, conformément auquel il a depuis peu été jugé par Arrêt intervenu en la troisiéme Chambre des Enquêtes au mois d'Août 1659. au rapport de M. Gillot en un procès auquel j'avois écrit entre Nicolas & Jacques le Roy, appellans d'une Sentence rendue par le Bailly au Vidamé de Gerberoy, le 25. Juillet 1656. d'une part, & Charles Hugard & Marie le Roy sa femme, intimés d'autre, que le fils de l'héritier en ligne directe pouvoit être légataire en cette Coutume; ce qui n'eût pas pû être en une autre Coutume, en laquelle les qualités d'héritiers & de légataires eussent été incompatibles en la personne des enfans, attendu qu'il se juge constamment dans les Coutumes, qui contiennent cette prohibition, que le fils de l'héritier en directe ne peut pas être légataire, & le pere & le fils sont en cette occasion réputés une même personne.

Pour ce qui est de la collaterale, on ne doute pas que dans cette Coutume, l'héritier ne puisse aussi être légataire; mais on a fait la difficulté de sçavoir, s'il étoit nécessaire que la disposition fût faite par forme de prélegs, à l'effet que l'héritier la pût conserver avec sa portion hereditaire? La question en a été traitée en l'Audience de la Chambre de l'Edit, du Mercredi 12. Juin 1652. entre les héritiers d'un nommé de Ponthieu. L'Arrêt qui est intervenu, a jugé suivant les conclusions de M. l'Avocat General Bignon, en faveur du légataire.

La même question a depuis été agitée en l'Audience de la Grand'Chambre du 21. Janvier 1653. & comme elle avoit été jugée par le précedent Arrêt rendu un an auparavant, on y forma une nouvelle difficulté, sur ce qu'il s'agissoit d'un legs universel; mais sans avoir égard à cette difference, la Cour jugea une seconde fois que les deux qualités d'héritier & de légataire même universel, étoient compatibles en collaterale sous cette Coutume, & que les biens compris en la disposition n'étoient pas sujets à rapport, combien qu'elle n'eût pas été faite par forme de prélegs.

Il n'en va pas de même à l'égard de la ligne directe, parce que l'égalité y étant beaucoup plus à desirer, elle ne peut pas y recevoir d'atteinte, à moins que celui de la succession duquel il s'agit, n'y ait expressément dérogé, en ordonnant que l'avantage qu'il a fait à l'un de ses enfans lui demeurera par forme de prélegs, sans charge de rapport, ou en autres termes qui soient suffisans pour justifier de sa volonté. Il est pourtant vrai, que l'article suivant a introduit une présomption légale, qui seule est suffisante pour empêcher le rapport, quoique les avantages ayent été faits purement & simplement par le pere, sçavoir lorsque tous les enfans ont été mariés du vivant de leur pere, quoique les donations qu'ils ont reçues en faveur de mariage ayent été differentes, la Coutume presumant en ce cas, que la volonté du pere a été de leur pourvoir inégalement, & d'avantager les uns plus que les autres. Mais hors de ce cas, comme la présomption légale ne se supplée pas, il faut pour empêcher le rapport que l'intention du pere se justifie par écrit, & par le contrat de donation, ou par le testament. Et ainsi il ne suffiroit pas pour conserver des avantages inégaux entre des enfans qui se seroient portés héritiers de leur pere, qu'il leur eût fait à tous des donations, si elles n'étoient pas faites en faveur de mariage. C'est l'espece d'un Arrêt intervenu en cette Coutume, au rapport de M. Midorge, le 6. Septembre 1586. entre Pierre Toullet & consors, d'une part, & Nicolas de Flets d'autre, dont Charondas fait mention en ses Pandectes, livre 3. chap. 19. sur la fin, & en ses réponses, liv. 7. chap. 203.

Que si toutefois la donation étoit faite aux enfans du fils, pour lors le rapport cesse, quoiqu'elle eût été faite purement & simplement, parce que le rapport ne peut avoir lieu en ce cas, que quand le fils est absolument incapable d'être donataire, eu égard à la qualité d'héritier qu'il a prise, & que les deux qualités d'héritier & de donataire sont incompatibles en ligne directe. La raison qui fait que les enfans du fils héritier ne peuvent pas aussi être donataires en ce cas, étant pour empêcher les avantages indirects par des personnes interposées, & aussi proches & suspectes que sont des enfans à l'égard de leur pere. Ce qui n'a point de lieu en cette Coutume, vû que le pere n'est pas absolument incapable d'être donataire, quoiqu'il prenne la qualité d'héritier, & il étoit au pouvoir du défunt, des biens duquel il s'agit, de lui donner les deux qualités ensemble: si bien que l'on ne peut pas présumer, que la donation qui a été faite au profit des enfans, soit en fraude de la loi, comme il seroit nécessaire pour la rendre sans effet, & sujette à rapport.

XCIII.

Mais si tous lesdits enfans étoient mariés, n'y a point de rapport entre eux, supposé que l'un eût eu beaucoup plus en mariage que l'autre.

Mais si tous lesdits enfans étoient mariés.] Faut ajouter, *& dotez*. Car si l'un des enfans étoit marié sans que le pere l'eût avantagé, les autres enfans seroient tenus de rapporter à la succession ce qu'ils auroient reçus de la liberalité de leur pere, l'intention de la Coutume n'étant d'exclure le rapport, qu'en cas qu'ils ayent tous reçus quelque chose lors du mariage. Ce qui est suffisamment fondé par ces derniers termes de l'article, *supposé que l'un eût eu beaucoup plus en mariage que l'autre.*

Mais que doit-on dire, si aucuns des enfans

ont été mariés en héritages situés en des Coutumes qui obligent à rapport, ceux-ci rapporteront-ils les héritages qui leur ont été donnés, & les autres rien, sous prétexte que les biens à eux donnés sont situés en cette Coutume ? Je crois en ce cas qu'il faut tout rapporter, parce qu'il est vrai de dire, que quelques-uns des enfans n'ont rien eu, eu égard aux biens de cette Coutume. Et ainsi la raison de l'article cesse, puisqu'il suppose, comme nous venons d'établir, que tous les enfans ont été avantagés ; ce qui s'entend des biens situés en la Coutume, à l'égard desquels seulement il a pû disposer.

Mais la difficulté est plus grande de sçavoir s'il y a lieu au rapport, en cas que tous les enfans ayent été mariés des biens assis en cette Coutume, & qu'il reste encore en la succession des biens situés ailleurs, où la Coutume oblige au rapport. Et si supposé qu'il faille répondre pour l'affirmative, ceux qui veulent faire cesser le rapport, peuvent en tout cas faire reussir leur dessein, en s'abstenant de rien prendre aux biens situés aux Coutumes qui obligent au rapport ? Ces deux propositions dépendent des questions que j'ai examinées en mon Traité des Donations, touchant la difficulté de sçavoir si on peut être légataire & héritier aux biens situés en différentes Coutumes.

Plus en mariage que l'autre.] *Quia tunc satis apparet quod parens voluit eos esse inaquales. Idem ergo si omnibus bona sua donasset vel distribuisset inaqualiter etiam extra matrimonium salva tamen legitima ; quia hoc est de jure communi, nec hac consuetudo refragatur.* C. M.

¶ Cet article est limité aux donations faites par contrat de mariage, ainsi qu'il a été jugé par Arrêt du 6. Septembre 1686. rapporté par Charondas en ses Pandectes, liv. 3. ch. 19.

Suivant l'esprit de cet article, les enfans peuvent être avantagés l'un plus que l'autre, ou par la volonté expresse du pere ou de la mere qui déclarent que leur intention est de donner par prélegs ou par la volonté tacite des mêmes parens qui ont marié & doté leurs enfans, quoiqu'inégalement, & s'ils avoient donné depuis leur mariage sans autre déclaration, l'avantage seroit sujet à rapport dans la succession.

Les enfans ayant été dotés, il n'est pas besoin qu'ils ayent eu leur légitime, pourvû qu'ils la retrouvent dans toute la succession, & ceux qui ont été dotés ne sont tenus d'y suppléer que subsidiairement ; mais la disposition de cet article cesse du moment qu'il y a eu une volonté expresse que celui qui a été moins avantagé fût égalé aux autres.]

XCIV.

Pour partage universel entre enfans ou autres héritiers apparens, ne sont dûs aucuns droits seigneuriaux.

¶ Le partage qui se fait entre les coproprietaires, n'acquiert pas les droits au Seigneur, suivant Du Molin §. 33. *verbo* droits de relief, *n. 69. & seq.* Il en est de même si toute l'acquisition est assignée à un seul par maniere de partage, ou si l'un avoit été adjudicataire des parts des autres qui ne se pouvoient commodément partager, quoiqu'à prix d'argent ; mais les droits sont dûs suivant Du Molin, si celui qui a une portion indivise la vend à un autre, ou même si le partage commencé, avoit degeneré en contrat de vente, ils seroient dûs. Mais je crois que l'on doit suivre la maxime établie dans les arrêtés, que deux particuliers ayant acquis ensemble par un même contrat des héritages sans les partager, l'un vendant sa part à l'autre dans l'année, les droits ne sont pas dûs ; mais qu'ils sont dûs, si la cession se fait depuis.]

XCV.

Religieux, ou Religieuses, ayant fait profession en Religion approuvée, ne succedent à leurs pere & mere, ne autres parens

XCVI.

Les biens meubles suivent le corps, & les héritages se réglent selon la Coutume des lieux où ils sont assis.

¶ Néanmoins en cas de confiscation ou desherence, les meubles sont pris par les Seigneurs des lieux où ils sont trouvés. On tient que le domicile des mineurs ne peut changer pendant leur minorité. Néanmoins les enfans qui ont suivi le domicile du survivant de leur pere ou mere qui a changé de domicile, ont suivi, encore que l'acte de la tutelle ait été passé en la Justice de l'ancien domicile des pere & mere, d'autant que le survivant est présumé avoir eu de bonnes intentions pour sa famille : on veut aussi que le domicile d'un ascendant avec qui le mineur a demeuré, régle sa succession mobiliaire. Néanmoins je ne crois pas que le changement à cause d'un second mariage, puisse avoir effet au préjudice du mineur, ni qu'il soit obligé de plaider ailleurs que devant le Juge de la tutelle.

Il a été jugé par Arrêt du 15. Mars 1654. au premier Tome du Journal des Audiences liv. 7. chap. 36. que le mineur ayant l'âge auquel il pouvoit disposer de ses meubles, pouvoit changer de domicile au préjudice de ses héritiers. Néanmoins je ne crois pas que le changement de domicile le puisse rendre habile à pouvoir contracter plutôt de ses meubles.]

XCVII.

Artilleries, & autres choses servans à la tuition & défense de Châteaux, Donjons & Forteresses, ne sont tenues & reputées pour meubles, mais suivent la nature desdits Châteaux

Châteaux, Donjons, & Forteresses, comme aussi sont les Livres & Ornemens de Chapelle, & appartiennent à l'heritier principal, & n'y ont rien les puînés.

Et n'y ont rien les puînés.] En cas que l'aîné prenne le Château : mais s'il baille un fief entier à ses puînés pour leur droit de quint, ainsi qu'il lui est permis par cette Coutume, les choses mentionnées en cet article leur demeureront avec le Château.

¶ Les pressoirs bannaux paroissent de même nature, étant placés pour l'utilité perpetuelle de la Seigneurie. Neanmoins Brodeau veut qu'ils soient sujets aux mêmes regles que ceux qui sont pour le profit des particuliers. La difficulté est pour ceux qui ne sont pas sellez en massonnerie, comme sont presque tous nos pressoirs, mais dont les jumelles sont plantées avant dans la terre, par le moyen de laquelle les fondemens sont affermis; ce qui doit être decidé par les termes de l'article 90. de la Coutume de Paris, où il se trouve plusieurs mots équivoques comme tenans à fer & à clouds, sans depecer ni desassembler; mais je croi qu'ils doivent être réputés immeubles quand ils ne peuvent être ôtés sans fraction & déterioration, au lieu que lorsqu'ils ne sont retenus que par la terre dont ils sont retirés sans être rompus, on les doit reputer meubles, ne tenant pas assez au sol & au fonds pour en faire partie : il est vrai que l'intention de perpetuelle demeure suffit pour les statuës & artilleries, quoique non attachées; mais pour les pressoirs il faut qu'ils soient sellés en massonnerie, outre l'esprit de perpetuelle demeure, & il faut ajoûter sans fraction. Il y a moins de difficulté pour ceux à *verjus*, & pour les moulins à bras qui sont meubles. Les pressoirs étoient autrefois mis au nombre des biens cateux, catalla, lesquels à la verité étoient immeubles, mais qui n'étoient pas reputés heritages & se partageoient entre tous les heritiers : mais à present on regarde s'ils sont attachés au fond, auquel cas ils sont de même nature pour la succession, ou s'ils en peuvent être séparés, *salva rei substantia.*]

TITRE V.

De droits appartenans à gens mariés.

ARTICLE XCVIII.

Mari & femme conjoints par mariage sont communs en tous biens, meubles & conquêts immeubles faits durant & constant leur mariage : lesquels après le trépas de l'un d'eux se divisent entre le survivant & les heritiers du predecedé par moitié, nonobstant que le mari fût seul saisi desdits conquêts : & n'est tenuë la femme, survivant son mari, en faire aucun relief pardevers les Seigneurs dont lesdits acquêts sont tenus & mouvans, ains est reputée saisie.

En tous biens meubles.] Qu'ils ont au jour du mariage, & qu'ils acquierent depuis, soit à titre onereux, ou gratuit, si ce n'est qu'il y soit particulierement derogé par le contrat de mariage.

¶ Ce qui a lieu même à l'égard des conquêts faits en la Province de Normandie, que la femme peut obliger & hipotequer de l'autorité de son mari, de même qu'ils ont été acquis par le mari seul, aussi la femme Normande qui a part aux acquisitions faites pendant le mariage en ces Coutumes, les peut perdre par l'alienation & hipotéques de la part de son mari, & si elle y est obligée, la garantie a lieu sur ses meubles & biens libres, sauf sa dot qui est inalienable.

Mais le don mutuel fait en cette Coutume ne s'étend pas aux conquêts de Normandie, suivant l'opinion de M. d'Argentré sur l'art. 218. de la Coutume de Bretagne, gl. 16. n. 33. quoique du Molin en son Conseil 53. ait été d'avis contraire : il en est de même de la garde noble & du privilege du survivant noble, de prendre les meubles en vertu de la Coutume qu'on repute plutôt droits de successions que de la communauté.]

XCIX.

Après le trépas du mari, la femme a le choix & option de prendre la moitié de la communauté, & en ce faisant est chargée de payer la moitié des dettes de fondit feu mari, ou de renoncer à icelle communauté (ce qu'elle est tenuë déclarer dedans quarante jours) & par ce moyen demeure quitte des dettes créées & constituées par son feu mari, dûës au jour de son trépas, autres toutefois que celles esquelles specialement elle se seroit obligée : dont nonobstant ladite renonciation, elle peut être poursuivie, son recours neanmoins à elle reservé contre les heritiers du mari.

En ce faisant est chargée de payer la moitié des dettes.] A l'égard des heritiers du mari, mais la question reste de sçavoir si elle peut être poursuivie pour le tout par les créanciers, jusques à concurrence des biens de la succession? *v. sup. notata ad art.* 91.

Au surplus, comme par l'article précedent la communauté n'est établie que pour les meubles qu'ils possedoient lors de la celebration de leur mariage, & non point pour les immeubles qui leur appartenoient au même tems, lesquels demeurent propres & particuliers à celui qui les avoit acquis, il s'ensuit qu'il n'y a aussi que les dettes passives mobiliaires qui soient à la charge de la communauté, & que chaque conjoint demeure obligé d'acquitter ses dettes immobiliaires contractées auparavant le mariage. Ce qui donne sujet de demander en cette Coutume de quelle nature sont reputées les rentes constituées non nanties, à l'égard de la communauté, lesquelles constamment ne sont considerées que comme dettes mobiliaires, pour ce qui concerne le creancier. Mais j'estime que l'on en doit juger autrement, pour ce qui est de la communauté, d'autant qu'il est bien vrai qu'il n'y a que l'hipoteque qui réalise la rente constituée en faveur du creancier, mais cela n'empêche point qu'elle ne soit immeuble à l'égard des autres personnes, attendu que ce n'est proprement l'hipoteque qui rend une rente immeuble, mais sa continuation & sa perpetuité. Et de fait, parmi nous, quoique la rente soit dûe par une personne qui ne possede aucuns immeubles, nous ne la réputons pas moins immobiliaire en soi.

Ce qu'elle est tenuë de déclarer dedans quarante jours] Sçavoir si ce delai est fatal, de sorte qu'après les quarante jours la veuve soit reputée commune? Je ne l'estime pas, les Loix ne devant pas être reputées penales, & il y a apparence que cette clause qui est de la nouvelle Coutume, a été ajoûtée à l'ancienne, sur l'usage de notre Droit François, qui donne ce delai de quarante jours aux veuves & aux présomptifs heritiers, pour accepter ou renoncer, lequel delai ne court regulierement que du jour qu'ils sont poursuivis, ou plûtôt du jour que le Juge l'a prononcé. Et de fait, cette Coutume ne prescrit point particulierement le terme auquel ce delai doit commencer.

¶ La continuation de communauté a lieu dans cette Coutume aussi-bien que dans les autres qui n'en disposent pas aussi. Par Arrest en la troisiéme des Enquêtes au rapport de M. Tronçon du 2. Mars 1658. entre Denis le Roux & Thomas Rawellet, jugé qu'en la Coutume de Mondidier un inventaire fait sans contradicteur légitime, ne laissoit pas d'avoir dissolu la Communauté : je croi aussi qu'un inventaire fait devant Notaires ou le Greffier qui est entier & signé, devroit operer le même effet, à moins que les parens ne jugent à propos de faire faire l'affirmation, dont les frais sont excessifs en plusieurs lieux, suivant l'ancien usage : ce qui a été tiré de la communauté continuée pour doter les enfans, se rapporte avec les interêts ; ce qui avoit été réduit depuis aux interêts de la moitié, donné sur la succession du predecedé, en faveur de l'égalité entre les enfans, sans aucuns interêts de ce que le survivant a donné du sien : neanmoins par deux Arrests rapportés par Brodeau sur M. Loüet, lett. C. n. 30. confirmés par un Arrest du 6. Septembre 1687. au 2. Tome du Journal du Palais, le rapport se doit faire sans aucuns interêts, quoiqu'ils excedent de beaucoup les nourritures de ceux qui ont vêcu dans la communauté.

Non seulement en cas de séparation de la femme, mais même en cas de saisie & d'abandonnement de biens, la reprise de ce qui a été mis en la communauté est colloquée avant le doüaire des enfans, en faveur des créanciers qui exercent les droits de la femme leur obligée ; neanmoins les Arrêts n'ont pas laissé de juger la reprise éteinte en cas de predecès de la femme en faveur des enfans doüairiers, quoique ce cas semble plus favorable, parce qu'il y a dissolution de communauté qui est évidemment desavantageuse; au lieu que dans les autres cas son état est encore incertain. Cette reprise fait aussi partie de la dot ; laquelle n'est que personnelle, sans les clauses ordinaires, & neanmoins la reprise de la dot est exercée par les creanciers en cas de predecès de la femme, même avant le doüaire ; mais on peut dire que le doüaire des enfans est favorable contre ceux qui ont contracté avec les peres & meres depuis leur mariage, ayant sçû qu'il étoit dû aux enfans, à qui il est juste qu'il reste quélque chose des biens de leur pere.

C.

Ladite veuve pour telle renonciation n'est privée de son doüaire coutumier, ou préfix, ains est en son entier de pouvoir demander & opter l'un ou l'autre.

Ains est en son entier de pouvoir demander & opter l'un ou l'autre.] *Nisi huic facultati derogatum fuerit in contractu matrimonii, ut etiam inter subditos hujus consuetudinis fieri potest.* C. M.

Leurdit mariage.] *Etiam donatione mutua præcisa : sed benè testamento mutuo vel donatione causa mortis mutua.* C. M.

C I.

Aussi peut ladite veuve, nonobstant ladite renonciation, prendre & emporter une robbe, & l'un de tous ses habillemens servans à son usage, non le meilleur, ni le pire : mais le moyen, quand il y en a plusieurs : & s'il n'y en avoit de chacune sorte qu'un, elle l'aura & prendra franchement & sans aucune charge.

C I I.

Quand le mari seul saisi des acquêts communs faits durant le mariage, survit, le Seigneur feodal après le trépas de la femme, ne le peut empêcher à la joüissance d'iceux acquêts, si les heritiers de ladite femme s'abstiennent d'appréhender la moitié d'iceux à eux échuë par le trépas de ladite femme.

C I I I.

Et quand ledit mari seul saisi prédecede sa femme, si ladite femme ne veut prendre sa moitié, les héritiers dudit defunt mari, peuvent relever le total desdits acquêts, & ne le peut contredire le Seigneur.

C I V.

Mais quand le mari ou la femme sont ensemble saisis d'aucuns acquêts, l'un d'eux prédecendant, sont iceux acquêts simplement divisés en deux : & faut que les héritiers du prédecedé, relevent du Seigneur feodal la moitié dudit prédecedé : autrement seroit réuni à la table & domaine dudit Seigneur, dont elle est mouvante, après la saisine dudit Seigneur.

C V.

Quand l'un des deux conjoints par mariage décede, les frais funeraux, dons & legs testamentaires se prennent sur les biens du prédecedé : & n'en paye rien le survivant sur sa part.

C V I.

Personnes conjoints par mariage, ne peuvent donner l'un à l'autre entre-vifs durant leurdit mariage, ne s'avantager l'un l'autre de leurs biens meubles, héritages, acquêts & conquêts immeubles : mais par testament & ordonnance de derniere volonté, se peuvent avantager & donner l'un à l'autre tous leurs biens meubles, dettes, acquêts & conquêts immeubles, avec le quint de leurs propres héritages à toujours, ou a vie, ainsi que bon leur semble : au cas toutefois qu'il n'y ait enfans dudit mariage, ou d'autre précedent : & s'il y en a, ne peuvent donner l'un à l'autre que par usufruit.

Se peuvent avantager & donner l'un à l'autre.] Par disposition mutuelle, ou même simple, puisque la Coutume n'en restraint pas la liberté.

Avec le quint.] *Quid si priùs ante contractum matrimonii sponsus sponsæ vel contrà dederat*, un quint des propres, *an iterum possit dare aliam quintam saltem residui ? Resp. non : sed computari debet quod priùs de hærediis datum est.* C. M.

Ou d'autre précedent.] *Scilicet* du testateur, en cas que la disposition soit simple, car il seroit absurde de dire que les enfans du légataire empêcheroient l'effet de la donation, vû qu'elle est à leur avantage. *Secùs*, si elle est mutuelle, encore que par l'évenement le conjoint qui n'a pas d'enfans vienne à deceder le premier, d'autant que pour faire que le testament mutuel soit valable, il faut qu'il ait pû subsister en faveur de l'un & de l'autre, attendu que c'est la condition principale de la disposition que les testateurs ont voulu rendre mutuelle & reciproque.

¶ Les reprises & remploi ne peuvent être légués entre conjoints comme propres conventionnels, si ce n'est pour la part, dont la Coutume permet de disposer ; autrement ils profiteroient souvent de tout le bien l'un de l'autre qui ne consiste qu'en actions. Il a été jugé contre le sieur du Frêne, Trésorier à Amiens, par Arrêt du 11. Juin 1695. que les acquêts faits par sa femme avant son mariage seroient distraits de son legs universel ; mais ce fut à cause de l'omission du mot d'acquêts, qui ne pouvoit être compris sous celui de conquêts, quoiqu'il parût qu'elle avoit eu intention de lui leguer tout ce qui étoit permis par la Coutume.

Les Coutumes qui défendent aux conjoints de s'avantager, ne peuvent avoir effet pour les biens situés dans une autre Coutume suivant Stocman, Decis. 125. On tient la même chose pour les prohibitions de vendre avant certain âge, qui n'ont lieu que dans l'étendue de la Coutume où on est domicilié.

Le legs entre conjoints fait par celui qui n'avoit qu'un domicile accidentel à Amiens est nul, s'ils vont demeurer dans un lieu où cette disposition est défendue, parce qu'on doit considerer le dernier domicile pour un acte qui a trait à la mort. Je ne crois pas aussi que le don mutuel fait à Amiens où il n'a pas lieu, puisse valider par le changement de domicile, suivant la régle *quod ab initio non valet*.

Le don mutuel fait en la Coutume de Senlis en proprieté de tous les meubles & conquêts ne peut avoir lieu pour les conquêts situés en la Coutume d'Amiens, s'il n'est fait par testament, d'autant que cette Coutume ne permet pas d'en disposer autrement.

La femme peut tester sans l'autorité de son mari, & néanmoins il a été plusieurs fois jugé en la Coutume de Poitou, ou de même qu'en celle-ci, l'un peut disposer en faveur de l'autre, ou par testament mutuel ou en faveur l'un de l'autre, que l'autorisation du mari present ne vicioit pas le testament mutuel, & même que l'acceptation par lui faite de la disposition à son profit, ne pouvoit passer pour une suggestion prohibée par la Coutume. Voyez Lelet sur l'article 268.

Il suffit que le testament mutuel soit révoqué par l'un qui ait fait signifier par un Sergent la révocation à l'autre, à la difference du don mutuel qui ne peut être révoqué que par les deux, de même que le testament mutuel où le droit étoit acquis à un tiers qui doit être révoqué par les deux, comme prouve Chopin, *de morib. Parisior.* liv. 2. tit. 4. n. 10. aussi le survivant qui a executé le testament mutuel, & profité de la disposition de l'autre ne le peut révoquer, les choses n'étant pas entieres, ni rien faire qui contredise à la volonté du défunt ; néanmoins ils tiennent en païs de Droit écrit, que le testament mutuel peut être révoqué, lorsque ce ne sont pas les enfans communs qui sont institués, même si c'étoit un neveu ou une niece, suivant la Peirere, lett. T. n. 61. Mais nous n'avons pas d'égard à cette difference des personnes, mais seulement à la raison que le survivant ne doit pas se dégager après l'exécution, si ce n'est lorsqu'il ne profite pas des biens du défunt ; mais si le survivant n'avoit disposé que du sien & au profit d'autres que de ceux en faveur de qui le défunt avoit disposé, il seroit permis de révoquer.

On juge en la Coutume de Poitou, suivant Lelet, que la revocation peut être faite par un seul dans la derniere maladie, à cause que la disposition peut y avoir lieu de même qu'en celle-ci sans être réciproque ; néanmoins il est plus juste que les conjoints ayant choisi la voye de se donner mutuellement dans l'esperance de profiter ; un mourant excité par siens, & voyant qu'il ne peut rien esperer, ne fasse signifier une révocation au préjudice de l'autre qui étoit prêt à jouir de la bonne fortune, après avoir couru risque. Il a été jugé par Arrêt du 20. Février 1663. au Journal des Audiences, tom. 2. liv. 5. chap. 6. que le testament mutuel même au profit des enfans, pouvoit être révoqué, & qu'il n'étoit pas exempt des formalités qu'éxige cette Coutume, qui permet de disposer par usufruit seulement des meubles, acquêts & quint des propres quand il y a enfans, à moins que l'on n'ait légué l'usufruit des propres, au lieu de ce que la Coutume permet de léguer, si mieux les héritiers n'aiment abandonner aux légataires les meubles, acquêts & quint des propres. Si le legs étoit pur & simple de l'usufruit des propres, on pourroit dire que le testament a fait ce qu'il n'a pas pû, & que ce qu'il a pû, il ne l'a pas fait.]

CVII.

Femme ayant enfant du premier mariage, ne peut disposer en maniere que ce soit, au profit d'autre mari, ou autre personne, des avantages & profits nuptiaux qu'elle a eus dudit premier mari, ains les doit entierement garder aux enfans dudit premier & précedent mariage, dont lui sont procedés lesdits avantages & biens : mais si elle n'avoit enfans dudit mariage, elle en peut disposer comme d'autre chose.

Femme.] *Idem* de l'homme ainsi, ainsi qu'il a été jugé par plusieurs Arrêts intervenus en interprétation de l'Edit des secondes nôces, de l'an 1560. duquel cet article a été transcrit. Et au surplus il étoit inutile de faire un article à ce sujet dans cette Coutume, vû que la même chose avoit été établie par une Ordonnance generale, non seulement pour les avantages que la femme a reçûs de son premier mari, dont parle cet article, & qui doivent être entierement réservés aux enfans du premier lit : mais aussi pour tous les autres biens, dont la femme n'a pû disposer au profit de son second mari, sinon d'une portion égale à celle que prend le moins avantagé de ses enfans. Ce qui doit aussi être observé en cette Coutume, quoiqu'elle n'en parle pas.

¶ En secondes nôces la femme a d'abord son douaire coutumier, ou le préfix jusqu'à la concurrence du coutumier, non sujet à retranchement étant dû par la Loy, & elle peut encore être avantagée d'une portion égale à celui des enfans qui prend le moins ; & s'il avoit moins que sa légitime, elle pourroit se la faire fournir, ensorte que cet excedent du coutumier, ni le préciput & autres avantages, ne peuvent excéder cette portion. Les conquêts de la premiere communauté qu'a le mari sont sujets au douaire coutumier du second mariage, même ils font partie en cette Coutume des biens pour régler la portion du moins prenant ; & à l'égard des préciput & dons que le mari avoit eu de sa premiere femme, ou la femme de son mari, ils doivent être réservés aux enfans du premier lit, sans que le pere ou mere puissent en disposer au profit d'un enfant au préjudice de l'autre, & ils prennent part dans cette réserve, encore qu'ils ayent renoncé à la succession du donateur. Ce qui est échu au survivant par la succession de ses enfans, même les dommages & intérêts pour l'homicide du prédecedé, & les donations qui lui sont faites même en directe par les parens du prédecedé, ne font pas partie de la réserve.

Les biens réservés sont propres aux enfans de leur côté & ligne, au lieu que ceux qui sont retranchés de la donation, leur sont propres du côté du donateur.

Les biens réservés appartiennent aux enfans ou petits-enfans vivans lors du decès du pere ou de la mere ; les petits-enfans representans leur pere ou mere, ne font qu'une part, au lieu que s'il n'y avoit que des petits-enfans, la part du moins prenant ne seroit que celle de l'un des petits-enfans.

La femme ne laisse pas de pouvoir disposer des conquêts de sa premiere communauté aux termes de l'Edit au profit des enfans de son premier ou second mariage.]

CVIII.

Quand l'un des conjoints par mariage, a aucun héritage propre chargé de rente, laquelle iceux conjoints rachetent, elle est confuse, tant que le mariage dure : mais après le decès d'icelui auquel l'héritage étoit propre, le survivant prend la moitié de ladite rente ainsi acquise & rachetée : Toutefois ceux ausquels avient l'héritage, la peuvent acquitter & racheter, en remboursant la moitié de l'argent avec les arrérages échus depuis ledit trépas.

Etoit propre.] *Idem*, si l'autre conjoint decede le premier, cette clause n'étant proposée que pour exemple. Et de fait, le commencement de l'article établit en general, que la rente ne demeure confuse que tant que le mariage dure ; ce qui doit s'entendre, soit que le débiteur de la rente decede le premier, ou qu'il survive.

Chargé de rente.] *Idem*, si c'est une rente constituée qui soit dûe particulierement par l'un des conjoints.

Tant que le mariage dure.] C'est-à-dire, la communauté, ne s'agissant ici que de l'effet civil du mariage ; cette recompense a lieu encore que la communauté profite des meubles de la succession tenue de la rente.

TITRE VI.

De Douaires.

ARTICLE CIX.

FEmme mariée est douée de douaire préfix, ou coutumier, dont elle se peut dire saisie dès l'instant de la dissolution dudit mariage, pour en former complainte, & prendre les fruits du jour du decès de son mari, sans autre demande & appréhension.

Et prendre les fruits du jour du decès de son mari.] Et ainsi la veuve prend l'héritage sujet à douaire en l'état qu'elle le trouve, & avec les fruits pendans par les racines, s'ils y en a, sans être tenue de se contenter du fermage, s'il est donné à loyer, ni même de rembourser les labeurs & semences, parce que les fruits font partie du fonds dont l'usufruit lui est donné pour son douaire, sans préjudice des dommages & intérêts du Fermier, contre la communauté. Il en va autrement quand la douairiere decedant laisse l'heritage chargé de fruits ; les héritiers du mari jouissent bien des fruits, mais ils sont obligés de rembourser les labeurs & semences, suivant qu'il est decidé par l'article 123. ci-dessous, ce qui est fondé sur une raison generale, laquelle résulte, de ce que la veuve n'étant proprietaire de l'héritage lorsque l'usufruit vient à finir, on ne peut pas dire que les impenses qu'elles a faites pour faire venir les fruits, fassent partie du fonds, & c'est un droit mobiliaire à son égard, qui conséquemment lui doit être rendu & remboursé, de même que quand un particulier achete la coupe d'un bois de haute futaye, quoiqu'il soit encore sur le pied, ce n'est pourtant qu'un droit mobiliaire pour ce qui le concerne, & qui est consideré comme tel entre ses biens, attendu qu'il n'a aucun droit au fonds de la terre.

C X.

Et est à son choix de se tenir à l'un ou à l'autre, tel qu'elle voudra, encore que par le traité de mariage ne lui soit réservé : ce qu'elle sera tenue de déclarer, & opter dedans quarante jours après le decès dudit mari, l'héritier appellé

Opter dedans 40. jours après le decès du mari.] La peine pour la fatalité du temps, n'étant point prononcée par la Coutume, & n'étant pas dit que faute d'opter par la veuve dans les quarante jours, l'option demeure réferée aux héritiers du mari, j'estime qu'elle ne doit pas avoir lieu de plein droit, & que les héritiers la doivent faire prononcer par le Juge, lequel par sa prudence, & suivant les differentes circonstances proroge le délai.

C X I.

Ledit douaire s'acquiert incontinent après le mariage parfait & consommé, pour avoir lieu après le trépas du mari.

C X I I.

Douaire coutumier est de moitié des héritages feodaux, & du tiers des héritages cottiers du mari qu'il avoit lors du mariage, & qui lui auroient été donnés auparavant icelui, ou en le traitant, soit qu'il en fût saisi ou non, & de ceux qui lui seroient advenus durant le mariage par succession en ligne directe, ou par donation de pere, mere, ou autres ascendans en ligne directe : pour par ladite veuve, prendre les fruits de ladite moitié & tiers, & en jouir sa vie durant seulement. Toutefois en la Prevôté de Foulloy, la femme prend moitié aux cotteriers, comme en fief.

Soit qu'il en fût saisi ou non.] *Quandiu potest efficaciter. Saltem personaliter agi : quia hæredes mariti tenentur præscripta luere.*

¶ Un pere ayant des biens en cette Coutume où le douaire n'est que viager, & dans celle de Senlis où il est propre ; les enfans ne peuvent être douairiers en celle de Senlis où il leur est propre, & héritiers en celle-ci où ils n'ont pas de douaire ; d'autant que pour être douairiers ils ont dû renoncer à la succession dont l'acceptation n'a pû être divisée en ce cas.]

CXIII.

Et n'a la femme douaire ſur les héritages advenus au mari durant le mariage par ſucceſſion en ligne collaterale.

CXIV.

Femme ſe remariant par pluſieurs fois, a tel douaire que deſſus, pour chacun mariage ſur les héritages de ſes maris.

Femme ſe remariant par pluſieurs fois.] *Quid*, dans le cas contraire, ſi le mari s'eſt remarié pluſieurs fois ? La Coutume n'a point diſpoſé particulierement pour ce cas, d'autant que n'ayant pas fait le douaire propre aux enfans, la proportion du douaire de la ſeconde ou troiſiéme femme ne doit pas être différente de celui de la premiere.

CXV.

Pour douaire (ſoit préfix, ou coutumier) ladite femme a hypotheque ſur tous les biens du mari, en telle maniere qu'elle precede toutes les autres hypotheques ſubſequentes la perfection & conſommation dudit mariage, pour le regard des héritages dont le mari étoit lors ſaiſi, ou qui lui ont été donnés, comme dit eſt : Et quant à ceux qui depuis la perfection & conſommation du mariage, ſeroient advenus audit mari en ligne directe, ledit douaire precede les hypotheques créées depuis que les héritages ſeroient advenus audit mari.

Ledit douaire précede les hypotheques créées depuis que les héritages ſeroient advenus audit mari.] C'eſt-à-dire, que les créanciers des pere & mere, ou autres aſcendans par les ſucceſſions ou donations deſquels les héritages ſont échus au mari, ont hypotheque auparavant la femme en vertu de la ſéparation de patrimoine. Mais à l'égard des créanciers du mari, entr'eux leurs hypotheques ſont acquiſes ſur ces héritages ſuivant l'ordre de leur priorité ou poſtériorité, de la même façon que ſur les autres biens : de ſorte que les créanciers qui ont hypotheque auparavant le mariage, préfereront la femme, comme auſſi elle préferera les créanciers de ſon mari poſtérieurs en hypotheque à ſon contrat de mariage.

¶ Cet art. n'empêche que les créanciers qui ont la femme pour obligée, ne viennent avant ſon douaire pour ſes repriſes, & elle ne le peut pas toucher au préjudice de ceux qui viennent en ſous-ordre ſur les autres droits.

Mais le douaire ſtipulé propre aux enfans en cette Coutume où il n'eſt que viager, étant reputé donation, ſemble ne devoir venir qu'après les remploi & indemnités, de même que les dons & préciputs qui ne ſont pas cauſes onereuſes : néanmoins je ne vois pas que nous en faſſions diſtinction dans l'uſage où il eſt conſideré comme douaire préfix, qui a autant de privilége que le coutumier, afin de conſerver quelques debris aux enfans dans la mauvaiſe fortune.

Mais les arrérages dûs à la femme, doivent être pris ſur le fonds ſtipulé propre aux enfans lorſqu'il vient à manquer, à la difference des Coutumes où il eſt propre, où on fait perdre à proportion à la femme & aux enfans, ſuivant quelques Arrêts. Auſſi le douaire ſtipulé propre ne ſaiſit pas comme en faveur de la femme, la Coutume ne le portant pas ; mais le douaire ſtipulé propre, eſt ſujet à réduction, en ce qu'il excede le coutumier ; néanmoins ſi la ſeconde femme n'étoit avantagée que par douaire préfix, je crois qu'il doit avoir effet au-de-là du Coutumier, pourvû qu'elle ne fût pas avantagée au de-là de la part d'un enfant, outre la valeur du coutumier.]

CXVI.

Pour l'appréhenſion & jouiſſance de douaire, ne ſont dûs aux Seigneurs feodaux dont les héritages ſont tenus & mouvans, aucuns droits ſeigneuriaux.

Droits Seigneuriaux.] Ce mot eſt general tant pour les fiefs, que pour les rotures.

CXVII.

L'héritier, ou detempteur d'héritages feodaux ſujets à douaire, peut contraindre la veuve de faire aux dépens d'elle, partage deſdits héritages feodaux : & à cette fin faire deux lots d'iceux héritages, deſquels l'héritier ou detempteur doit choiſir l'un, & laiſſer l'autre à ladite veuve, pour en jouir par elle par ſes mains ſa vie durant : & encore qu'elle ne ſoit requiſe par l'héritier ou détempteur, elle peut demander ledit partage être fait comme deſſus à ſes dépens.

D'héritages feodaux.] *Quid*, des roturiers ? Je ne vois pas de raiſon de cette difference ; & néanmoins Heu ſur cet article dit, que ce n'eſt pas aux dépens de la veuve.

CXVIII.

Quant au lot & partage de ladite veuve échet aucun bois de coupe, elle ne le peut deſſoler, ne faire abbattre, ſinon par coupes & tontures ordinaires en ſaiſon convenable : & en doit uſer comme uſufructuaire, & bon pere de famille.

C X I X.

Et si en iceux bois y avoit gros arbres, qu'on nomme perots, ou tayons, ladite veufve ne les peut faire couper, ou abbatre, ne les appliquer à son profit : même si le proprietaire pour son profit faisoit abbatre aucuns desdits perots ou tayons, ladite veufve ne peut y demander part, sauf toutefois que ledit proprietaire est tenu la recompenser de la glandée, paisson, ou autres fruits desdits arbres.

Ladite veuve ne peut y demander part.] *Nisi indemnitatem si reditus notabiliter diminueretur.* C. M.

Cette note de Maître Charles du Molin a vraisemblablement donné lieu lors de la derniere reformation à la derniere clause de cet article, qui n'étoit pas dans l'ancienne Coutume, *sauf toutefois que le proprietaire est tenu la recompenser de la glandée, paisson & autres fruits desdits arbres.* Ce qui doit s'entendre au cas que la veuve ne soit pas suffisamment recompensée par le taillis ou autre chose qui croit en la place des hauts arbres coupés par le proprietaire.

C X X.

L'heritier du défunt, ou le proprietaire des fiefs & heritages chargés de doüaire, est tenu de bailler & assigner à la veufve doüairiere, maison de doüaire, selon l'estat d'elle, quand esdites terres & heritages y a maisons & édifices : mais quand il n'y en a, n'est tenu lui en bailler.

C X X I.

La veufve ne peut, pour raison de son doüaire, prétendre aucun droit ès chasteaux & lieux forts, qui furent à son mari : mais s'il ne laissoit autre maison, qu'un ou plusieurs lieux forts, ou une seule maison non forte, en chacun d'iceux cas ledit heritier ou proprietaire, est tenu livrer maison de doüaire à ladite veufve : à la charge de l'entretenir par elle de pel, verge & couverture seulement.

C X X I I.

La veufve doit, pour les heritages qu'elle tient en fief, porter les charges de l'arriereban, & les acquitter pour le tems que ledit doüaire aura cours.

C X X I I I.

Si les heritages tenus en douaire estoient prests à dépouiller au temps du trépas de la doüairiere, le proprietaire doit avoir la dépouille & l'heritage en l'état qu'il est, en rendant aux heritiers, ou ayans cause de ladite doüairiere, les labeurs & semences. *V. Sup. art.* 109.

C X X I V.

Femme noble se remariant à homme roturier, ne jouit du privilege de Noblesse pendant ledit mariage : mais après la mort de son mari, jouit dudit privilege de Noblesse, en declarant par elle pardevant juge competent, qu'elle entend de là en avant vivre noblement, & pourvû que derechef elle ne se marie à homme roturier.

Femme noble.] Soit qu'elle soit noble de son chef, ou qu'elle ait acquis sa Noblesse par un premier mariage, en épousant un homme Noble.

TITRE VII.

Des Baillistres & Enfans mineurs.

ARTICLE CXXV.

QUand aucun fief noble échet par succession, ou autrement, à enfans mineurs, icelui fief tombe en bail durant la minorité desdits enfans : & en appartient le bail au pere : & s'il estoit decedé, à la mere : lesquels pere ou mere precedent tous autres (si prendre le veulent) encore qu'ils ne soient du costé & ligne dont ledit fief est avenu ausdits mineurs.

Fief noble.] Et ainsi c'est la qualité de l'heritage qui fait le bail sous cette Coutume, & non pas celle de la personne, de sorte, qu'un fief tombe en bail, soit que le mineur soit noble ou roturier.

Echet par succession ou autrement.] *Scilicet*, à

titre gratuit *Secùs*, si à titre onereux, parce qu'il y a diversité de raison ; & d'ailleurs ce mot, *échet*, marque la donation ou la succession & non l'acquisition à titre onereux.

CXXVI.

En défaut de pere & mere, le bail appartient au plus prochain lignager dudit mineur, du costé & ligne dont lui est écheu ledit fief noble.

CXXVII.

Et se fait l'apprehension dudit bail, tout ainsi que la succession : c'est à sçavoir que le premier qui peut succeder, peut apprehender ledit bail ; & s'il ne l'apprehende, le second & autres de degré en degré le peuvent apprehender.

Et autres de degré en degré.] De sorte neanmoins qu'il n'y en a qu'un de chaque degré qui puisse accepter le bail, veu qu'il ne seroit pas à propos de diviser cette charge, & de la donner à autant de personnes qu'il pourroit s'en rencontrer dans un degré. Aussi se trouve-t-il assez de circonstances dans le texte de cet article, & des autres précedens, pour montrer que telle est l'intention de la Coutume ; premierement en ce que l'article 125. ne donne le bail qu'au pere & à la mere alternativement. 2. Tous les articles de ce titre parlent en termes singuliers. 3. Cet article dit, que l'apprehension du bail se fait tout ainsi que succession, ce qui doit s'entendre de succession collaterale, en laquelle par les articles 84. & 85. ci-dessus, l'aîné mâle, & au défaut de mâles, l'aînée femelle prend seule les fiefs.

De cette consideration que cet article & le precedent qui contiennent avec le 125. une énumeration des personnes, ausquelles le droit de bail appartient, parlent des collateraux, il s'ensuit que les ayeul & ayeule & autres ascendans sont compris sous la disposition de l'article 125. qui parle des pere & mere, & que les ayeul & ayeule ont droit d'exclure les collateraux, quoiqu'ils ne soient pas du côté & ligne. Car combien qu'il ait été jugé par Arrest du dix-neuf Octobre 1593. que l'article 266. de la Coutume de Paris qui ne parle que des pere & mere pour la garde bourgeoise, ne doit pas être étendu aux ayeul & ayeule, il n'en est pas de même en cette Coutume ; vû qu'outre qu'il y a un fort argument en la Coutume de Paris, qui sert de fondement particulier pour les exclure, sçavoir que l'article precedent, qui parle de la garde-noble, comprend expressément les ayeul & ayeule, si bien qu'il semble que ce soit à dessein que l'article 266. les a obmis. D'ailleurs, la raison est toute differente, attendu que sous Paris les ayeul & ayeule sont privés de la garde bourgeoise, en faveur des enfans, au lieu que dans cette Coutume ce seroit en faveur des collateraux. Et si les ayeul & ayeule n'étoient pas compris sous l'article 125. les collateraux seroient traités plus favorablement qu'eux, vû que ceux-ci sont admis au bail par les articles 126. & 127. & les autres en seroient exclus, puisqu'il n'y auroit point d'article pour eux.

La Coutume de Paris art. 268. & quelques autres Coutumes du Royaume portent, que la garde est finie, si le pere, la mere, l'ayeul ou l'ayeule qui l'ont acceptée, se remarie ; d'où on a pris sujet de demander en cette Coutume, qui n'en dit rien, si la même chose doit être observée ? Cette question m'ayant été proposée depuis peu, j'ai répondu pour la negative, tant parce que nos Coutumes sont locales, & que les peines ne s'étendent point que par la consideration de ce que cet article porte, que la garde se defere à l'*instar* des successions, qui ne se perdent point par les seconds mariages.

CXXVIII.

Toutefois nul n'est contraint d'apprehender le bail d'un mineur, ne le relever de bail, s'il ne lui plaist.

CXXIX.

Et s'il ne se presente aucun baillistre, le tuteur du mineur ne doit payer au Seigneur, duquel les heritages feodaux appartenans au mineur sont tenus, qu'un relief de proprieté & chambellage au nom dudit mineur, & faire & fournir tous autres services, droits & devoirs, que feroit ledit mineur, s'il estoit en âge, aux frais & dépens, & à la décharge d'icelui mineur.

CXXX.

Celui qui a pris le bail, & à ce titre, leve les fiefs nobles du mineur des Seigneurs dont ils sont tenus, acquiert & fait siens les fruits d'iceux fiefs, durant ledit âge dudit mineur, à la charge de nourrir, vêtir, alimenter, & entretenir aux écoles, ou autrement, ledit mineur selon son estat, & d'acquitter iceux fiefs nobles, des arrerages des rentes, charges & redevances réelles, dont iceux fiefs sont chargés, le temps dudit bail durant : ensemble de payer toutes dettes personnelles du predecesseur dudit mineur, desquelles ledit mineur seroit chargé. Pour lesquelles dettes personnelles, il a son recours contre ceux qui auroient apprehendé les meubles dudit défunt, pour autant & si avant que lesdits meubles pourroient monter, au cas toutefois que lesdits meubles

meubles viennent au profit dudit mineur : mais s'il y avoit legataire universel, autre que ledit mineur, il est tenu d'acquitter ledit baillistre de toutes les dettes personnelles dudit defunt predecesseur dudit mineur.

¶ Suivant un Arrest du 28. Fevrier 1668. donné en la Coutume de Vitry, qui donne au gardien noble les meubles en proprieté, la veuve qui a la garde noble, & n'a pas fait inventaire, confond sa reprise, entiere & ne confond le remploi de ses propres alienés, qu'à proportion des meubles dont elle est presumée avoir profité ; ce qui peut s'appliquer à cette Coutume, pour la veuve qui a pris le bail des fiefs nobles des mineurs, qui est tenuë des dettes personnelles. Mais plusieurs ont reclamé contre cette difference, se trouvant autant de raison pour l'une que pour l'autre, & qu'elle ne doit pas aussi confondre la reprise des deniers stipulés propres, à moins qu'il n'y ait une grosse quantité d'effets inconnus dont il paroît qu'elle ait pû estre remplie ; ce qui seroit rigoureux, lorsqu'on n'en peut arbitrer à peu près la valeur.

CXXXI.

Le baillistre est aussi chargé d'entretenir les maisons & édifices, étangs, viviers, bois, & autres heritages dudit mineur : & en doit user comme usufruitier & bon pere de famille, & enfin les rendre en bon état ; & si autrement le fait, est tenu de tous dommages & interests envers ledit mineur.

CXXXII.

Les meubles, fiefs restraints & heritages cottiers du mineur, ne tombent en bail, ains seulement les fiefs nobles.

CXXXIII.

Les biens qui ne tombent en bail, doivent estre regis & gouvernés par les tuteurs & curateurs desdits mineurs, dont leur doit estre pourvû par Justice, jusques en l'âge de majorité.

CXXXIV.

Le bail ne dure que jusques en l'âge de quatorze ans accomplis pour les mâles, & douze ans pour les femelles.

CXXXV.

Mâles & femelles étant en l'âge de vingt ans accomplis, sont censés & reputés majeurs pour ester en jugement, administrer leurs biens, contracter de leurs meubles & acquests immeubles ; mais ne peuvent aliener ni hypothequer leurs biens propres & patrimoniaux, & meubles precieux & de grand prix, venans de leurs majeurs, qu'ils n'ayent l'âge de vingt-cinq ans accomplis.

L'âge qui a été reglé à vingt ans par cet article, lors de la derniere reformation, étoit seulement de quinze pour les mâles, & de douze pour les filles, par l'article 46. de l'ancienne Coutume, au temps de laquelle redaction les Estats arrêterent de demander, qu'il fût prescrit un plus grand âge. Sur quoi M. Charles du Molin avoit fait une note en ces termes. *Scilicet quantum ad agendum in judicio & alienandum. In quibus consuetudo satis tacitè corrigitur ex quo displicet Provincialibus : adhuc etiam post vicesimum vel decimum quintum annum non tollitur beneficium restitutionis in integrum, per ea quæ scripsi in consuetud. Paris.* §. *21. col. ult.* C. M.

Contracter de leurs meubles & acquests immeubles.] Une femme majeure de vingt ans, & mineure de vingt-cinq, s'oblige en cette Coutume avec son mari ; le mari étant decedé, la femme renonce à la communauté, & obtient Lettres pour estre restituée contre l'obligation qu'elle avoit contractée, & represente qu'au moyen de sa renonciation à la communauté, elle ne possede aucuns meubles ni acquests, qu'elle eût pû valablement obliger auparavant l'âge de vingt cinq ans. Neanmoins sur la consideration de ce qu'elle pouvoit faire des acquests qui seroient obligés à son creancier, & qu'il suffiroit de conserver ses propres libres aux termes de cet article, elle fut deboutée de l'entherinement de ses lettres, par Arrest intervenu en l'Audience de la Grand'Chambre au rôle d'Amiens, le 15. Janvier 1602. plaidant Servin pour la veufve, appellante du Bailly d'Amiens, & Dollé pour le creancier, intimé. Ce qui fut encore jugé en la même espece au rôle de l'année suivante, le quatorze Janvier 1603. plaidans le Quieu pour la femme appellante, & de Villiers pour l'intimé. Ces deux Arrests sont rapportés par Maistre René Choppin sur la Coutume de Paris, livre 2. titre 3. nombre 2.

Quid, des fruits des heritages propres, s'ils peuvent estre saisis pour l'obligation du majeur de vingt ans ? Heu cotte des Arrests du mois de Janvier 159[illegible]. pour l'affirmative, & dit, que depuis il s'est ainsi jugé communément.

¶ Quoique le mineur ne puisse aliener ses propres en cette Coutume ni les hipotequer, il a été jugé par Arrest en interpretation de cet article le 30. Mars 1665. au rapport de Monsieur Renard, cité par Lelet, sur la Coutume de Poitou, que l'hypoteque contractée pendant la minorité depuis ratifiée en majorité, devoit estre colloquée du jour de l'acte, preferablement aux hypoteques intermediaires, la nullité n'ayant pas lieu de droit, mais seulement en cas de restitution, à la difference des actes où le mineur n'étoit pas present, lesquels n'ont pas d'effet retroactif au prejudice d'un tiers, comme ceux qui sont depuis approuvés par celui qui a contracté en minorité, ou suivant la loi, *non omnia 44. dig. de minoribus.*

Quoique cette Coutume rende habile pour contracter à l'âge de vingt ans des meubles & acquests, nous ne laissons pas souvent d'enteriner les lettres obtenuës par les fils de famille qui se sont rendus cautions par reverence paternelle ou pour d'autres, sans avoir profité de rien, à moins qu'ils n'ayent fait quelque commerce ou acte estans majeurs de vingt ans, à cause desquels il y ait eu sujet de suivre leur foi, pourvû qu'il n'y ait ni surprise ni lezion, auquel cas l'execution est restreinte sur les meubles & acquests & les fruits des propres. Neanmoins on peut dire que s'ils ne peuvent pas engager leurs propres, c'est une suite qu'ils en doivent jouir librement; les Coutumes parlent avec effet, & la proprieté seroit imparfaite si on en separoit les fruits qui font partie du fonds.]

CXXXVI.

Emancipation d'enfans n'est necessaire pour avoir le gouvernement de leurs biens.

TITRE VII.

Des hypoteques.

ARTICLE CXXXVII.

Contrats de venditions d'heritages ou rentes, baux à cens hereditaux ou à vie, ou à louage, permutation, donation & autres (encore qu'ils contiennent terme d'hypoteque & rapport par dessaisines passées & reconnuës pardevant Notaires Royaux, Baillifs, Prevosts Royaux, ou autres Juges que les Seigneurs feodaux ou leurs Officiers, desquels les heritages dont les contrats font mention, sont tenus & mouvans) où lettres privées n'engendrent hypoteque, ne droit réel sur les heritages des contractans, ains sont reputés purs personnels & mobiliaires pour le regard du Seigneur & creancier, si ce n'est que lesdits contrats soient reconnus pardevant les Seigneurs, dont lesdits heritages obligés sont tenus, ou les Officiers de leur Justice : en ce faisant sont realisés & reputez hypotequaires, pourvû qu'iceux heritages y soient specifiés, declarés & obligés.

Si ce n'est que lesdits contrats soient reconnus pardevant les Seigneurs, dont lesdits heritages obligés sont tenus, ou les Officiers de leur Justice.] *Fallit*, en droit coutumier, *suprà* §. 49. *quod est aequum, quia matrimonium est notum, & consuetudo doarii est notior, quæ etiam datur à lege: supponitur etiam matrimonium publicum, si enim foret clandestinum, non noceret tertiis acquisitoribus, nisi adhibitâ hâc solemnitate, ut in simili decidit consuetudo Andensis*, §. 245. *Fallit* 2. en toutes rentes retenuës ou constituées pour supplément de partages, *ut per Arrestum in publicis causarum actionibus me præsente latum die Martis* 2. *Julii anno* 1551. *Cæterum non est dubium quin instrumentum valeat ad obligationem personalem contrà obligatum & ejus hæredes: ad hoc Math. de Afflict. decis. Neapolit.* 240 *in fin.* C. M.

L'article 49. de l'ancienne Coutume, dont Maître Charles du Molin fait mention en sa note, est presentement le 115. de la nouvelle, qui a corrigé l'ancienne en ce point, au moyen de ce qu'elle a donné l'hypoteque legale, tant à l'égard du doüaire préfix, que du coutumier, au lieu que par les articles 49. & 51. de l'ancienne, il n'y avoit que le doüaire coutumier qui eût hipoteque legale, & pour le préfix, il étoit sujet aux mêmes solemnités que les autres dettes.

L'article 53. de l'Ordonnance de Moulins, qui veut que les Jugemens emportent hipoteque, a derogé à la disposition de cet article; & de fait: il a été jugé par differens Arrests intervenus dans cette Coutume & autres semblables, que les Sentences & Arrests donnent hipoteque aux creanciers sur tous les biens du condamné, même sur ceux qui sont situés en pays de nantissement, du jour de la prononciation de l'Arrest, ou de la Sentence, sans autre solemnité. Le premier Arrest qui a jugé cette question, est intervenu en l'ordre des creanciers de la Maison de Humieres, au rapport de Monsieur Courtin en la Grand'Chambre, le 21. Mars mil six cens six. Le deuxiéme a été rendu au rôle d'Amiens sur les conclusions de Monsieur l'Avocat General le Bret, le Lundi huit Janvier mil six cens sept, en confirmant une Sentence du Bailly d'Amiens, entre la femme de Becquet, sieur de Cormon, & les Tresorier & Hôpitalier du commun Tresor des Chevaliers de l'Ordre de saint Jean de Hierusalem. Il y a un troisiéme Arrest rendu avec grande connoissance de cause, après enquestes par turbes faites aux Sieges de Ponthieu, Boulenois & Amiens, en vertu d'un Arrest du douze Fevrier mil six cens vingt-deux. Et quoique les Turbiers eussent rapporté que l'usage dans ces Coutumes étoit de ne pas accorder d'hipoteque aux Sentences & Arrests, sans nantissement: neanmoins par l'Arrest diffinitif qui est intervenu touchant l'ordre des deniers de la terre d'Auxi-le-Château, située en la Coutume de Ponthieu, entre Louis Lochet, Maître Adrien de Heu Lieutenant general à Abbeville, & qui a commenté cette Coutume, Claude Tillette & consors, donné en la troisiéme Chambre des Enquêtes, au rapport de M. Scaron, le 29. Juillet 1623. la Cour faisant droit sur les conclusions de Monsieur le Procureur General, a ordonné que les Sentences & Arrêts auront hypoteque suivant l'Ordonnance ès Sénéchaussées de Ponthieu & de Boullenois, & au Bailliage d'Amiens, sans qu'il soit besoin de nantissement pour acquerir hypoteque. Et neanmoins que les Jugemens volontaires n'auront aucune hypoteque que du jour qu'ils auront été mis & reçus au Greffe des lieux où ils auront été donnés, & que l'Arrêt sera lû & publié aux Sénéchaussées de Ponthieu & de Boullenois, & au Bailliage d'Amiens.

Pour le regard du Seigneur & creancier.] *Idem*, du tiers detempteur, soit à titre onereux ou lucratif, dont le titre a été realisé, lequel ne peut être assigné en declaration d'hypoteque à la requête des creanciers du vendeur, ou du donateur, qui ne sont pas nantis, ou qui n'ont pas hypoteque de droit; ce qui a été jugé en interpretation de cet article, par Arrêt du 3. Juillet mil six cens trente-deux dans cette espece. Pierre Payen étoit creancier de Raoul de Hatteville de deux cens cinquante livres de rente. Hatteville fait Nicolas le Besque legataire universel de tous ses biens, entre lesquels étoit compris le fief de Bruslet, à la charge d'acquitter toutes ses dettes, duquel legs délivrance avoit été faite au legataire, ce acceptant par contrat passé pardevant Notaires, le premier May 1595. à la charge de payer les dettes, obseques & funérailles, & legs testamentaires du testateur. En execution le Besque & la veuve du défunt reconnoissent la rente de deux cens cinquante livres dûe à Payen, & s'obligent de la payer & continuer. Posterieurement à ces Actes, Nicolas le Besque legataire donne en faveur de mariage à Raoul le Besque son fils, le fief de Bruslet situé sous cette Coutume, lequel est reçû en foi & hommage par le Seigneur superieur, & accomplit toutes les solemnités necessaires pour la validité de la donation. Sept ans après cette donation, Raoul le Besque est poursuivi par Payen, en qualité de détempteur de ce fief pour le payement de sa rente de deux cens cinquante livres, & prétend que le pere s'étant particulierement obligé de payer la rente en vertu du legs universel qui lui avoit été fait sous la condition expresse de payer toutes les dettes du défunt, il n'avoit pû transmettre partie des biens compris dans le legs à son fils, sans la charge de la rente, & que cette condition de payer les dettes imposée dans le testament, étoit une charge réelle du legs, & qui en faisoit partie, au moyen de laquelle les creanciers étoient subrogés aux droits du testateur, pour obliger le legataire d'y satisfaire; & ainsi qu'ils avoient autant de droit que le vendeur d'un heritage pour le payement du prix qui lui reste dû. A quoi le fils donataire répondoit, qu'il étoit en possession réelle du fief, & consequemment qu'il devoit être preferé à Payen, qui n'avoit aucun droit réel sur l'heritage qui eut precedé la donation. Et que l'exemple du vendeur ne pouvoit lui être opposé, puisque par cet article, il ne retient pas de droit réel sur l'heritage par lui vendu, à moins que son contrat ne soit realisé. De sorte que si un second acquereur avoit fait réaliser son contrat, il ne pourroit pas être inquieté par le premier vendeur, auquel le prix de la vente seroit encore dû, & dont le contrat ne seroit pas réalisé. Sur cette contestation Sentence au Presidial de Beauvais, le vingt-deux May 163.. par laquelle sur les conclusions de Payen demandeur, les parties furent mises hors de Cour & de procès, dont ayant interjetté appel, est intervenu Arrêt aux Enquêtes, le 3. Juillet 1632. qui a confirmé la Sentence.

Pour le regard du Seigneur & creancier.] Ces mots qui n'étoient pas dans l'ancienne Coutume, & qui ont été inserés au milieu de l'article, lors de la derniere reformation, ont apporté de la confusion au sens de cet article. Quelques-uns, comme Choppin en son Commentaire sur la Coutume de Paris, liv. 3. tit. 3. nomb. 14. Charondas sur la même Coutume article 103. sur la fin, & Brodeau lettre D. nomb. 4. ont tiré cette consequence par un argument à sens contraire, de ce que cet article, au moyen de ces mots qui ont été ajoutés, ne dénie l'hypoteque, faute de nantissement, que pour le regard du Seigneur & du creancier, que l'obligé & ses heritiers ne laissoient pas sans le nantissement, d'être tenus hypotequairement, ce qu'ils autorisent de la note de Maître Charles du Molin sur cet article, & d'une autre note qu'il a faite sur l'article 119. de la Coutume de Vermandois. Mais cet Auteur qui avoit penetré dans l'esprit de ces Coutumes, & qui possedoit parfaitement les veritables maximes de notre Jurisprudence, s'est bien donné de garde d'établir une semblable opinion, vû qu'il sçavoit bien qu'il étoit contre les regles, de proposer qu'il pût y avoir une hypoteque personnelle, & qui n'affectât pas la chose. Aussi ce qu'il a dit, est-il fort éloigné de cette proposition, & il a établi tout au contraire, suivant le veritable sens de ces articles, que cessant le nantissement, l'obligé & ses heritiers ne laissoient pas d'être tenus personnellement des conventions portées par le contrat. *Cæterum non est dubium quin instrumentum valeat ad obligationem personalem contrà obligatum & ejus hæredes*: il admet l'obligation personnelle, mais non pas l'hypoteque, & ce qui a servi à tromper les autres est, que l'obligation personnelle sous cette Coutume, ne se divise pas, non plus que ne fait l'hypotequaire par le Droit commun, & chaque heritier est tenu personnellement pour le tout, ainsi qu'il est établi par l'article 91. cidessus, qui veut même que celui qui succede à une partie des meubles, puisse être poursuivi pour toutes les dettes personnelles du défunt, sauf son recours contre les autres. C'est de la sorte qu'il faut entendre l'Arrêt intervenu en cette Coutume, le 17. Mars 1601. en la quatriéme Chambre des Enquêtes, au rapport de M. Pinon, duquel Choppin & Charondas font mention.

V. suprà notata art. 83.

CXXXVIII.

Et est requis que lesdites venditions, donations & contrats, soient reconnus par les contractans en personne, ou par Procureur specialement fondé, & ne suffit d'un simple porteur de lettres.

Et ne suffit d'un simple porteur de lettres.] *Scilicet quoad effectum supradictum ad præjudicandum tertiis : sed benè contrà ipsum obligatum & ejus hæredes. Sed in eodem instrumento potest certus Procurator constitui ad faciendum solemnitatem præcedentem.* C. M.

Il est ordinaire de constituer Procureur par le contrat, le nom duquel se laisse en blanc, & souvent on oublie de le remplir, en prenant la saisine en laquelle on se contente de dire, que tel fondé de procuration speciale portée au contrat, s'est dessaisi & a consenti saisine. Il arrive que tels contrats & saisines se baillent en communication dans les procès qui interviennent, sans que celui qui s'en aide ait pensé à remplir les contrats du nom du Procureur, d'où ceux qui ont interêt de les contester, prennent occasion d'impugner les saisines comme nulles ; je demande s'ils ont raison ? Aucuns tiennent, que faute d'avoir rempli le nom du Procureur, tant en la minute qu'en la grosse, il y a nullité, parce qu'autrement il est vrai de dire, qu'il n'y a point de Procureur special, & que le nommé en la saisine n'est qu'un simple porteur de lettres, qui ne suffit point par la Coutume. D'autres veulent qu'il soit au moins rempli en la grosse, sur laquelle se prend ordinairement la saisine ; car à l'égard de la minute, on ne l'a pas pour la remplir, & souvent elle est passée bien loin du lieu où se baille la saisine: j'estime que cela n'est qu'une pointille qui n'est point considerable ; le nom du Procureur qui a effectué la Procuration portée au contrat, se pouvant en tout temps remplir dans le contrat devant & après sa mort, devant & après la saisine prise, devant & après la communication faite du contrat & de la saisine ; parce que dès-là qu'il a effectué la procuration par la saisine où il est dénommé comme Procureur special porté au contrat, il est censé denommé & rempli au blanc du contrat, où sa place se rencontre, de sorte qu'il ne doit point passer pour un simple porteur de lettres que cet article rejette. Aussi avons-nous l'exemple des Procureurs *ad lites*, qui reçoivent leurs Procurations en blanc, & qui ne s'arrêtent pas à les remplir en leurs noms, & neanmoins ce qu'ils font ne laisse pas de valoir. En effet il importe dans l'espece de notre article, de ne pas multiplier des formalités extraordinaires & particulieres.

CXXXIX.

Toutefois ès cas esquels par disposition de droit y a tacite hypoteque, ladite hypoteque a lieu, encore que telle reconnoissance & solemnité de coutume ne soit intervenue.

CXL.

Quand aucun pour sureté de payement d'aucune rente hereditale ou viagere, ou autre redevance passée & reconnue pardevant Notaires Royaux, ou autre justice, veut acquerir hypoteque & droit réel sur l'heritage de son obligé, est requis qu'il observe l'une des voyes ci-après déclarées.

CXLI.

La premiere, que le vendeur ou obligé rapporte par dessaisine l'heritage à lui appartenant, en la main du Seigneur feodal dont il est tenu, ou de ses Bailly & Officiers, & qu'il accorde que la saisine en soit baillée à son creancier pour sureté de sa dette, en satisfaisant audit Seigneur de ses droits seigneuriaux : c'est à sçavoir du quint pour le feodal, & du treiziéme denier pour l'heritage roturier.

¶ On peut douter en cette Coutume si le péril de la chose tombe sur le vendeur avant la tradition de droit, qu'exige la Coutume qui l'oblige de se dessaisir ès mains du Seigneur : mais cette difficulté cesse lorsque l'acquereur est porteur de procuration à cet effet.

Il y a encore lieu de douter lorsque la vente est par écrit sous seing-privé, avec promesse de passer contrat, lequel ne laisse pas d'engager les contractans, la vente étant parfaite aux termes du droit par le consentement, la chose & le prix ; mais s'ils sont tous deux en demeure, la perte doit tomber sur celui qui est le dernier en demeure, *ultima mora nocet*.

Au défaut de saisine ou de procuration à cet effet, l'acquereur n'ayant pû y suppléer par l'appréhension de fait, le péril regarde encore le vendeur, à la difference de celle de Senlis, où l'acquereur a pû appréhender de fait, sauf l'amende pour laquelle il eût eu son recours, à moins que le vendeur ne soit en faute ou en demeure, ou qu'il ne se soit obligé à la conservation de la chose.

Le péril regarde aussi le vendeur si l'heritage devoit être estimé ou mesuré avant que l'on y ait satisfait, à moins qu'il n'ait contumace. L'acquereur suivant la loy *quod semper dig. de peric. & commodo, leg. ædiles dig. de ædilit, edict.*

On oppose la loy *si fundus* 33. *locati*, ou si le fonds vendu étoit réuni au fisc avant la tradition, le vendeur doit restituer le prix, mais il faut ou que la confiscation soit acquise ou par la faute du vendeur, ou en vertu d'un Edit anterieur à la vente.]

CXLII.

La deuxiéme, que le creancier acheteur, donataire au autre prétendant hypoteque par commission de Juge compétent, fasse mettre & asseoir la main du Roy, ou d'autre Justice, sur les heritages de son obligé pour la sûreté de sa dette, & signifier icelle main-mise, tant audit obligé, comme aux Seigneurs dont lesdits heritages sont tenus & mouvans, ou à leurs Baillifs & Officiers de Justice. Et faut faire ajourner lesdits Seigneurs & obligé, pour voir déclarer que la main-mise tiendra, ou y contredire si bon leur semble : & tant faire que lesdits Seigneurs & obligé s'y consentent : ou que par Sentence donnée par Juge competent, contradictoirement ou par contumace ladite main-assise soit déclarée tenir, les Seigneurs payés ou satisfaits de leurs droits tels que dessus.

¶ En cette Coutume la mise de fait se prend sur heritages ou droits réels du consentement du débiteur, pourvû qu'ils soient fondés sur contrats : mais elle seroit prise inutilement sur de simples prétentions non liquides ni certaines, ou en vertu de clauses qui ne sont pas de la substance du contrat, qui n'acquierent aucun droit si elles ne sont adjugées en Justice.

Il y a hypoteque sur les Offices regis par cette Coutume en vertu de la Déclaration du Roy du mois de Fevrier 1683. sans qu'il soit besoin d'aucun nantissement.]

CXLIII.

L'on ne peut proceder par ladite voye de main-assise, si ce n'est qu'elle soit accordée par lettres autentiques.

CXLIV.

La troisiéme voye est, que celui qui veut avoir ladite hypoteque & droit réel, obtienne commission du Bailly d'Amiens, ou d'autre Juge competent : & par vertu d'icelle se fasse mettre de fait, ou Procureur pour lui ès fiefs & heritages sur lesquels il veut avoir sa sureté & droit réel : & fasse signifier ladite mise de fait aux proprietaires & possesseurs desdits heritages, & aux Seigneurs dont ils sont mouvans : & fasse assigner jour pardevant ledit Juge compétent ausdits possesseurs ou Seigneurs, pour se voir tenir & décreter de droit, ou y contredire : & tant faire que par consentement desdits proprietaires, possesseurs ou Seigneurs, ou par Sentence donnée contradictoirement, ou par contumace, ledit demandeur y soit tenu & decreté de droit, lesdits Seigneurs féodaux payés & satisfaits comme dessus.

Lesdits Seigneurs féodaux payés comme dessus.] Ces droits doivent-ils être rendus par le débiteur au creancier? L'affirmative semble sans difficulté, parce que ce sont loyaux coûts faits pour la fureté du creancier. Mais si ce creancier étoit suffisamment assuré d'ailleurs, ou que sa dette ne fût dûe que par un simple écrit, ou même par une promesse verbale (car on tient que pour toutes ces sortes de promesses, on se peut faire mettre de fait) il seroit bien dur qu'en ce cas-là un pauvre débiteur fût tenu de rendre des droits seigneuriaux que son creancier aura payé vainement & sans nécessité ; à joindre qu'aujourd'hui n'étant plus revoqué en doute, que les Jugemens n'emportent hypoteque en cette Coutume, le creancier a pû acquerir hypoteque par cette voye, qui est ouverte à un chacun & sans payer droit. C'est pourquoi j'estime qu'un creancier qui auroit affecté de se faire mettre de fait sans besoin, & pour ce payé des droits, ne pourroit pas se les faire rendre par le débiteur. Aussi voit-on que la Coutume a eu en aversion le payement des droits seigneuriaux en ces rencontres, comme aux cas des articles 148. & 149. où il est parlé d'une hypoteque pour six mois seulement, pour laquelle il n'est pas dû de droits; mais si elle se prenoit pour un plus long-temps, ou qu'on la voulût continuer après les premiers six mois expirés, on tient que le Seigneur ne feroit pas tenu de l'accorder, sans lui payer ses droits. Mais tout cela est vain aujourd'hui, à cause de la voye facile des Jugemens qui emportent hypoteque, sans payer aucuns droits.

CXLV.

Le Seigneur ou son Bailly & Greffier est tenu de faire registre de toutes les dessaisines & saisines, mises de fait, & mains-assises, afin que les creanciers, ou acquereurs puissent connoître au vrai quelles hypoteques y a sur les heritages, pour raison desquels ils veulent contracter.

Le Seigneur ou son Bailly & Greffier sont tenus faire registre.] Faute de registrement la saisine est nulle, & y a recours en dommages & interêts contre le Seigneur. Et faut que le registre soit en livre relié. Mais de qui faut-il que les saisines soient signées dans le registre? J'ai vû pratiquer en quelques Justices, de les faire signer par le Procureur nommé au contrat, & par le Juge & le Greffier, en d'autres par le Juge & le Greffier seuls, où il peut y avoir difficulté, parce que ce sont actes volontaires qui doivent être signés par les parties. Encore plus, si c'est le Seigneur seul qui tient le registre. Neanmoins l'usage peut autoriser ces actes, quoique non signés des parties, la Coutume ne le requerant pas. Et de fait, en la Coutume de Senlis, qui veut que les saisines soient faites en la presence de deux témoins, sans qu'elle les oblige particulierement de signer, il a été jugé au procès d'entre les Religieuses de Longchamp & du Lis, après enquêtes par turbes touchant l'usage, que la signature des témoins n'étoit pas nécessaire, par Arrêt du septiéme Juillet 1607.

La question s'étant presentée au Bailliage d'Amiens, entre M. Nicolas Lengrené, Chanoine de l'Eglise Cathedrale de la même Ville, & Damoiselle Marguerite le Clerc, pour sçavoir si un exploit de mise de fait qui n'étoit pas enregistré dans un Livre, mais seulement enfilé avec quantité d'autres, étoit valable, est intervenue Sentence le douze Fevrier 1603. par laquelle eu égard à l'usage, la mise de fait dont il s'agissoit a été jugée bonne: mais à l'égard de l'avenir, il a été ordonné par forme de Reglement, que les registres contenans les main-mises seront contextés, sans qu'on y puisse ajoûter ou diminuer, & qu'à cette fin les feuillets seront cottés & paraphés au commencement & à la fin par les Juges & Greffiers, ausquels on ne pourra laisser aucun blanc, à peine de cinquante écus d'amende, & des dommages & interêts envers les parties. Et pour ceux qui avoient été faits auparavant, qu'ils seroient tous apportés au Greffe du Bailliage, pour être tous les blancs remplis, & les feuillets cottés, & ce en dedans le mois après la publication de la Sentence envoyée aux Prevôtés du ressort pour être publiée en Jugement.

CXLVI.

L'acquereur ou autre prétendant hypoteque ou droit réel, n'est tenu de payer droits seigneuriaux au Seigneur, jusqu'à ce qu'il y ait consentement de celui sur lequel il veut acquerir ladite hypoteque, ou Sentence donnée contradictoirement ou par contumace: & néanmoins est tenu ledit poursuivant hypoteque, faire vuider dedans six mois, ou autre plus long delai (s'il est ordonné par le Juge) les oppositions ou empêchemens, si aucuns y a: autrement & ledit temps passé, est tenu payer les droits seigneuriaux au Seigneur, en consentant par lui que l'hypoteque tienne.

Droits Seigneuriaux.] On a trouvé moyen d'éviter ces droits, en donnant hypoteque aux Sentences, lesquelles ayant une hypoteque generale, n'obligent pas le creancier à payer aucuns droits seigneuriaux.

CXLVII.

Sentences ou accords de maintenue ou de main déclarée tenir & tenue de droit, se retrotrayent au jour que les main assise & mise de fait ont été faites: en maniere qu'elles précedent toutes autres hypoteques, qui depuis lesdites main assise ou mise de fait ont été créées & reconnues.

Jugé en cette Coutume par Arrêt donné au mois de Juin de l'année 1601. au rapport de Monsieur le Prestre, que les droits seigneuriaux à cause de la mise de fait, appartenoient au Seigneur, du temps duquel elle avoit été faite & signifiée, combien que la Sentence requise par la même Coutume, pour la mise de fait, eût été donnée pendant le temps d'un nouveau Seigneur, parce que par cet article il est dit que les Sentences ou accords de maintenue, ou de main déclarée tenir & tenue de droit, se retrotrayent au jour que la main assise & mise de fait ont été faites, & que l'hypoteque est assise de ce jour.

CXLVIII.

Un Seigneur feodal n'est tenu (s'il ne lui plaît) consentir hypoteque sur cotterie, si ce n'est pour une somme de deniers à payer pour une fois, & pour ladite hypoteque tenir & avoir lieu demi an, tant seulement après le terme de payer échu.

N'est tenu s'il ne lui plaît.] *Scilicet gratis, secus oblatis juribus ut sup.* §. 67. Cette clause est importante, & se pratique *ut infrà* art. 150.

CXLIX.

Et en ce cas pour ladite hypoteque d'une somme de deniers à payer pour une fois, soit sur un fief ou sur cotterie, ne sont dûs aucuns droits au Seigneur feodal.

C L.

Pour une somme de deniers à payer pour une fois sans terme, le Seigneur n'est tenu accorder hipoteque sur fief ne sur cotterie, si bon ne lui semble.

C L I.

Le Seigneur ne peut contraindre celui qui a une obligation personnelle sur les heritages de son tenant feodal ou cottier, à apprehender le droit qu'il a en vertu de ladite obligation, pour avoir ses droits seigneuriaux : & est en la volonté & faculté de celui qui a ladite obligation de prendre sa sureté, & payer lesdits droits seigneuriaux, s'il lui plaît acquerir son droit réel.

C L I I.

Si depuis création d'hipoteque pour rente, l'heritage se vendoit à la charge d'icelle rente, les droits seigneuriaux qui ont été payés pour l'hipoteque de ladite rente, doivent être déduits sur les droits dûs au Seigneur à cause de ladite vente.

C L I I I.

L'acquereur de rente realisée, peut (si bon lui semble) poursuivre personnellement ceux qui ont constitué ladite rente ou leurs heritiers, ou bien hipotequairement le tiers détenteur des heritages, sur lesquels ladite rente est realisée, afin de faire declarer les heritages hipotequés à ladite rente, cours & continuation d'icelle, & les faire vendre pour les arrerages sans discution préalable.

Sans discution préalable.] *Quid*, si l'hipoteque a seulement été acquise par Sentence en vertu de l'Ordonnance de Moulins : ou que l'hipoteque soit tacite & legale, comme à l'égard des rentes créées pour constitution dotale ? Il y en a qui soutiennent que le tiers détenteur peut en ce cas exciper de la discution contre le creancier de la rente constituée, & même la plûpart des Officiers de la Province le jugent de la sorte. Ils alleguent pour fondement de leurs Sentences, que la raison pour laquelle cette Coutume a exclu la discution à l'égard des rentes realisées, est que leur hipoteque ne s'engendre point par un simple contrat, mais par la saisine, mise de fait & main assise, dont il se tient des registres, par lesquels le tiers acquereur peut avoir connoissance des rentes realisées sur l'heritage : Ce qu'il ne peut pas faire, lorsqu'il s'agit d'une hipoteque legale ou acquise en vertu d'une Sentence. Ils ajoûtent que la Coutume a donné l'hipoteque sans discution, en satisfaisant aux formes qu'elle introduit : mais que les Sentences & Arrests qui la donnent en vertu de l'Ordonnance, reduisent les choses au droit commun, qui oblige à la discution. Mais j'estime que cette distinction n'est bonne que pour conserver aux Seigneurs des droits seigneuriaux injustes, en rendant l'hipoteque engendrée par le moyen du nantissement plus considerable que celle qui est acquise en vertu de Sentençe, & en obligeant par cette raison les creanciers de rentes constituées, de se faire nantir : Et si les Juges de la Province ont embrassé cette difference, c'est un reste de leur ancienne opinion, & de l'avis qu'ils donnerent lors de l'enquête par turbes, qui fut faite en l'année 1612. que les jugemens ne donnoient pas d'hipoteque sous cette Coutume : à quoi la Cour n'eut aucun égard, & jugea tout au contraire, par l'Arrest diffinitif, qui est intervenu. En effet, il paroît assez que la raison proposée par ceux qui soutiennent le premier avis, n'a pas été celle qui a meu les redacteurs de la Coutume à exclure la discution en matiere de rentes, vû qu'elle militeroit aussi bien pour les obligations nanties, que pour les rentes constituées, attendu que l'on garde registre tant des unes que des autres : & cependant, cette Coutume ne rejette la discution qu'à l'égard des rentes constituées. Si bien qu'il faut dire que cette disposition est fondée sur la qualité & la difference des dettes seulement, & consequemment que la forme avec laquelle l'hipoteque a été acquise, n'est pas considerable, & que le tiers détenteur ne peut pas exciper de la discution contre le creancier d'une rente, soit que l'hipoteque soit legale, ou qu'il l'ait acquise en vertu de Sentence, ou par le moyen de nantissement. Et si cet article ne parle que des rentes constituées realisées, cela provient de ce que cette Coutume lors de sa redaction, ne reconnoissoit pas d'autres rentes hipotequaires, les Arrests qui ont jugé que l'Ordonnance de Moulins y devoit avoir lieu, étans depuis intervenus, joint que l'on peut dire que les rentes qui ont hipoteque legale, ou qui sont suivies de Sentence, sont presentement présumées realisées dans cette Coutume, vû qu'elles acquierent au creancier hipoteque, & un droit réel sur les heritages du débiteur.

¶ On observe neanmoins qu'il n'y a que les rentes realisées qui ont le privilege d'empêcher la discution qui est de droit, & que les Sentences sur contrat ne suffisent pas, d'autant qu'elles ne donnent qu'une hipoteque legale, qui n'empêche pas les effets du droit.]

C L I V.

Chacun peut demander & poursuivre les cens, moysons & loüages à lui dûs, contre celui qui occupe & possede les lieux chargés desdites charges pour le temps de son occupation, ou bien peut à son choix & option poursuivre le proprietaire d'iceux.

CLV.

Toutefois un tiers détenteur d'heritage chargé de rente peut auparavant contestation en cause, renoncer audit heritage : & en ce faisant demeure quitte desdits arrerages, encore qu'ils soient dûs de son temps : mais s'il conteste en cause & succombe, il est tenu de payer lesdits arrerages.

CLVI.

Il est permis à celui qui a loué une maison, de proceder par execution avec autorité de Justice pour les louages d'un an sur les biens meubles du conducteur, soit clerc ou lay, encore que tel conducteur ne soit condamné ni obligé par contrat passé sous scel authentique : & peuvent iceux biens (encore qu'ils soient hors de ladite maison) être poursuivis par hipoteque en quelque main qu'ils soient ; sinon qu'ils ayent été vendus à un autre : & où ils se vendroient publiquement par autorité de Justice, sera ledit locateur preferé à tous autres pour lesdits loüages, sur les deniers qui en procederont.

CLVII.

Peut aussi proceder par execution sur les meubles trouvés en ladite maison, à qui que ce soit que lesdits biens appartiennent, & les faire vendre pour le payement de son loüage.

CLVIII.

Et peut le locateur contraindre le conducteur à garnir la maison louée de meubles exploitables & suffisans pour la sureté de son louage : & à faute de ce faire, le peut faire sortir de sadite maison par Justice, encore que le louage ne soit expiré.

CLIX.

Si aucun au jour de son trépas délaisse plusieurs heritiers, lesquels à ce titre ayent appréhendé ses biens, les creanciers du défunt peuvent, si bon leur semble, s'adresser pour avoir payement de leur dû, contre l'un des heritiers dudit débiteur pour le tout, & contre lui seul faire poursuite & contraindre à payer le total dudit dû : mais icelui heritier a son recours contre ses coheritiers, & chacun d'eux pour leurs portions hereditaires.

Ayent apprèhendé ses biens.] Cette Coutume parlant en termes generaux, s'entend & est ainsi pratiquée, quoiqu'il n'y ait aucun immeuble dans la succession, & que le creancier n'ait pour cela qu'une dette personnelle & non hipotequaire : ce qui resulte encore de l'article 91. ci-dessus, sur lequel nous avons fait quelques remarques qu'il faut voir.

Pour leurs portions hereditaires.] Ces termes de *portions hereditaires*, & ceux-ci de *portions viriles*, sont la même chose dans la disposition du droit Romain, parce qu'il n'y avoit qu'un seul & unique patrimoine ; & si quelqu'un des heritiers prenoit des biens de la succession plus que les autres, ce qui excedoit étoit à titre de legs & non pas d'heritier, au lieu que parmi nous, comme nous admettons plusieurs especes de patrimoines dans une même succession, les portions hereditaires peuvent être inégales : Et ainsi, quand nos Coutumes ont dit que les heritiers sont tenus des dettes pour leurs portions hereditaires, cela doit s'entendre à proportion de l'émolument, parce qu'ils prennent tout à titre d'heritier, & ainsi ce dont ils amendent de la succession est leur portion hereditaire. Partant, il faut tenir en cette Coutume, que l'un des heritiers convenu pour le tout, a son recours contre chacun de ses coheritiers, pour telle part qu'ils amendent des biens de la succession, soit *à rata* de l'émolument, quand ils succedent inégalement, soit *in viriles*, lorsqu'ils succedent également, comme j'ai fait voir plus particulierement en ma note sur l'art. 149. de la Coutume de Senlis.

Au surplus, ce qui est porté par cet article, que les heritiers sont tenus des dettes à l'égard les uns des autres, pour leurs portions hereditaires, reçoit son exception par l'article 90. ci-dessus, lorsqu'il y a un successeur universel des meubles, que la Coutume charge de toutes les dettes personnelles, arrerages de cens & rentes dûes au jour du trépas du défunt.

Apprehendé ses biens.] *Die Martis manè quarta Januarii anno* 1546. *Præside Jo. Bertrando inter matrem hæredem filii in mobilibus cum plures essent hæredes immobilium, qui non erant in lite, appellantem à Baillivo Ambianensi, & creditorem intimatum, erga quem condemnata fuerat in solidum : mulcta fuit appellanti remissa*, & dit l'appel au néant, elle est condamnée aux dépens, & que ce dont étoit appel sortiroit son effet. *Sed istud Arrestum debet intelligi & modificari ut non teneatur ultrà vires bonorum in quibus succedit : quia*

quia non est proprie hæres cum non succedat in quota, sed in certa specie bonorum tantum. C. M.

¶ Cette solidité est cause que l'interruption faite à l'égard d'un cohéritier, empéche en cette Coutume les autres de prescrire contre le créancier; ainsi qu'il a été jugé par plusieurs Arrêts, & particulierement par celui du 27. Novembre 1691. en la cinquiéme des Enquêtes au rapport de M. Merault; néanmoins l'action hypothequaire intentée contre l'un des cohéritiers, n'empéche pas que les autres qui possedent des biens n'acquierent la prescription; parce que les diligences ne nuisent qu'à ceux qui sont tenus personnellement & solidairement, & cette solidité a lieu en cette Coutume en faveur du créancier, encore que les héritiers ayent joui par plus de 10. & 20. ans, en vertu d'un partage. Voyez les notes sur la Coutume d'Artois, page 933.]

TITRE VIII.

De Prescription.

ARTICLE CLX.

CElui qui jouit à juste titre & de bonne foy paisiblement, d'aucun héritage ou droit réel par dix ans entre presens, & vingt ans entre absens, âgés & non privilégiés, prescrit ledit héritage ou droit.

¶ Les parties étant domiciliées dans la Coutume de Boulogne qui requiert 20. ans pour la prescription entre presens, il a été jugé par Arrêt du 28. Juin 1682. au rapport de M. Lotten, qu'on n'avoit pû prescrire, sinon par 20. ans, quoique les héritages fussent situés en la Coutume de Calais, où la prescription de dix ans étoit suffisante.

Lelet sur Poitou, prouve par plusieurs autorités art. 268. qu'en matiere de prescriptions & de restitutions en entier, on peut venir le dernier jour des dix ans après midi, quoique le contrat ait été passé le matin; *quia dies venit, sed nondum cessit. leg. cedere diem. dig. de verbor. significat. leg. in usucaptione. dig. de usucapio.* Néanmoins la Loy penult. *In princip. dig. de divers. & temporal.* est contraire, & veut que pour avoir acquis prescription, il suffit d'avoir possedé un moment dans le dernier jour; mais la prescription, principalement celle de 10. & de 20. ans, n'étant pas favorable contre un titre, il suffit de venir dans le dernier jour, ou plutôt le temps doit être compté de moment à moment, comme en matiere de retrait lignager; aussi la Loy *denique, §. minorem. dig. de minorib.* decide, que pour la restitution des mineurs, le temps doit être compté *de momento ad momentum*, à la difference des cas favorables, où il suffit que l'année soit commencée.

Un Fermier ne peut prescrire ni même ses enfans à qui il a donné le bien du proprietaire, la mauvaise foy se communiquant facilement entre personnes aussi proches. Les dettes hipotequaires, sous condition ou à jour incertain, n'empêchent pas le détenteur de prescrire ces dettes, n'ayant pas plus de privilége que les substitutions qui ne nuisent pas à un tiers, si elles ne sont publiées, le créancier ayant pû agir en déclaration d'hipoteque.

La prescription de 10. & de 20. ans court même contre une femme alliée de mari qui a vendu conjointement avec lui, parce que la Coutume donne l'action de remploi du jour du mariage sur les biens du mari; ce qui prouve qu'elle a pû vendre valablement.

Les femmes mariées qui ont contracté en minorité, sont restituées après les dix ans de la majorité, sous prétexte que le mari est garant; mais pour les droits échus à la femme, comme les partages où le mari n'a fait que l'autoriser, les transactions pour les biens & droits de la femme, la prescription est acquise après les dix ans de la majorité.]

CLXI.

Et s'il jouit par trente ans paisiblement & de bonne foi entre âgés & non privilégiés, il prescrit, encore qu'il n'ait titre: mais contre l'Eglise est requis le temps de quarante ans pour prescrire.

Mais contre l'Eglise est requis le temps de quarante ans pour prescrire.] Cette disposition qui concerne l'Eglise, n'est pas renfermée à l'espece de prescription dont il est parlé par cet article: mais elle est generale pour toutes sortes de prescriptions de droits réels & immobiliaires, & pour raison desquelles la Coutume à l'égard des autres, etablit les prescriptions de dix, vingt & trente ans, soit que le détenteur ait titre ou qu'il n'en ait pas, soit aussi qu'il s'agisse d'action personnelle ou hipotequaire, conformément à la disposition de l'Autentique, *quas actiones C. de sacros. Eccles.* & du chap. *de quota extrà de prescript.* qui n'admettent qu'une seule & unique prescription. Ce que nous observons en ce Royaume.

¶ Le cohéritier qui a laissé prescrire des hipoteques, perd son recours, à moins qu'il ne justifie qu'il y avoit des créances anterieures non prescrites, en vertu desquelles le prix des héritages se fût trouvé absorbé; car si la prescription étoit acquise, la négligence est imputée aux cohéritiers; quoique vraisemblablement s'il eût fait déguerpir ou vendre les héritages, les autres créanciers eussent été avertis par les publications ; mais on ne doit plus considerer la dette d'autrui qui ne subsiste pas.

Le cohéritier ne doit pas être exclu de sa garantie lorsqu'il a consenti à une direction qui est notifiée dans le temps à son cohéritier, pour la contester, si bon lui semble, ou y être présent, pourvu qu'il ne s'y passe rien que pour l'utilité des créanciers, & qu'il n'y ait pas plus de frais que dans un Decret ordinaire, & qu'on puisse appeller de la Sentence d'ordre.

Le cohéritier qui a laissé prescrire le débiteur, doit déduire sur les sommes pour lesquelles il a son recours, le prix de l'alienation faite par le débiteur, avec les interêts du jour de la prescription acquise, n'ayant pas été obligé d'agir auparavant.]

CLXII.

Par le temps de trente ans, toutes actions personnelles sont prescrites : & par quarante ans, les hipotequaires.

Et par quarante ans les hipotequaires.] Cette clause doit être interpretée par la précedente, c'est-à-dire, que l'action hipotequaire dure quarante ans, quand elle est poursuivie contre les personnellement obligés, ou leurs héritiers ; & lorsque les actions personnelles & hipotequaires sont jointes ensemble, suivant la disposition de la Loi, *cum notissimi C. de præscript. 30. vel 40. ann.* Mais lorsque l'hipotequaire est seule, & qu'elle s'intente contre un tiers détenteur, elle ne dure que dix ans entre presens, & vingt ans entre absens, par l'article 160. ci-dessus.

¶ Cet article n'ajoutant pas entre âgés & non privilégiés à l'égard des actions personnelles, elles se doivent prescrire contre les mineurs par 30. ans, à la difference de celles en délistement pour héritages ou rentes, dont il est parlé en l'article précedent.]

CLXIII.

Meuble se prescrit par trois ans avec bonne foi.

CLXIV.

Le vassal ne prescrit contre son Seigneur feodal la teneure ne le cens, aussi le Seigneur ne prescrit le fief contre son vassal, mais les arrérages des redevances, cens & profits seigneuriaux se peuvent prescrire.

Se peuvent prescrire] par trente ans entre majeurs âgés & non privilégiés. Coutume de Paris, article 124.

¶ Le fonds des rentes & redevances, est sujet à prescription activement & passivement, suivant la Coutume d'Artois, art. 31.

Quoique l'aîné puisse être restitué contre le partage fait par maniere de transaction, si l'on n'a pas transigé sur la qualité du fief, il ne peut pas se plaindre après dix ans, s'il a eu connoissance certaine de la qualité du fief, & ils en jouiront comme d'un fief partagé, sans préjudice des droits du Seigneur, à l'égard duquel le tout sera feodal.]

CLXV.

Nul ne peut acquerir possession ou prescrire servitude contre son voisin en choses occultes & secrettes, s'il n'y a titre ou possession de quarante ans.

En choses occultes.] Il s'ensuit que la prescription établie par les précedens articles, a lieu à des servitudes évidentes & manifestes, puisque cet article n'en excepte que les servitudes occultes & secrettes, à l'égard desquelles seulement elle veut titre ou possession de quarante ans.

CLXVI.

Nul ne peut faire fosse à latrines ou retraits, qu'il n'y ait entre ladite fosse & la terre de son voisin, deux pieds & demi de franche terre : & pour quelque temps qu'il l'ait autrement possedé, il ne peut acquerir aucune prescription.

TITRE IX.

Des Retraits lignagers & feodaux.

ARTICLE CLXVII.

QUand aucun vend à personne étrange, & transporte à prix d'argent héritage feodal ou cottier venant de son patrimoine & par succession de ses predecesseurs, il est en la faculté des parens du vendeur du côté & ligne dont l'héritage procede, le retraire par proximité de lignage dedans l'an & jour que le contrat est ensaisiné dûement insinué au régistre du Seigneur duquel est mouvant ledit héritage ou de sa Jurisdiction, en payant & remboursant l'acheteur du sort principal de ladite vendition, frais de lettres, & autres loyaux couts.

Venant de son patrimoine & par succession de ses predecesseurs.] Soit que le vendeur l'ait eu à titre d'héritier ou à titre de donation faite en avancement d'hoirie, qui soit sujette à rapport, & qui tienne lieu de portion héreditaire. Mais comme en cette Coutume on peut être heritier, donataire, & légataire même en ligne directe, on peut soutenir avec apparence, que l'héritage que l'héritier retient à titre de donation ou de legs, sans être obligé à le rapporter, n'est pas sujet à retrait, parce qu'il l'a possédé en vertu d'un titre particulier, & comme une personne étrange. Et de fait, par l'article 1. de la Coutume locale de la Ville d'Amiens ci après, il y a une disposition particuliere, pour dire que toutes donations faites par les ascendans à leurs descendans, sont réputées propres, & que si les donataires vendent les héritages hors de la ligne, ils sont sujets à retrait : Ce qui sert d'exception à la Coutume generale, & fait voir que l'intention des redacteurs n'a pas été de comprendre en cet article les héritages avenus au vendeur par toutes sortes de legs & de donations même faites en directe. Néanmoins après les deux Arrêts dont nous avons fait mention sous les articles 51. & 60. ci-dessus, les lignagers ont droit de prétendre que toutes donations faites d'un propre à l'héritier présomptif de la ligne, conserve la qualité de propre de la même ligne en sa personne ; & conséquemment, qu'en cas que les héritages y contenus soient par lui vendus, ils seront sujets à retrait.

¶ Partant l'héritage retiré par un pere vendeur sous le nom de son enfant mineur qui n'avoit aucuns deniers, demeure au même enfant sans charge de rapport, s'il a marqué sa volonté, ou si tous les enfans avoient été mariés & dotés ; au lieu que si le prix étoit retenu par le pere, il seroit libre à l'enfant de renoncer au retrait ; au moyen de quoi le premier acquereur pourroit reprendre l'héritage, en rendant le prix, sinon le tuteur conservant l'héritage doit rendre à son mineur le prix qui vient de lui, & peut le vendre sans payer les droits, ne l'ayant acquis que pour un mineur qui ne l'a voulu agréer ; ce qui fait résoudre le contrat pour cause nécessaire. On ajoute le jour à l'année, pour faire ensorte que le terme expire le même jour de l'année suivante, d'autant que dans l'an on ne compte pas deux fois le même jour:ainsi si la saisine est du premier du mois, il faut venir le premier du même mois dans un an.

Il semble, à cause de ces mots, ou *ses predecesseurs*, qu'il faut que l'héritage ait touché en directe pour être sujet à retrait : néanmoins l'article 89. porte qu'il suffit que son héritage soit venu par succession aux enfans ou héritiers pour leur etre propre ; ce qui convient à l'opinion de Du Molin, qui veut que ceux qui ont succedé en collaterale soient réputés du côté & ligne : néanmoins pour être sujet à retrait, je ne crois pas que ce soit assez qu'il ait été vendu par le premier qui a succedé à l'acquereur en ligne collaterale, jusqu'à ce qu'il se soit formé une ligne de propres du côté de l'acquereur.

CLXVIII.

Si l'acquereur est refusant de reconnoître le lignager à retrait & recevoir ses deniers, ledit lignager doit obtenir commission de Juge compétent, & en vertu d'icelle faire ajourner l'acheteur dedans l'an & jour à fin dudit retrait.

Si l'acquereur est refusant de reconnoître le lignager à retrait.] Jugé par Arrêt rendu en l'Audience de la Grand'Chambre, du Mardi 14. Janvier 1653. que ces termes n'imposent pas de nécessité au lignager de sommer l'acquereur de lui abandonner l'héritage auparavant que de le faire assigner en Justice.

Et recevoir ses deniers.] On avoit aussi prétendu en la même cause, que ces termes obligeoient le lignager à faire des offres : mais il fut jugé qu'il suffisoit de rembourser l'acquereur après le retrait adjugé sans offres préalables, attendu que la Coutume n'en requiert pas expressément.

Doit obtenir commission.] Ceci tient de l'ancien stile, où pour donner une simple assignation, même pardevant le juge ordinaire, il falloit toujours commission du Juge. L'experience a montré que c'étoient frais inutiles, & il n'y a pas de raison de prendre plutôt commission aux retraits lignagers qu'en toutes autres actions : & néanmoins la Loi est écrite, qu'il se faut bien garder d'obmettre, à peine d'être déclaré déchu du retrait, où il s'observe tant de pointilles & de vaines formalités, qu'en toutes les petites Justices des champs, où les Praticiens sont moins adroits, il se voit peu d'actions en retrait qui réussissent. Par exemple, on soutient en cette Coutume, qu'il faut que la commission soit en forme, signée du Juge & du Greffier, de telle sorte que si le Juge la bailloit au pied d'une Requête signée de lui, comme il est ordinaire en plusieurs rencontres, cela ne suffiroit pas, & y auroit nullité. D'autres soutiennent encore en conséquence de la commission, que le demandeur doit élire domicile ; d'autres pratiquent de faire en vertu de la commission, commandement à l'acquereur de recevoir le prix de son acquisition, & pour le refus lui donnent assignation : ce qui est inutile, suivant qu'il a été jugé par l'Arrêt mentionné en la note précedente. On veut d'ailleurs que les témoins de l'exploit de la demande, même du reajournement & autres, s'il s'en fait, les souscrivent, tant aux originaux que copies, & que leurs noms, surnoms, demeures & qualités y soient exprimés : & on compile ici tout ce qui est de la rigueur de l'Ordonnance. Et pour ce qui est des offres aux Coutumes qui en veulent, on les examine syllabe à syllabe, & *aucupantur syllabarias fraudes*, comme dit un Poëte fameux de ce temps. Et moi je dirois volontiers comme Ciceron, plaidant pour Cecina. *Quid est Piso placet tibi pugnare verbis, placet causam juris & æquitatis constituere in verbo? Peracutum hoc tibi videtur, hic est mucro defensionis tuæ, æquitatem rei verbi laqueo capi putas oportere?* Voilà proprement ce qui se passe aux actions du retrait lignager. On me dira incontinent que ce n'est pas une cause d'équité, mais une cause de rigueur & de droit étroit, parce que les retraits sont odieux. A quoi je dis, que s'ils sont odieux, il les faut ôter; mais puisqu'on les admet, pourquoi tous ces pieges pour y faire tomber les retrayans & les débouter avec dépens, combien qu'au fond ils ayent très-bonne cause, pourquoi ne pas proceder comme dans les retraits feodaux, où toutes ces pointilles ne s'observent pas? Et au reste, nous voyons que la plûpart des retraits que l'onfait sont frauduleux, & faits sous des noms de parens interposés & achetés; & on favorise tellement ces fourberies, qu'il ne suffiroit pas de prouver qu'il y a eu pacte & convention, mais il faut *consilium & eventus*, de sorte que le pacte ait eu effet. Tellement que dans la procedure on défavorise les retraits par des pointilles ridicules: & au fond, on les favorise contre des vérités toutes claires.

Juge competent.] C'est-à-dire, le Juge du lieu où la chose est assise, ou le Juge ordinaire du domicile de l'acquereur, ainsi qu'il a été jugé par Arrêt du Lundi 12. Décembre 1633. intervenu en l'Audience de la Grand'Chambre, en l'interpretation de l'article 237. de la Coutume de Peronne, Mondidier & Roye, en confirmant la Sentence du Juge de Roye, entre Marie Fescain, femme de Largitault, & de Maître Charles de Boize.

CLXIX.

Si ledit lignager veut acquerir les fruits, il est nécessaire qu'il consigne les deniers en justice: mais s'il veut seulement parvenir au retrait sans faire les fruits siens, jusques à Sentence ou accord sur ledit retrait, n'est besoin au retrayant de consigner les deniers, & suffit qu'il les baille à l'acheteur lorsque ledit retrait lui sera accordé ou adjugé.

Si ledit lignager veut acquerir les fruits.] En ce cas, il doit le remboursement des labeurs & semences au proprietaire ou fermier qui les a faites; parce qu'il ne peut demander que les profits de la terre qui consistent aux fruits, les impenses déduites. N'étant pas de cette espece, comme quand le proprietaire vend volontairement son héritage, auquel cas il ne peut demander aucun remboursement, attendu qu'ayant vendu l'héritage en tel état qu'il est lors du contrat, sans reserve, les fruits & les impenses y sont comprises, d'autant qu'elles sont partie du fonds.

Qu'il consigne les deniers en Justice.] Entre les mains du Greffier ou du Receveur des Consignations, qui sont les mains de la Justice, sans qu'il soit nécessaire que le lignager obtienne Sentence pour cet effet, attendu qu'il est suffisamment autorisé par la Coutume.

Lorsque ledit retrait lui sera accordé ou adjugé.] *Intellige*, & les Lettres baillées ou mises au Greffe, & affirmation faite par l'acheteur, C. M.

CLXX.

Le lignager dans la huitaine après la reconnoissance ou adjudication du retrait, & que l'acquereur aura mis son contrat au Greffe & affirmé qu'il est veritable, doit rembourser ledit acquereur du sort principal de ladite vendition, qui se trouve clair & liquide par le contrat, autrement déchet & est privé de l'effet dudit retrait.

Et affirmé qu'il est veritable.] *Scilicet*, au Greffe ou en Jugement, & ne suffiroit de faire l'affirmation pardevant Notaires, attendu qu'il s'agit d'une procedure judiciaire.

Du sort principal de la vendition, qui se trouve clair & liquide.] *Quid*, si le prix n'est point liquide? J'estime en ce cas qu'il suffira de consigner dans la huitaine après la liquidation, par la raison de l'article suivant.

CLXXI.

Aussi doit ledit lignager rembourser ledit acquereur des frais & loyaux cousts par lui faits, dedans la huitaine après qu'ils auront été liquidés: autrement déchet & est privé dudit retrait.

Autrement déchet & est privé du retrait.] *Non idem* du retrait feodal, parce que les peines introduites par nos Coutumes ne doivent pas être étendues d'un cas à l'autre: Si bien que la Coutume ne prononçant pas de décheance faute de rembourser, le Seigneur ne peut être privé de son droit qu'après une contumace affectée, & le délai qui lui sera donné par le Juge. Ainsi jugé en cette Coutume par Arrêt du vingt-neuf Août mil six cens quarante-trois, rendu en la premiere Chambre des Enquêtes, au rapport de Monsieur Bouvot, en enterinant une Requête civile obtenue contre un Arrêt intervenu en la Grand'Chambre, au rapport de Monsieur Savarre, le 19. Janvier 1641. par lequel faute d'avoir par Jacques Routier, auquel par Arrêt du 2. Decembre 1634. le retrait feodal auroit été adjugé, remboursé Charles Rontier & Charles Pasquier, acquereurs des frais & loyaux coûts, dans la huitaine de la taxe & liquidation il avoit été déchu du retrait.

¶ L'acquereur peut retablir les bâtimens qui tombent en ruine de la maniere qu'ils étoient, ou qui soit aussi commode & convenable. Je croi aussi qu'il peut démolir ceux qui menacent une prompte ruine, en faisant estimer les materiaux, d'autant que le lignager a pû prévenir, & il ne doit pas profiter de ce que l'acquereur a fait en bon pere de famille; néanmoins il ne peut entreprendre aucun nouvel œuvre, ni détruire ce qui pouvoit subsister; mais il n'en doit pas être de même de celui qui a joui sans saisine publiquement après l'an, en vertu de titre qui a pû changer l'état des lieux au préjudice du retrayant. Je croi aussi que le lignager doit entretenir les baux faits sans fraude pendant l'an, ou acquitter l'acquereur des dommages & intérêts. Si c'est une vigne, on lui doit reprendre les ustenciles de vendanges acquis du même vendeur, quoique par un écrit separé.

Je croi qu'après une jouissance publique sans saisine comme de dix ans, le lignager & même le Seigneur doivent rembourser sur le pied du dernier Contrat, lorsque l'héritage a été revendu à plus haut prix.]

CLXXII.

Ledit lignager est tenu, avant qu'être reçû à retraire, affirmer que le retrait qu'il entend faire est pour lui, de ses deniers & sans fraude.

Le lignager est tenu avant qu'être reçû à retraire, affirmer,] s'il en est requis: ce serment étant donné à l'acquereur par forme d'exception; aussi cet article ne prononce-t'il pas à peine de décheance comme les précedens.

¶ On n'est pas obligé à s'en tenir à l'affirmation, si la fraude est prouvée par écrit, & même après le retrait adjugé, celui qui avoit intenté action peut dans l'an du jour que la fraude est découverte, évincer le retrayant.

CLXXIII.

Le retrait lignager n'a lieu, sinon quand l'héritage est vendu, hors la famille, estoc & ligne; & étant vendu à un qui est de ladite famille, estoc & ligne, autre plus prochain parent ne le peut retraire sur ledit acquereur, encore qu'il soit plus loingtain.

¶ Cet article doit s'expliquer par l'art. 156. de celle de Paris, où celui qui a des enfans en ligne, quoiqu'il ne soit pas de la ligne, empêche le retrait. Brodeau veut même qu'il suffit d'avoir des petits-enfans en ligne; il est vrai, que s'il s'agissoit d exercer le retrait qui est de droit étroit, les petits-enfans ne doivent pas être compris sous le nom des enfans; mais s'agissant d'empêcher le retrait, le cas est favorable. Partant il doit demeurer en suspens, tant que vivent les enfans ou petits-enfans, & il a lieu dans l'an du jour de la mort du dernier; néanmoins Brodeau n'admet cette fiction que lorsque les petits-enfans se trouvent héritiers immediats.]

CLXXIV.

Mais étant l'héritage vendu hors la famille, le plus prochain de l'estoc & ligne venant avant l'exécution du remboursement, est preferé au moins prochain, encore qu'il ait prevenu.

Le plus prochain.] Sans considerer la representation, laquelle n'a été établie que pour les successions, par un privilége particulier, qui ne doit pas conséquemment être étendu hors de son cas.

¶ Cette préference des plus proches a beaucoup de justice; mais aussi elle empêche souvent que les biens ne soient vendus leur valeur, lorsqu'ils déclarent qu'ils les veulent avoir, à moins qu'on ne les mette à un prix qui soit capable de les rebuter; ce qu'on voudroit faire souvent lorsqu'il n'est plus temps. Pour moi, je croi qu'au lieu du retrait, il faudroit donner aux plus proches parens le droit d'encherir sur les lignagers.]

CLXXV.

Et si deux, en même degré, viennent au retrait, en ce cas le plus diligent qui aura prevenu doit être préferé.

Le plus diligent.] *Quid*, si deux parens d'un même degré ont fait donner assignation en même jour, & qu'il ne paroisse pas lequel des deux exploits a été signifié le premier? On pourroit suivre l'expedient de quelques Coutumes, qui veulent en ce cas que l'héritage soit partagé ou licité, si la division ne s'en peut pas faire. Mais j'estime qu'il est plus convenable à la raison pour laquelle le retrait a été introduit, qui est pour conserver les héritages dans les familles, avec quelque sorte d'éclat, d'adjuger le retrait au plus âgé. Ce qui est aussi plus conforme à l'esprit particulier de cette Coutume, qui laisse les héritages nobles indivisés autant qu'elle a pû, en ne laissant qu'une fort petite légitime aux cadets en directe. Et à l'égard de la collaterale, elle donne tous les fiefs à l'aîné mâle, & au défaut du mâle à l'aînée femelle. Mais les rotures se peuvent partager en même degré, s'il ne paroît pas de la diligence.

CLXXVI.

Retrait lignager n'a lieu en permutation, ne donation, soit entre-vifs ou par testament.

CLXXVII.

Semblablement n'a lieu en acquêts, encore que le vendeur en fût saisi réellement.

CLXXVIII.

Le retrayant lignager est préferé au retrayant feodal, en maniere que combien que le Seigneur par puissance de fief ait retenu ledit fief & héritage vendu, néanmoins ledit lignager peut au-dedans de l'an & jour de la retenue faite par lui ou ses Officiers le retirer de sa main, sans pour ce payer nouveaux droits audit Seigneur, en le remboursant toutefois du sort principal, frais & loyaux cousts & de ses droits seigneuriaux, tels qu'il les eût eus de l'acheteur, s'il n'eût retenu ledit héritage par puissance de fief.

CLXXIX.

Quand l'héritage propre est acquis durant & constant le mariage de deux conjoints, dont l'un est parent & lignager du vendeur du côté & ligne dont ledit héritage appartenoit audit vendeur: tel héritage ainsi vendu n'est sujet à retrait durant & constant ledit mariage : mais après le trépas de l'un desdits conjoints, la moitié dudit héritage tombe en retrait à l'encontre de celui qui n'est lignager, ou ses héritiers s'ils ne sont lignagers dudit vendeur dedans l'an & jour du trépas du premier mourant desdits conjoints, supposé qu'il y eût saisine ou infeodation prise durant icelui mariage, en rendant & payant par le retrayant la moitié du sort principal & loyaux cousts.

CLXXX.

Toutefois si celui desdits conjoints lignager survivant, ou (s'il est decedé) son héritier aussi lignager, veut retirer ladite moitié sujette à retrait, il doit être préferé à tous autres lignagers qui voudroient venir audit retrait, encore que lesdits lignagers fussent plus prochains en degré, & qu'ils eussent prévenu.

Doit être préferé.] *Et est electio hæredum acquirentis de sus latere, qui offerentes dimidiam refundere, possent totum occupare statim & retinere. Et ita in publicis causarum actionibus per Arrestum.* La veuve du retrayant qui avoit pris le cas de nouvelleté contre les héritiers de son mari, qui lui avoit offert le mi-denier, pour les héritages retirés par le mari de sa ligne *constante matrimonio*, fut deboutée : car elle n'étoit pas troublée par les héritiers, lui offrant le mi-denier qu'elle étoit tenue prendre. C. M.

¶ Comme la proprieté de l'héritage retiré pendant la communauté, appartient dès lors à la femme : si c'est de son chef, on peut dire que le mari ne peut en disposer sans le consentement de sa femme, quoiqu'il soit acquêt, & que la Coutume lui permette indistinctement de disposer des acquêts ; aussi les parens du vendeur & de la femme peuvent retraire ce qui se vend au cas de la succession ; si par la mort de l'un des conjoints l'héritage sort de la ligne, on le juge aussi dans le cas de la dissolution de la communauté par séparation, ou du jour qu'elle est effectuée, ou du jour de la mort de la femme : si l'héritage est de son côté, à cause de la faculté qu'elle avoit de demander à en jouir aux charges de la Coutume, qu'elle n'a pas exercée par reverence.]

TITRE X.

Des droits des Seigneurs & Justiciers, Jurisdictions & amendes.

ARTICLE CLXXXI.

SEigneurs ayant haute ou moyenne Justice seulement, ont droit d'herbage vif & mort sur tous leurs sujets demeurans sur tenemens cottiers & non francs : qui est tel que quand aucun desdits sujets a bêtes à laine qui ont pernocté la veille de Noël en leurs tenemens cottiers, si le nombre desdites bêtes est de vingt ou au-dessus, le Seigneur ayant haute Justice ou moyenne, a droit de prendre pour le vif herbage l'une desd. bêtes à laine à son choix, après toutefois que celui à qui appartiennent lesd. bêtes en aura choisi une: & si ledit nombre de bêtes est au-dessus de vingt, celui à qui elles appartiennent est tenu de payer audit Seigneur pour le droit de mort herbage pour chacune d'icelles bêtes, un denier parisis au jour de S. Jean-Baptiste prochain, ensuivant lad. veille de Noël, sur peine de 60. sols parisis d'amende envers ledit Seigneur : mais quand audit vif herbage, il se doit payer quand il est demandé audit jour saint Jean-Baptiste ou depuis, sans peril de l'amende.

Ce droit de vif & mort herbage n'est point dû en toute la Coutume, & il y a une infinité de lieux où il est inoui, & ne seroit pas juste de l'y introduire sous prétexte de cet article, qui ne doit avoir lieu que là où l'usage en est reçû.

CLXXXII.

Tous Seigneurs ayans haute Justice ou moyenne, ont sur tous leurs sujets vendans vin à broche & détail, droit qu'ils ne peuvent vendre ne distribuer ledit vin, sans premierement y avoir fait mettre prix par lesdits Seigneurs ou leurs Officiers, sur peine de soixante sols parisis d'amende envers le Seigneur, contre chacun d'eux, & pour chacune fois qu'ils feroient le contraire : & suffit ausdits sujets pour mettre prix à leur vin, qu'ils baillent & délivrent ausdits Officiers un pain & un lot de vin pour en gouter & tâter, afin qu'ils puissent bailler prix raisonnable audit vin, selon la bonté d'icelui : & est ledit sujet crû par son serment du prix que ledit vin lui aura coûté.

Vin.) *Secus*, d'autres breuvages, puisque la Coutume n'en parle pas.

Cet article donne occasion à quantité de petits Officiers d'aller courir & boire par les Cabarets, sous prétexte de mettre le taux au vin. Les honnêtes s'en abstiennent, & ne souffrent pourtant pas que les Cabaretiers en abusent.

CLXXXIII.

Ausdits Seigneurs ayant haute Justice ou moyenne, appartient droit de forage sur tous leurs sujets vendans vin à broche & en détail, ès metes de leurs seigneuries, en lieux non francs : qui est tel, que de chacune piece de vin par eux vendue à broche & à détail, ils sont tenus payer audit Seigneur quatre lots d'icelui vin, qui est pour chacun fonds deux lots, mesure du lieu où ledit vin se vend.

CLXXXIV.

Tous Seigneurs ayans haute Justice ou moyenne, sont Seigneurs Voyers ès frocs, flegards, chemins & voyeries étans au-devant de leurs tenemens ou héritages soit par eau, ou par terre : & s'il y a tenemens d'un côté d'une seigneurie, & d'autre côté d'autre seigneurie, à chacun appartient la moitié desdits chemins, frocs, flegards & voyeries, à l'endroit & selon l'étendue de leurs tenemens & héritages.

[Le Seigneur a droit d'empêcher qu'on ne puisse saigner les Rivieres à son préjudice, ou du moins il a la préference pour le cours ; mais il ne peut pas refuser la permission en temps & lieu à ceux qui en ont besoin, ou pour porter batteau, si l'eau est nécessaire pour un moulin. Il ne peut pas aussi prétendre que les ruisseaux lui appartiennent plutôt qu'à ceux entre les héritages desquels ils coulent ; qui doivent même aider ceux qui sont situés plus loin, & si on souffroit les détours des eaux, plusieurs seroient ruinés par l'autorité & les voyes de fait ; c'est ce qui a été sagement décidé par l'article 206. de la Coutume de Normandie, qui ne permet pas même au Seigneur des deux rives, de faire sortir l'eau hors de son lit au préjudice d'autrui ; mais aussi ceux qui profitent de l'eau, doivent contribuer aux réparations des mêmes rives, aux endroits qui leur servent & non ailleurs. Je ne croi pas aussi qu'on soit obligé de s'opposer au decret, pour l'usage de l'eau établi par une possession suffisante, lorsque l'on a droit d'avoir un moulin ; aussi le droit ou l'usage de recevoir les eaux, n'est pas une servitude qui ait besoin de titres dans les Coutumes qui le requierent, & se perd par dix & vingt ans, suivant Menochius Consil. 1120. & le Seigneur de fief ne peut rien faire qui incommode notablement ceux qui sont en possession, dit le même Auteur Consil. 1172. n. 9.

Par cette Coutume la Justice & Seigneurie sur les rivieres publiques, non appartenantes au Roy, est au moyen justicier, aussi-bien qu'au haut, & même les rives en tant qu'elles contiennent la riviere, & les proprietaires voisins n'y peuvent rien faire, même pour fortifier les bords.

Il en est de même des flots, frocs & flegards. *Froci sive frausta*, terres incultes joignantes aux chemins & terres incultes. Flegards sont places communes restées en friche pour l'usage public ; mais les flots sont eaux courantes & dormantes, aussi destinées à l'usage public, & le Seigneur haut ou moyen a la proprieté utile, Justice & Seigneurie sur les uns & sur les autres ; il y peut pêcher & planter, pourvû qu'il ne nuise au public ; il n'en est pas de même des mares & abreuvoirs sur lesquels il n'a que la directe Seigneurie & Justice.]

CLXXXV.

Tous chemins Royaux doivent avoir soixante pieds à l'encontre des terres voisines, & ne doivent ceux à qui appartiennent lesdites terres voisines, les labourer plus avant, ne empêcher le passage, à peine de soixante sols parisis d'amende, & autre plus grande s'il y échet, à la discretion de Justice.

CLXXXVI.

Ceux qui tiennent fief en plein hommage d'aucun Seigneur, sont tenus de servir en personne, ou par Procureur spécialement fondé, les plaids de quinzaine en quinzaine, en la Cour de leur Seigneur, avec les autres hommes de fief, toutes & quantes fois qu'ils y sont appellés suffisamment sur le chef-lieu de leurs fiefs, à peine de dix sols parisis d'amende envers ledit Seigneur, pour chacune fois.

Par Procureur.] *Tolerandum est modo non minus idoneus, nec minus fidelis constituatur.* C. M.

L'experience a montré l'inutilité de cet article & des deux suivans, les hommes de fiefs n'étans pas ordinairement personnes d'expérience, pour donner avis aux Juges en expediant & jugeant les affaires, soit aux Audiences ou dehors. Quelques-uns font constituer un Procureur par les hommes de fiefs, pour assister aux Jugemens, notamment des causes d'appel: mais ce sont frais inutiles que ces assistances, & faut noter que le Seigneur ou ses Officiers ne sont pas tenus d'appeller les hommes de fiefs, s'ils ne veulent. C'est pourquoi ils ne peuvent contre le gré du Juge, faire un Procureur qui assiste pour eux aux jugemens, comme il résulte de ces articles: Et l'amende ordonnée contre eux & contre le Juge, pour le cas du mal jugé, ne se pratique plus, comme il n'est pas raisonnable, arrivant souvent que le Juge d'appel, *benè latas sententias in pejus reformat.*

CLXXXVII.

Toutefois quand pour bonne & juste cause ils y sont appellés pour s'y trouver en personne, leur Seigneur y étant, ils sont tenus d'y assister en personne.

CLXXXVIII.

Lesdits vassaux doivent faire les Jugemens, appointemens & Sentences sur contredit des causes & matieres criminelles & civiles où y a contention entre le Seigneur & les vassaux pour droits de leurs fiefs étans pendantes en la Justice desdits Seigneurs, & ce au peril & dépens desdits vassaux: de sorte que s'il est dit mal jugé, ils échéent tous ensemble envers ledit Seigneur dont ils tiennent leurs fiefs, en soixante sols parisis d'amende: mais si ledit Seigneur ou son Bailly juge lui seul sans aucuns desdits hommes, il échet en son nom en pareille amende de soixante sols parisis envers son Seigneur superieur.

CLXXXIX.

Tous vassaux tenans fiefs, sont tenus de payer à leurs Seigneurs feodaux, droit d'ayde, qui est pour chacun fief tenu en Pairie, dix livres parisis: & pour chacun fief tenu en plein hommage & non en Pairie, soixante sols parisis quand ledit Seigneur feodal fait son fils aîné Chevalier, ou quand il marie sa fille aînée: lequel droit d'ayde ne se paye qu'en l'un desdits cas, au choix dudit Seigneur feodal: & n'est tenu le vassal payer icelui droit d'ayde pour chacun fief, qu'une seule fois en sa vie.

Quels sont les fiefs qui sont dits tenus en Pairie, & quels sont ceux qui sont dits être tenus en plein hommage? *V. sup. art. 7.*

Quand ledit Seigneur feodal.] Soit homme ou femme, parce qu'il y a parité de raison, & nos Coutumes parlant des devoirs feodaux, s'expliquent ordinairement sous le genre masculin, quoiqu'elles parlent de droits qui concernent les femmes, aussi-bien que les hommes, & c'est en ce cas où on peut dire, que *masculinum comprehendit fœmininum.*

CXC.

Toutes choses trouvées épaves ès fins de la Seigneurie du haut ou moyen Justicier, se peuvent prendre par lui ou par sa Justice, & les appliquer à son profit, si aucun ne poursuit la chose trouvée, & verifiée qu'elle lui appartient, auquel cas lui est rendue: & si autres que ledit Seigneur ou ses Officiers, avoient pris lesdites choses ainsi trouvées épaves, sans le consentement dudit Seigneur, ou sans l'avoir dénoncé à sa Justice, encourroient soixante sols parisis d'amende envers ledit Seigneur.

CXCI.

Si aucuns eps ou mouches à miel s'envolent hors leurs vaisseaux, & celui à qui elles appartiennent les poursuit tant qu'elles soient assises, elles lui demeurent, & n'en perd la Seigneurie, & doit demander congé aux gens de la Justice de les lever & prendre, qui les lui doivent accorder: mais s'il ne les poursuit & elles s'assient en la Justice Vicomtiere,

comtiere, ou plus haute d'aucun Seigneur, la moitié en appartient à celui qui les trouve, & l'autre moitié au Seigneur Vicomtier ou autres ayans plus haute Justice, en la seigneurie duquel elles se sont assises.

CXCII.

Gens d'Eglise & gens nobles vivans noblement, sont francs & exempts de toutes tailles, subsides, aydes, impositions, passages, travers, peages & pontenaiges, tant par eau que par terre.

CXCIII.

Celui qui possede terre ou heritages chargés de droit de terrage ou champart, est tenu, avant que transporter hors du champ les ablays, appeller celui auquel est dû ledit droit, ou ses commis, pour choisir sondit droit: & icelui choisi, celui qui le doit est tenu l'amener à ses dépens en la grange dudit Seigneur, ès fins de la seigneurie, à cause de laquelle lui appartient ledit droit: & s'il le fait autrement, il échet en amende de soixante sols parisis envers ledit Seigneur, pour chacun champ chargé dudit droit, avec restitution de l'interêt.

CXCIV.

Et s'il y a plusieurs Seigneurs ausquels appartient ledit droit, suffit de le mener en la grange du principal Seigneur.

Du principal Seigneur.] Qui ne doit pas être consideré par les qualités personnelles: mais celui-là doit être estimé principal Seigneur qui represente l'aîné, ou qui possède la plus grande portion dans le fief.

¶ Ce que la Coutume de Poitou art. 64. explique de l'Hôtel du chemier, c'est-à-dire, de l'aîné ou de celui qui le represente, & non au domicile des parageurs.

On ne peut prescrire contre la disposition de la Coutume le droit de porter le champart en la grange du Seigneur; Lelet sur le même article de la Coutume de Poitou, rapporte un Arrêt qui condamne à porter le terrage, nonobstant le fait articulé, que depuis un temps immemorial, le Seigneur l'avoit envoyé prendre sur le champ, d'autant que les droits qui sont de faculté ne se perdent pas par le non usage; néanmoins on tient que depuis la contradiction, la prescription peut avoir lieu, le Seigneur étant présumé ou y avoir renoncé par contravention, ou y avoir tacitement consenti. Au défaut de l'Hôtel du Seigneur, il peut louer une maison dans le lieu pour y recevoir les champarts; on veut même que le Seigneur puisse prescrire le droit de se faire apporter en un lieu plus éloigné aux dépens du tenancier.]

CXCV.

Et si le détenteur d'héritage chargé de terrage ou champart, est négligent de labourer ou faire labourer sa terre par trois ans consecutifs, le Seigneur à qui est dû ledit droit, peut faire mettre le fer dedans ladite terre, & la labourer à son profit, jusques à ce que le proprietaire s'offre à la labourer: lequel toutefois en ce faisant, ne peut empêcher qu'icelui Seigneur ne jouisse d'une année pour la recompense desdites trois années de sondit droit de champart.

CXCVI.

Quand aucun délaisse en temps de paix sa terre en friche ou riez sans labeur, le Seigneur la peut reprendre toutes & quantes fois qu'il lui plaît la mettre en labeur, & en faire son profit jusqu'à ce que le proprietaire soit venu la demander

¶ Suivant l'art. 195. il suffit que le Seigneur ait labouré pour jouir d'une année pour sa recompense; mais dans le cas de l'article 196. il peut y avoir trois differentes opinions; la premiere qu'il suffit que le Seigneur laboure & seme pour jouir de l'année, malgré le proprietaire: la seconde, que le proprietaire ne peut plus venir après que les bleds paroissent bien plantés, comme au commencement du mois de Mai: & la troisiéme, qu'il se presente avant la saint Jean, où il n'y a plus à risquer que la grêle & la nielle: mais la premiere opinion paroît plus conforme à l'esprit de la Coutume.

Ce que marque l'article du temps de paix doit avoir lieu à plus forte raison en temps de guerre, où il y a plus de risque de perdre ses façons & semences.]

CXCVII.

Celui qui tient terre à terrage d'aucun Seigneur ne la peut enclore de haye ne de fossé pour la mettre à pré, pâture, ne édifice, sans le consentement dudit Seigneur, mais est tenu la laisser en labeur: & s'il le fait, il commet envers ledit Seigneur amende de soixante sols parisis: lequel peut aussi abbattre & démolir lesdites hayes & remplir les fossés, remettant ladite terre en usage de labeur.

Est tenu la laisser en labeur.] Bartolus Cæpola *in tractatu de servitutib. rust. prædior. in cap. de Silvest.* C. M.

Lequel peut aussi abbattre & démolir.] Avec ordonnance du Juge, personne ne pouvant se faire justice à soi-même.

Du Molin sur l'ancienne Coutume de Paris, §. 52. gl. 2. n. 4. & seqq. traitant de cette matiere; *Non potest, inquit, ager juri campi partes subjectas per proprietarium pascuus fieri vel inædificari sine consensu domini, ut decidit consuetudo Ambianensis, quæ in hoc est tanquam jus commune continens, ibi num. 9. secùs de censu*, dit cet Auteur, *qui non pensationem fructuum, sed honorem domini respicit.*

Et si est tenu de remettre ledit édifice au premier état.] *Scilicet quando accepit domum in censum, vel solum ad onus ædificandi. Secùs si voluntariè fecit in solo censuali, quia primus status est, nudum solum facit, l. si unus §. pactus ne peteret ad fi. D. de pact. & l. in fundo D. de rei vindic.* C. M.

Je demande si le Seigneur est tenu de donner son consentement, & si en cas de refus on le peut condamner à souffrir la démolition? On peut dire que non, parce qu'autrement la chose ne dépendroit pas de son consentement, & l'article étant conçu en termes prohibitifs, le consentement est une condition sans laquelle le tenancier ne peut démolir. Et néanmoins l'apostille de du Molin sur cet article, veut qu'il ait lieu seulement en cas que le tenancier ait pris la maison à cens, ou le fonds à la charge de bâtir. Mais on demande s'il faut présumer que le fonds ait été baillé tout nud à censive par le Seigneur, ou bien tout bâti; le même Auteur au §. 52. nomb. 5. de l'ancienne Coutume de Paris, tient qu'il faut présumer, *semper nudum solum in censum concessum quando contrarium non apparet.* Loiseau du déguerpissement, liv. 5. chap. 8. nomb. 10. 11. 12. tient au contraire, qu'il faut présumer que le fonds étoit bâti avant le bail à cens, *quia ex præsenti præsumitur in futurum.* Pour moi, j'estime que si le fonds est plus que suffisant pour la prestation du cens, & que la démolition n'apporte pas de difformité & de préjudice au lieu, *l. 3. C. de priv. ædif.* que le Seigneur en ce cas ne peut refuser son consentement au tenancier pour démolir, chacun étant maître de sa chose, quand il n'y va pas de l'intérêt d'autrui. Et ne peut pas le Seigneur prétendre de droits seigneuriaux pour le prix & valeur du bâtiment qu'on démolit, quoique la plûpart s'en fassent payer en cette rencontre, refusans autrement leur consentement, & obligeans le tenancier de rétablir & payer l'amende. En un mot, j'estime que ce consentement ne se doit demander au Seigneur que par honneur & par déference; & outre ce, afin qu'il connoisse si son cens est interessé, ou si le lieu en recevra quelque préjudice, qui sont les cas ausquels il peut empêcher la démolition, & non autrement; ni demander droits, parce qu'ils ne sont pas dûs pour la vente faite d'un édifice, à la charge de le démolir.

CXCVIII.

Le tenancier cottier ne peut sans le consentement de son Seigneur, démolir aucuns édifices abloquiés & solinés étans en l'héritage par lui tenu en roture: & s'il le fait sans le consentement de sondit Seigneur, il échet en amende de soixante sols parisis, & si est tenu de remettre ledit édifice au premier état.

¶ L'amende est dûe pour avoir démoli; mais pourquoi obliger à rétablir des bâtimens inutiles, lorsque le fonds est plus que suffisant pour la sûreté des charges, à moins que le bâtiment ne soit sur rue dans les Villes & dans les endroits habités des Fauxbourgs?]

CXCIX.

Celui qui doit censives en argent, est tenu de presenter ladite censive au jour & terme qu'il la doit sur le chef-lieu seigneurial du Seigneur: & s'il est défaillant de ce faire, doit l'amende de six sols parisis pour les tenemens & terres sujettes à ladite censive, si autrement n'est convenu par exprès, pourvû toutefois que ledit Seigneur ou son Receveur, ou Procureur suffisamment fondé, tienne Bureau, & qu'il l'ait fait denoncer huit jours auparavant au Prosne de l'Eglise Parochialle.

Celui qui doit censive en argent est tenu, &c.] Il s'ensuit que celui qui ne doit que du grain ou des chapons pour sa censive, ne doit point d'amende, l'expression de l'un étant l'exclusion de l'autre. Et la Coutume de Mondidier, qui a beaucoup de conformité avec celle-ci, & a été redigée en même temps par mêmes Commissaires, le dit nettement en l'article 94. que pour cens dû en grains, chapons & autres especes que deniers, n'est dûe amende, s'il n'y a titre, convention ou possession immemoriale au contraire.

Je demande s'il est dû autant d'amendes que d'années: Chopin *de domanio, lib. 3. tit. 13. n. 13.* cotte Arrêt pour l'affirmative. Louet Lettre A. nomb. 8. cotte Arrêt contraire pour une seule amende, & cela est plus juste, parce que ce sont choses penales non exigées ni demandées, qui ne doivent pas s'étendre au-de-là d'un an: Et dans les ordres des decrets où les Seigneurs demandent des dix, vingt & trente années de censives, je n'ai jamais vû adjuger qu'une seule amende.

Je demande encore si l'amende est dûe pour chacun tenement? Monsieur le Prestre, art. 2. ch. 4. cotte un Arrêt de 1607. rendu en la quatriéme Chambre des Enquêtes, portant adjudication d'une seule amende, quoiqu'il y eût plusieurs héritages saisis qui avoient chacun leur cens separé: Et cela a sa raison, parce que la négligence du tenancier, qui est ce qui produit l'amende, n'est qu'une seule & même negligence, & partant qu'une amende. Néanmoins j'en ferois doute en cette Coutume, & semble que ces mots, doit l'amende de six sols parisis, pour les tenemens & terres sujettes à la ladite censive, doivent s'entendre *distri-*

butivé pour chacun tenement, fait aussi pour ce sujet la Coutume de Mondidier, qui l'explique ainsi en l'article 94. & dit que l'amende est dûe pour chacun tenement.

Pour ce qui est de la censive en bled, quoique les Seigneurs feodaux ou leurs Receveurs la fassent ordinairement payer du meilleur bled, & qu'on ne leur en puisse trouver d'assez bon, de sorte qu'ils la font aprecier à bled froment, j'estime que la censive ne leur est dûe, sinon du bled tel que portent les terres. *Onus enim fructuum hæc stipendia sunt, l. neque D. de Imp. in res dot.*

¶ Il a été ainsi jugé au profit de M. Charles Buteux, Elû à Amiens, contre les Religieux de Launoy, quoique le titre parle de bled froment, par Arrêt du 25. Mai 1699.]

C C.

Quand aucunes bêtes à laine, vaches, pourceaux, chevaux ou autres bêtes, sont trouvées pâturans & faisans dommage en bois taillis au-dessous de trois ans, celui auquel appartiennent lesdites bêtes, encourt l'amende de soixante sols parisis envers le Seigneur, auquel le droit appartient : assavoir au Seigneur supérieur ou souverain de celui auquel appartient ledit bois, ou aux Prevôts Royaux, à celui desquels en cas de prevention, la prise, amende ou condamnation appartient.

Par cet article & le 202. les bois sont défensables en tout temps : mais l'amende est plus grande aux taillis de trois ans, qu'en celui d'au-dessus, parce que le jeune taillis ne se peut pas défendre contre les bêtes, comme fait le haut taillis. Mais l'amende de soixante sols parisis ordonnée par cet article sera-t-elle pour chacune bête, ou bien une seule amende pour tout un troupeau ? Il n'y a pas d'apparence que la Coutume ait voulu irroger autant d'amendes que de bêtes, mais aussi une seule amende de soixante sols parisis, seroit-elle trop legere contre celui qui auroit tenu un troupeau entier à garde faite dans un taillis, & je crois qu'en ce cas à cause de l'excès du dommage & de la malice de tenir un troupeau, soit de brebis, soit de vaches, dans le jeune taillis, l'amende pourroit être plus haute à la discretion du Juge, outre l'estimation du dommage. Et si on recidive, comme quelques-uns sont ordinaires, quelques défenses qu'on leur fasse de mettre leurs bêtes dans les bois, on les peut punir avec plus de rigueur. Et de fait, les Ordonnances faites pour les Eaux & Forests, notamment celles de François Premier, de l'an 1518. art. 14. défendent de mettre aucunes bêtes aux taillis des Forests, sur peine d'amende arbitraire, & de confiscation du bétail.

Pourceaux.] Ce genre de bêtes est défendu, soit en bois, soit en prés, quoiqu'après l'herbe fauchée le bétail se mette communément dans les prés. Plusieurs Coutumes, comme Melun, Sens, Berry, Normandie & autres, en ont fait des articles. Columella *de Rustica lib.* 2. en rend la raison. *Nec suem,* dit-il, *velimus impascere pratum, cum rostro suffodiat & cespites excitet.* Et Gallimachus Poëte Grec, *hymno in Dianam,* σύς ἔργα, σύς φυτὰ λυμαίνονται. ἔργα *sunt culta & segetes* Et même quelques-uns tiennent qu'il est permis de tuer & blesser les porcs trouvés en dommage, parce que sont bêtes mal-faisantes & fuyardes, *porci pernix genus.* Je ne tiens pourtant pas que cela soit permis, mais bien de les prendre, si on peut, & agir en dommage. Les chevres sont aussi en défense, à cause de la malignité de leur morsure, *caprarum morsus arboribus exitiales,* dit Pline, lib. 8. cap. 5. Normandie art. 83. dit chevres, porcs & autres bêtes mal-faisantes, sont en tout temps en défense.

C C I.

Toutefois si celui auquel appartient ledit bois a Justice, & requiert en avoir la connoissance, elle lui doit être baillée, pourvû qu'il fasse sa requisition auparavant la condamnation d'amende, & que le delinquant soit son sujet & hoste, à la charge de payer par ledit Seigneur en faisant ladite requisition, les mises de Justice.

C C I I.

Et si lesdites bêtes sont trouvées pâturans & faisans dommage ès bois étans au-dessus de trois ans, il échet en amende de sept sols six deniers parisis seulement : & si c'est à garde faite, il échet en amende de soixante sols parisis, tant esdits bois taillis que haut bois.

C C I I I.

En chacun des cas dessusdits, outre ladite amende, échet restitution de l'intérêt à la partie interessée, si elle le requiert.

C C I V.

Si bête à laine ou autre bétail est trouvée aux ablays ou vignes croissans, prés ou jardins du terroir du Seigneur ayant Justice, ledit Seigneur son superieur, ou Prevôt Royal, peut faire prendre lesdites bêtes par ses Officiers, & contraindre ceux à qui elles appartiennent, payer au Seigneur par l'autorité duquel est faite ladite prise, sept sols six deniers parisis d'amende, & faire restituer le dommage selon qu'il sera trouvé par Justice.

Vignes & jardins.] On dit communément que vignes, jardins & garennes, sont défensables en tout temps. Et même quelques Coutumes permettent de tuer les volailles trouvées en dommage dans les vignes, bleds & jardins, comme Tours art. 207. Orleans 162. dit une ou deux, & les laisser sur le lieu. Boërius sur la Coutume de Berry, tit. des Coutumes prediales, §. 5 *dicendum, inquit; quod gallinas in horto inventas possit quis occidere, sed unum in qualibet vice, de columbis negat licitum.*

C C V.

Sont les sergens desdits Seigneurs justiciers & sergens royaux, creus de la prise où les amendes sont de sept sols six deniers parisis, à leur affirmation, sans autre preuve.

C C V I.

Mais si celui qui à garde faite, fait pâturer ses bêtes en ablays croissans, échet en soixante sols parisis d'amende, de laquelle le sergent seul n'est crû, ains convient verifier ladite prise par deux témoins, dont le sergent dudit Seigneur peut être l'un, pourvû qu'il n'ait part à l'amende, dont il se purgera par serment.

Cette amende est trop legere, & crois que le Juge en peut user à discretion; n'y ayant pas d'apparence que celui qui aura fait manger à garde faite par son bétail toute une piece de bled appartenante à autrui, ne souffre que soixante sols parisis d'amende, *adsit regula peccatis quæ pœnas irroget æquas.* Et c'est fort bien dit, que regulierement en France les peines sont arbitraires.

C C V I I.

Pareillement ès amendes pour coupes de bois, le sergent est crû jusques à sept sols six deniers parisis, & de toutes autres pareilles amendes : mais pour l'amende de soixante sols parisis, faut qu'il y ait témoins comme dessus.

C C V I I I.

Nul ne peut mettre en pâture aucun bétail ès prés, depuis la my-Mars jusques à la saint Remy, sur peine de sept sols si deniers parisis d'amende, dont le sergent du haut Justicier est cru par serment : mais si aucun y faisoit garder ses bêtes à laine, soit devant la my-Mars ou après, y auroit amende de soixante sols parisis, & restitution de l'intérêt.

Cet article s'entend de la vaine pâture, laquelle par l'usage general de la France est permise aux Habitans des Paroisses & Communautés, depuis la fin de l'Eté jusques au commencement du Printems. Cette Coutume, comme quelques autres, limite ce temps depuis la saint Remy jusques à la my-Mars, d'autres comme Meaux, Auxerre, Berry jusques au premier Mars, d'autres autrement; mais la difference est petite : Tant y a que ce sont-là cinq ou six mois les plus steriles de l'année, & le temps d'entre les deux Equinoxes, *vacuum & infrugiferum tempus.* Et nous appellons pâtures vaines, les prés fauchés & terres vuides. Normandie, art. 82. des prés & terres vuides & non cultivées. Nivernois, chemins, prés, terres, bois & autres héritages non clos ne fermés.

Car il faut observer que si c'étoient prés ou autres héritages fermés de hayes, fossés ou autrement, il ne seroit pas permis à aucun, quoiqu'après la dépouille, d'y mettre ses bestiaux, comme vaine pâture, au préjudice des proprietaires qui peuvent faire regains ou seconde herbe, où autrement en user à leur volonté. Plusieurs Coutumes le statuent ainsi, Melun art. 301. Sens 148. Auxerre 263. Normandie 82. & 83. où Berault cotte Arrêt de 1588. au profit de l'Hôtel-Dieu de Roüen, contre les Habitans de Quevilly, qui disoient être en possession immemoriale de faire pâturer leurs bêtes sur deux pieces de prés appartenantes à l'Hôtel-Dieu, après la premiere herbe fauchée. Et en conséquence, empêchoient la clôture, dont ils furent déboutés. Imbert *in Enchiridio verbo Servitutes*, traite au long la question, & cotte un Arrêt rendu pour lui-même.

C C I X.

Nul ne peut mettre en pâture bêtes à laine en marais communs, sur peine de soixante sols parisis envers le Seigneur qui a la justice desdits marais.

La raison pour laquelle tant par cet article que le précedent, les bêtes à laine ne se mettent en quelque temps que ce soit dans les prés ni marais, est que l'herbe mangée par ces bêtes ne repousse pas.

Marais communs.] *Sunt pascua, quæ si ad pagum spectant, ut hic, dicuntur vicanalia.* Et il y a difference, *inter pascua & prata, falcem patiuntur, pascua in quibus tantum pecuascere dominus solet, Alciat. in l. pratum D. de verbor. signif.*

Les Seigneurs des Villages ont été autorisés par divers Arrêts, pour provoquer leurs Habitans & Manans à partage des pâtures communes, afin de pouvoir posseder leur part séparée, laquelle on leur adjuge ordinairement du tiers. Ce qui produit en plusieurs lieux de très mauvaises effers, parce que quand les Gentils-hommes qui ont l'autorité en main sur leurs Paysans, ont pris leur tiers divisé, & l'ont fermé de hayes, fossés ou autrement, ils en font leur Domaine, en le réduisant en nature de prés ou de labeur, & ne laissent pas de mettre encore leur bétail dans les deux tiers restans, sans que les pauvres Païsans osent les empêcher. Et aucuns même, sous pretexte de ces Arrêts donnés en leur faveur, s'imaginent qu'il leur appartient encore le tiers aux vaines pâtures: ce qui n'est pas, les Arrêts n'ayans reglé que pour le fait des pâtures & marais communs: & il pourroit valoir qu'ils ne l'eussent pas fait, parce que c'est proprement une division leonine, où le plus fort prend tout.

¶ On donne au haut Justicier un tiers dans les communes de concession gratuite & pâturages communs, s'il n'y a titre au contraire, pourvû que les deux autres tiers soient suffisans pour l'usage de la Paroisse. Le haut Justicier a aussi droit de grurie dans les bois des Particuliers, situés dans sa Justice, avec droit de paisson & panage, outre la part qui lui a été reservée par l'alienation. Mais le Juge ordinaire du Seigneur, s'il n'est pas gruyer, peut être prévenu pour les délits & malversations, par les Officiers des Maîtrises. Le Seigneur ne peut faire pâturer qu'à proportion de son Domaine & de son tiers des communes, & les autres Habitans ou ceux d'ailleurs qui font engranger dans l'étendue de la Paroisse, de même à proportion des terres qu'ils y ont, mais ils ne peuvent y faire sejourner que pendant peu de jours, les bêtes dont ils font commerce. Le Seigneur ne peut faire cantonner son troupeau, à moins que les autres n'en ayent assez pour faire troupeau à part.

On tient que les Habitans d'une Paroisse ou Justice, ne peuvent acquerir par une possession immemoriale, le droit de pâture dans une autre.]

C C X.

Il n'est loisible à aucun couper, n'abbattre chêne ou marrian, qu'on dit estallons, perots ou tayons, ès bois d'un Justicier, à peine de soixante sols parisis d'amende pour chacune fois, contre chacun de ceux qui ont abbatu lesdits arbres, & pour chacun d'iceux arbres. Et pour autre bois abbatu, y a sept sols six deniers parisis d'amende seulement, lesquelles amendes s'appliquent au Seigneur d'icelui bois ayant justice, avec restitution de la valeur & estimation d'icelui bois.

N'abbattre aucuns chênes.] Le chêne est le bois le plus consideré: quelques-uns disent que les Gruyers qui sont Officiers du Bois, tirent leur nom de-là, comme qui diroit Dryers *ἀπὸ τῶν δρυῶν, δρῦς sunt quercus:* C'est la rencontre du mot Grec qui a donné cette pensée, à quoi les Auteurs du mot de Gruyer n'ont gueres songé.

Perots ou tayons.] Ces mots sont expliqués ci-dessous, en l'article 29. de la Coutume particuliere de Montreuil, qui porte, qu'un chêne est nommé perot, quand il a les deux âges de la coupe du bois, & tayon, quand il a les trois âges.

A peine de soixante sols parisis d'amende.] Les peines portées par les Ordonnances des Eaux & Forêts pour balliveaux & arbres abbatus, sont bien autres que cette amende, jusques-là que ceux qui sont coutumiers peuvent être punis corporellement.

C C X I.

Et si aucun prend le fait & garantie de plusieurs ayans coupé & abbattu plusieurs estallons, perots ou tayons, & il déchet, il est tenu envers ledit Seigneur en autant d'amendes de soixante sols parisis, qu'il y a eu desdits arbres coupés & abbattus: & où ledit garant ne seroit solvable, ledit Seigneur a son recours contre les garantis.

Le fait & garantie de plusieurs ayans coupé.] On s'adresse souvent aux Manouvriers qui ont coupé, parce qu'on n'ose pas quelquefois s'adresser à ceux de l'ordre desquels ils ont travaillé. Et néanmoins, *qui ignorans & mercede conductus arbores cadit in aliena silva non tenetur*, dit la glosse de Godefroy sur la Loy *quicumque C. de servis fugit*, où il cotte la glose d'Accurse sur la Loy 32. *D. de rei vind. quam ait ab omnibus approbari*, & qu'il est de maxime *mandatarium toties excusari, quoties mandatum est de genere licitorum.*

C C X I I.

Et pour bois taillis au-dessous de trois ans coupés, y a amende de soixante sols parisis envers le Seigneur pour chacune fois, & contre chacun de ceux qui ont abbattu ledit bois: & si aucun prend, charge & emporte le bois abbattu à coupe ordinaire, ou la maneuvre d'iceux, sans le consentement de celui ou ceux ausquels appartient icelle maneuvre, il encourt envers ledit Seigneur en amende de sept sols six deniers parisis, pour chacune fois, & avec ce est tenu à restitution du bois & maneuvre par lui pris & emporté, & des dommages & intérêts.

C C X I I I.

Ceux qui ont pris bois à couper & à layer, sont tenus le couper & abbattre dedans le premier jour de May, & vuider la maneuvre dedans le jour de la Magdelaine prochainement suivant : autrement ledit bois non abbattu dedans ledit premier Mai, & maneuvre délaissée après ledit jour de la Magdelaine, sont confisqués & appartiennent au Seigneur du bois, & néanmoins les preneurs sont tenus payer le prix entierement.

CCXIV.

Quand aucun Seigneur fait saisir par sa Justice les fruits & profits des heritages de lui tenus pour censives, moysons ou dépouille de terres, faut, pour avoir main-levée des fruits & ablais croissans sur les heritages, nantir le cens de la derniere année, & bailler caution pour l'année suivante ladite main-mise, & pour moisons de terres, faut bailler caution sujette de l'année à venir : ce fait, peut le proprietaire demander être reçu à opposition & main-levée desdits fruits ou profits, sans qu'il soit tenu nantir pour les années passées, ne celles à venir : & si par-dessus ladite main-mise aucuns s'ingerent d'emporter lesdits fruits & profits, ils encourent en soixante sols parisis d'amende envers le Seigneur, avec rétablissement de ce qui a été emporté, pourvû que ladite main-mise eût été signifiée au possesseur desdits heritages.

Le Seigneur peut s'adresser au fonds pour les arrérages de sa censive ; c'est un titre de Droit au Code *sine censu & reliquis fundum comparari non posse*. Et en la Loi 5. *D. de censibus non audietur legatarius contradicens ob tributa præteriti temporis quod hæres solvendo sit*. Et il est general par la plûpart des Coutumes, que le Seigneur peut saisir les fruits de l'heritage pour les arrerages de sa censive. Comme aussi l'Ordonnance de Charles IX. de l'an 1563. permet de saisir pour arregages de censives & rentes foncieres, les heritages qui en sont tenus, sans qu'on en puisse avoir main-levée, qu'en consignant trois années. La Coutume de Paris, art. 75. dispose de même pour la consignation des trois années. La nôtre par cet article se contente qu'on nantisse seulement la derniere année, avec caution pour la suivante.

Les fruits & profits des héritages.] Ces fruits peuvent être saisis, quoiqu'ils soient coupés, voire transportés en la grange, du Molin sur l'ancienne Coutume de Paris, §. 52. gl. 1. qu. 7. où il ajoute, pourvû que *horreum vel conditorium sint in solo censuali*, parce que s'ils étoient hors de la seigneurie, le Seigneur ne pourroit pas saisir en vertu de la Coutume. J'estime pourtant qu'en vertu de Commission de sa Justice, avec attache du Juge de la situation du lieu où les fruits sont retirés, il peut saisir.

Au reste, plusieurs Juges ne manquent pas de proceder par information, si-tôt que le saisi touche aux fruits au préjudice de la saisie : Ce qui produit de grands frais, au lieu qu'il ne faut qu'une simple assignation, afin de rapporter les fruits, & être condamné en l'amende portée par la Coutume : mais il se trouve des gens *quibus fisci semper bona causa est*.

CCXV.

Nul ne doit pêcher à filets, rets & ligne à plomb, ou autres engins défendus, ès eaues des Seigneurs ayans justice & droit de pêcherie en icelles, à peine de soixante sols parisis envers le Seigneur à qui appartient l'eaue, pour chacune fois.

Cet article défendant de pêcher à filets, rets & ligne à plomb, ou autres engins défendus, sembleroit le permettre aux engins permis : & néanmoins indistinctement, nul ne peut pêcher ès eaux des Seigneurs sans leur consentement.

Platon dans ses Loix, liv. 7. sur la fin, parlant de la chasse, approuve seulement celle des animaux terrestres, *μηδ' ὅλων τῶν ἐνύδρων ζώων*, *neque omnino aquatilium animalium*, laquelle chasse, dans les eaux, il appelle *οὐ σφόδρα ἐλευθέριον*, *minus liberalem*, & rejette toute chasse qui se fait aux engins, *ἄρκυσι καὶ πάγαις*.

CCXVI.

Pour injure verbale, excès fait de main garnie ou non garnie, en la Justice du Seigneur haut Justicier, échet amende arbitraire à la discretion de Justice, appliquable audit Seigneur, laquelle amende pour injure verbale ou excès de main non garnie, ne peut être moindre de sept sols six deniers parisis : & pour excès faits de main garnie, de soixante sols parisis.

Les Arrêts ont réglé avec très-grand sujet, de ne pas informer pour injures verbales, si elles ne sont fort atroces, & contre personnes de qualité : Il seroit fort à propos qu'ils défendissent aussi d'informer pour excès, s'ils n'étoient fort griefs. Tout ce petit criminel, comme on l'appelle, produisant tous les jours tant de frais, que la Justice en est diffamée.

Ne peut être moindre que de sept sols six deniers parisis, & pour excès de main garnie, de soixante sols parisis.] Rien de cela ne s'observe, les Juges en usans à discretion. La plûpart des injures verbales entre petites gens, se réparent sur le champ par un *nollem dictum, nollem factum*.

& on ne condamne gueres à l'amende si l'injure n'est fâcheuse & qualifiée, ou que l'injuriant ait recidivé. Et le Juge quelquefois se contente *gravi interminatione*, comme dit la Loi, & de menacer d'amende si on y revient. Il arrive aussi quelquefois que les excès sont si legers, & assistés de circonstances attenuantes, comme de provocation & de mauvaises paroles de la partie qui se plaint de l'excès, que souvent l'amende doit être moindre que de soixante sols parisis.

CCXVII.

Celui qui appelle du Seigneur haut Justicier, son Bailly & Officier, s'il est dit qu'il a mal appellé, doit être condamné envers ledit Seigneur en soixante sols parisis d'amende, & s'il y renonce après la huitaine, doit vingt sols parisis d'amende : mais s'il y renonce, dedans la huitaine au Greffe, ou par acte duement signifié, ne doit aucune amende.

Cet article ne s'observe pas, du moins en plusieurs Justices. Toute cette multitude d'amendes irrogées par les Coutumes & anciens usages, quoiqu'à bonne fin, pour empêcher de plaider, se sont trouvées avoir eu des effets tout contraires, tellement qu'on a cessé pour la plûpart de les exercer, & les bons Juges les ont retranchées, après avoir reconnu que cela n'alloit qu'à la foule des parties, & des executions rigoureuses qui s'en faisoient, & produisoient de grands frais. Et le Commentateur de cette Coutume a tort sur l'article suivant, de dire que les appellans ne poursuivans pas leurs appellations, le Procureur du Roi en chacun Bailliage, les doit faire ajourner, pour enseigner des diligences qu'ils ont faites de relever leurs appellations, sinon se voir déclarer échus en l'amende. Il cotte veritablement les Ordonnances de François premier & de Henry second : mais il faut s'en tenir au non usage.

CCXVIII.

Le temps de relever les appellations interjettées de la Justice des Seigneurs ressortissans pardevant le Bailly d'Amiens, est de quarante jours : & si dedans ledit temps l'appel n'est relevé, il doit être déclaré desert, & l'appellant condamné en l'amende de soixante sols parisis.

CCXIX.

Quand un sujet fait & soutient procès en la Justice de son Seigneur, & après contestation en cause il échet, il doit l'amende de quinze sols parisis audit Seigneur, à cause des faits par lui proposés : & s'il y avoit simple denegation, celui qui déchet dudit procès, doit sept sols six deniers parisis seulement.

Cela est encore aboli par le non usage.

CCXX.

Si ledit procès est en cas de nouvelleté, celui qui déchet doit l'amende de soixante sols parisis en la Justice du Seigneur où est le procès : & y a pareils droits & amendes pour le Roi en tous Sieges Royaux dudit Bailliage, quand les matieres y sont traitées.

Cette amende de la nouvelleté ne s'observe plus aussi.

CCXXI.

Celui lequel étant ajourné en la cour de son Seigneur, se laisse mettre en défaut, doit amende audit Seigneur de sept sols six deniers parisis pour chacun défaut ; mais s'il demeure en lieu noble, doit dix sols parisis.

Cette amende qui s'appelloit *erramine eremodicium*, est aussi passée au non usage.

CCXXII.

Quand aucun est obligé par lettres obligatoires passées sous scel Royal, ou pardevant le Seigneur dont l'obligé est sujet, pour deniers payables à jour & à terme : & le creancier après le terme se retire à la Justice du Roi quand l'obligation est sous scel Royal : ou à la Justice du Seigneur quand l'obligation y est passée, & l'obligé y est demeurant : ledit obligé doit sept sols six deniers parisis d'amende au Roi, ou au Seigneur, auquel on se retire à faute de payement.

Cette autre amende ici *ob fidem mentitam*, quand l'obligé n'a payé au jour ce qu'il a promis par l'obligation, est certainement toute pleine d'injustice : Car il s'ensuivra qu'un pauvre débiteur qui n'aura pû payer au jour, outre la peine qu'il aura d'acquitter sa dette, devra encore l'amende. Aussi cela ne se pratique-t'il plus, au lieu qu'autrefois on en faisoit des revenus considerables.

CCXXIII.

Tous hauts Justiciers ont connoissance de tous cas, crimes & délits commis ès fins de leurs Jurisdictions, hormis des cas privilégiés, dont la connoissance appartient aux Juges Royaux seulement.

CCXXIV.

Il est permis à tous Seigneurs hauts ou moyens Justiciers, faire commandemens de défenses ou prohibitions generales ou particulieres, ès fins de leur terre & seigneurie, pour le bien de la chose publique, sur peine de l'amende de soixante sols parisis, & au-dessous.

CCXXV.

Quand aucun pour crime est jugé & exécuté à mort, ou banni de ce Royaume à plus de neuf ans, il confisque tous ses biens meubles & immeubles: à sçavoir lesdits meubles envers le Seigneur duquel il étoit sujet & justiciable au jour de sa prise, à la charge des frais & dépens de justice & dettes personnelles, jusques à la valeur desdits meubles: & les immeubles envers les Seigneurs hauts Justiciers dont ils sont tenus, à la charge des redevances réelles & foncieres précedentes la prise & exécution, & de payer les mises de justice & dettes personnelles, si les meubles n'étoient suffisans.

Cet article est conforme à l'article 90. qui veut que les dettes personnelles se prennent sur les meubles, & au défaut de meubles sur les autres biens. Cette disposition a été l'usage presque de toute la France, & quantité de Coutumes le statuent ainsi, suivant la remarque qu'en fait du Molin sur l'article 26. de la Coutume de Lisle. Il est pourtant plus juste que les héritiers ou autres successeurs universels qui succedent inégalement payent les dettes *à rata* de l'émolument; & on se rend aujourd'hui à cette équité tant qu'il se peut.

CCXXVI.

Toutefois en cas de crime de leze-Majesté humaine, ou autres cas dont aux Juges Royaux seulement appartient la justice & punition, au Roi seul appartient la confiscation des meubles & immeubles, aux charges susdites.

Dont aux Juges Royaux seulement appartient la Justice.] Ce mot *seulement* est taxatif, & ainsi les cas dont les Juges Royaux prennent connoissance par prévention, ne sont pas compris en la disposition de cet article, & faut que soient crimes dont les Juges Royaux prennent connoissance privativement aux autres Juges.

¶ Les cas Royaux ont été exprimés par l'article 11. de la Compet. des Juges de l'Ord. de 1670. qui ajoûte en termes generaux & autres cas exprimés par nos Ordonnances & réglemens, du nombre desquels est le cas d'incendie.

Nonobstant la disposition de l'article 12. du même titre, les Officiers des Seigneurs peuvent connoître à la charge de l'appel des crimes commis par vagabonds, quoique non Prevôtaux, aux termes de l'aticle 116. de l'Ordonn. d'Orleans & de l'art. 306. de celle de Blois, concurremment avec les Presidiaux & Prevôts des Maréchaux, suivant l'Edit du 29. Mai 1702.

Les Prevôts des Maréchaux ne laissent pas aussi de connoître des crimes commis par vagabonds dans les Villes & Fauxbourgs de leur résidence, lorsqu'ils sont en possession d'en connoître, ainsi qu'il a été jugé au Grand Conseil par un Arrêt de Réglement pour le Lieutenant de Robe-courte de Beauvais, contre le Lieutenant Criminel du Bailliage & Siege Presidial, après la communication des actes de possession.

Aussi le même Tribunal a déclaré le Prevôt des Maréchaux de Melun competent pour connoître d'un vol commis par vagabonds dans une diligence qui étoit à Melun, contre les Lieutenans Criminel & de Police, qui n'avoient decreté que le lendemain après le Prevôt; la raison est que les Prevôts seuls sont en état d'arrêter les vagabons, & qu'autrement ils pourroient voler impunément dans les Villes & Fauxbourgs, si les Archers n'y étoient pas encore excités par l'esperance de tirer quelque profit de leurs dépouilles.]

CCXXVII.

Le mari confisquant, ne confisque la part des meubles & conquêts immeubles qui doit appartenir à sa femme après son trépas: à laquelle aussi doivent être réservés sur les héritages de son mari, ses douaire & conventions matrimoniales, nonobstant icelle confiscation.

CCXXVIII.

CCXXVIII.

Aussi la femme mariée, par son forfait confisque ses propres seulement, & non sa part des meubles & conquêts qui lui devroient appartenir en la communauté après la dissolution du mariage, au préjudice du mari, sinon qu'il s'ensuive mort naturelle.

Sinon qu'il s'ensuive mort naturelle.] La Coutume de Melun, art. 11. porte semblable exception. Plusieurs Coutumes sont contraires, disant que la femme mariée pour son forfait confisque seulement ses propres héritages, Sens art. 27. Laon art. 13. Vermandois art. 13. Nivernois, des confiscat. art. 4. Montargis, chap. 5. art. 3. sur lequel la note de du Molin dit, *jure societatis permanente marito per jus non decrescendi.* Et cette opinion est la plus équitable, & doit être suivie dans les Coutumes qui n'en disposent pas.

CCXXIX.

Tous Sergens Royaux en l'exécution & levée de biens seulement, sont tenus demander assistance aux Seigneurs hauts Justiciers ou moyens, leurs Baillifs, Lieutenans & Officiers de Justice, ès fins des terres & seigneuries esquelles ils veulent exploiter par execution : & où sans avoir demandé ladite assistance, ils exécuteroient ès fins & limites des hauts Justiciers ou moyens, pour chacune fois échéent en amende de soixante sols parisis envers eux, la connoissance & adjudication de laquelle appartient au Bailly d'Amiens, ses Lieutenans ou Prevôts Royaux seulement.

Ce que dit le Commentateur sur cet art. qu'il ne s'entend sinon lorsque les Sergens Royaux executent les Sentences ou mandemens des Juges subalternes, est contre le sens de l'article, lequel pourtant ne s'observe plus, & non sans raison, tant à cause de l'autorité Royale, que d'autant que les Seigneurs retardoient les exécutions sur les Païsans.

CCXXX.

Au Bailly d'Amiens ou son Lieutenant Juge Provincial, appartient en premiere instance par prévention, la connoissance de tous cas criminels & civils quels qu'ils soient, commis ès fins de son Bailliage, mêmement par les sujets d'icelui Bailliage, en quelconque seigneurie ou jurisdiction particuliere, & sous quelque Seigneur Pair de France seculier ou Ecclesiastique, ou autres seigneuries ès fins dudit Bailliage d'Amiens : même audit cas de prévention lui appartient la connoissance de toutes matieres, personnelles, réelles & mixtes, pourvû quant à la personnelle, qu'il soit question de soixante sols tournois, & au-dessus : sauf esdites matieres les renvois où il appartient, quand ils sont requis en temps dû auparavant contestation en cause ou delai peremptoire.

Par prévention.] Cette prévention est imparfaite, attendu qu'il y gît renvoi, étant demandé en temps dû. Il en est de même de la prévention des Prevôts Royaux, dont il est parlé en l'article 235. où il y a pareil renvoi aux Justices patrimoniales.

CCXXXI.

Audit Bailly d'Amiens, ou son Lieutenant seul & sans renvoi, appartient la connoissance, punition & correction de tous cas privilégiés, tant criminels que civils, quels qu'ils soient : & en ce cas le privilégié attrait à soi le délit commun, en maniere que par devant lui, s'il y a cas privilégié au Roi, le Seigneur subalterne est tenu demander son amende pour le délit commun, & les parties interessées, leurs dommages & intérêts & réparations.

¶ Par Arrêt de la Toussaints de l'an 1272. cité par Chopin *de Doman. lib.* 2. *tit.* 7. *n.* 12. il fut dit que l'incendie, le rapt & le meurtre n'étoient pas compris dans la haute Justice; le même crime est un des quatre reservés aux Juges Royaux par une Ordonnance de Philippes le Bel, citée par M. le Bret, liv. 4. c. 4. de la Souver. du Roy.

En 1494. les Députés du Roy & du Comté d'Artois ayant réglé en la Ville d'Arras les cas Royaux, la Cour ajouta lors de la verification du Concordat, l'incendie & le trouble au Service Divin, que les Députés du Roy avoient omis.

Les Concordats entre l'Empereur Charles V. en qualité de Duc de Brabant & l'Evêque de Liege art. 8. réservent aussi au Duc de Brabant l'incendie, aussi-bien que l'assassinat. *Benedict.* sur le chap. *Raynutius verb. & uxorem nomine Adelasium decis.* 2. *n.* 143. Bacquet des Droits de Justice, ch. 6. n. 6. & 7. Mornac sur l'Autentique *Clericus Cod. de Episc. & Cleric.* Et Rouillard en ses Reliefs Forenses, veulent tous que l'incendie soit un cas Royal. La Coutume de Touraine art. 59. contient la même disposition. On peut aussi voir Chenu en son Recueil, tit. 12. ch. 66. où il rapporte un Arrêt du 1. Juin 1555. & M. Expilli ch. 120. confirme la même décision. Il y a eu aussi plusieurs Arrêts de Réglement entre les Officiers du Presidial de Langres & ceux du Chapitre, qui réputent ce cas au nombre des Royaux. La même chose a été jugée par un Arrêt de Réglement du 26. Juin 1652. en faveur des Officiers Royaux de Compiegne, contre les Chanoines & Chapitre de S. Gervais de Soissons & leurs Officiers de Chelles.]

CCXXXII.

Aussi appartient audit Bailly d'Amiens seul la connoissance de toutes Lettres de remission, pardons, & autres cas privilégiés

CCXXXIII.

Ledit Bailly d'Amiens a connoissance pour ledit cas privilégié, contre toutes personnes étans de son Bailliage, de quelque autorité & dignité qu'ils soient, seculiere ou Ecclesiastique, soient Prêtres, Clercs, Religieux ou autres, lesquels ne peuvent pour ledit cas privilégié décliner la Jurisdiction dudit Bailly ; toutefois l'Evêque ou autre leur Juge Ecclesiastique, a la détention des personnes desdits Prêtres, Clercs ou Religieux (s'il le requiert) à la charge des mises de Justice, & de representer audit Bailly ou son Lieutenant, lesdits prisonniers, pour répondre sur ledit cas privilégié toutes & quantes fois que requis en seront.

CCXXXIV.

Les Prevôts Royaux dudit Bailliage d'Amiens, qui sont huit en nombre, sujets & ressortissans au Siege du Bailliage d'Amiens, ne peuvent prendre connoissance de quelque matiere criminelle, ne des cas privilégiés, criminels ou civils, pour lesquels ils ont la capture desdits delinquans, mais sont tenus les envoyer pardevers ledit Bailly ou son Lieutenant : à sçavoir les Prevôts de Beauquesne, Doullens, saint Riquier, Vimeu, Foulloy, Beauvoisis & Amiens, à son siege principal en la Ville d'Amiens, & le Prevôt de Monstreul à son siege de Monstreul : & ne peuvent lesdits Prevôts mulcter aucun de peine ou amende pecuniaire excédant soixante sols parisis.

CCXXXV.

Lesdits Prevôts ès fins de leurs Prevôtés, ont connoissance de toutes matieres personnelles, réelles & mixtes, d'injures & délits communs & non privilégiés, pourvû qu'en matiere personnelle il soit question de cinq sols & au-dessus ; & esdits cas connoissent en premiere instance & par prévention, sauf les renvois où il appartient quand ils sont requis.

CCXXXVI.

Tous Seigneurs hauts Justiciers ont connoissance, punition & correction de tous cas, tant criminels que civils & non privilégiés : & leur appartiennent toutes matieres personnelles, possessoires, réelles & mixtes, même les Comtes, Châtelains, Barons & autres ayans vassaux & tenanciers feodaux en premiere instance, & par prévention, peuvent prendre la connoissance des sujets de leursdits vassaux en toutes matieres, encore qu'iceux vassaux ayent toute justice & seigneurie haute, moyenne & basse, pourvû qu'en matiere personnelle soit question de cinq sols tournois & au-dessus, sauf les renvois où ils appartiennent quand ils sont de la part desdits vassaux requis & en temps dû, comme auparavant contestation en cause ou délai peremptoire pris en la cause.

CCXXXVII.

Celui qui enfraint la main du haut, moyen ou bas Justicier, il échet en amende de soixante sols parisis envers ledit Justicier, & doit être contraint à reintégrer la main de Justice, & par corps.

CCXXXIII.

Quiconque picque, foue, houe en la jurisdiction d'un haut Justicier faisant dommage, échet envers led. Seigneur en soixante sols parisis d'amende pour chacune fois.

CCXXXIX.

Quiconque coupe ou émonde arbres d'un haut ou moyen Justicier, croissans sur sa Voyrie, ou coupe arbre portant fruit ès fins de sa Jurisdiction, il échet en pareille amende de soixante sols parisis d'amende envers ledit Seigneur.

CCXL.

Quand aucun Seigneur ayant droit de bannée de four ou moulin, où ses Officiers trouvent aucuns sujets à ladite bannée ayant farine moulue, pain ou autre ouvrage de four moulu & cuit ailleurs qu'au moulin & four dudit Seigneur, peut prendre & mettre en ses mains farines, pains & autres choses, avec les sacs esquels ils sont trouvés, & les appliquer au profit dudit Seigneur, comme acquis par droit de confiscation : & s'en peut faire la poursuite & recousse aussi-bien au dehors de ladite seigneurie & justice d'icelui Seigneur, comme ès fins d'icelle.

Argentré sur l'article 366. de sa Coutume, dit *si farina domum perlata est, non idem licere.* Il n'est pas dit sur cet article, que les chevaux & mulets portans la farine, puissent être saisis ni confisqués : c'est pourquoi il n'y a pas lieu de le faire, d'autant que les peines ne s'étendent pas, nonobstant la Loi *Cortem* §. *Dominus D. de public.* qui dit, *illicitis mercibus, commissis navem quoque cui merces impositæ sunt fisco vindicari.*

¶ Il est permis en cette Coutume de construire un moulin, sans la permission du Seigneur, & même aux Meûniers de chasser sur la terre du Seigneur : à moins qu'il n'ait titre de bannalité ; mais celles de Mondidier, Roye, & Peronne, défendent encore qu'il n'y ait pas de bannalité, de chasser & quêter grains sur la terre du haut Justicier & Voyer qui a moulin ; mais ordinairement il est défendu de construire moulin sur la voirie ou sur la riviere où le Seigneur a la jurisdiction & la pêche ; & on peut chasser où la bannalité ne s'étend pas.]

C C X L I.

Il n'est loisible à aucun Seigneur pur voisin, ne autre personne privée, de faire exploit de Justice en la terre & seigneurie du haut Justicier, sans permission de lui ou de ses Officiers : & qui le fait, il échet en amende de soixante sols parisis envers ledit Seigneur.

C C X L I I.

Aucun ne peut sur les frocs, chemins & flegards de la terre & seigneurie d'un haut ou moyen Justicier, étaller marchandises, pendre l'estœuf pour jouer à la paume, danser le jour de la fête du Patron ou dédicace de l'Eglise, jouer à la cholle en assemblée publique, n'entreprendre autrement sur la justice dudit haut ou moyen Justicier, sans son congé & consentement, ou de ses Officiers, autrement échet en amende de soixante sols parisis.

C C X L I I I.

Semblablement on ne peut rouir lins, chanvres ou autres choses ès rivieres ou marais publics dudit haut ou moyen Justicier, ne autrement empêcher lesdits marais ou cours de rivieres sans le congé dudit Seigneur, & sans encourir pareille amende de soixante sols parisis.

Rouir lins.] *macerare lina.* Le lin se prépare par quantité de façons auparavant qu'il soit propre à l'usage, *semper injuria melius*, dit, Pline l. 2. c. Nat. Hist. où il fait mention de ce *linum asbeston*, qui ne se consume pas au feu, & dit avoir vû *ardentes in focis conciniorum mappas, sordibus exustis splendescentes igni magis quàm possent aquis.*

C C X L I V.

Si aucun laisse pâturer ses bêtes en nouvelles esteulles, il commet amende de soixante sols parisis envers le Seigneur ayant haute Justice, & qui prévient en appréhension : & ont aussi en ce cas les Officiers Royaux prévention, de maniere que s'ils préviennent en appréhension, l'amende en appartient au Roy.

Cet article est fondé en charité pour les pauvres, & même en la Loi de Moïse : Neanmoins la chose ayant passé à la campagne en friponnerie de Sergens, qui ne faisoient autre métier pendant la moisson que d'aller surprendre les vaches des païsans si-tôt qu'elles entroient dans un champ dépouillé, & ensuite boire & faire débauche là-dessus : ce qui étoit tourné en proverbe, *aller courir l'esteule.* Quelques Juges ont été contraints d'empêcher absolument leurs Sergens de plus faire saisie ni capture de bêtes pour ce sujet.

C C X L V.

Nouvelles esteulles sont depuis que les Javelles sont liées, jusques au troisiéme jour ensuivant.

C C X L V I.

Quiconque fait un puit à marne, & y met attachement pour tirer le marne, il est tenu de retouper bien & dûement ledit puits, dès l'instant que l'attachement est ôté : & s'il ne le fait, il commet amende de 60. sols parisis envers le Roy ou le Seigneur qui a Justice haute ou Vicomtiere, à celui des deux qui a prévenu, & dont les Officiers ont fait l'appréhension.

Un puits à marne.] *Plinius nat. hist. l. 17. c. 7. vocat leucargelion quasi candidam argillam &c. 8. argillam rectam, in Anglia frequentem, marna crebrius Gallis vocatur : quæ terræ frigidæ & steriles utilius quam stercore calefiunt & impinguantur. Columell. de re rustica, l. 2. c. 16. Dixi in tractatu dividui & individui parte 3. nu. 307. Profundissimi visuntur hujusmodi putei in parte Galliæ trans Maternam sita quam Briam vocant : ubi propter frigiditatem aqueam soli, maximus est hujus fomenti loco stercoris usus.* Je n'en ai point vû de plus grand ni de plus creux, que celui qu'un mien cousin noble & vertueux, Antoine du Bois, Seigneur de Favieres, me montra l'an 1552. en sadite terre de Favieres au Perche, huit lieues par de-là Chartres. *C. M.*

CCXLVII.

Si aucun arrache borne, ou abbat une épine tenue & reputée pour borne, il échet en amende de soixante sols parisis, appliquable à celui qui y a interêt.

Cette amende est legere contre un arracheur de bornes, & je ne doute point que le Juge ne la puisse augmenter selon les circonstances. Toute l'antiquité est armée contre les arracheurs de bornes. La loi de Moïse y est expresse au Deuteronome, chap. 19. La loi des douze Tables, *qui terminum exarassit ipsius & boves ejus sacri sunto.* Et au titre *de termino moto*, au Digeste, *terminorum avulsorum mulcta pecuniaria non est, sed pro conditione admittentium transigendum, l. 1. de term. mot.* Les Payens constituoient une Divinité aux bornes, ayant leur Dieu *Terminus*, & appelloient *Terminalia* la Fête de ce Dieu, & faisoient des sacrifices sur les bornes.

CCXLVIII.

Avant qu'un Seigneur, auquel est dû rente, puisse poursuivre judiciairement & demander icelle rente à son tenant, rentier ou surcensier, il faut qu'il demande ladite rente sur le lieu : à sçavoir en faisant signifier à l'Eglise à jour de Fête, heure de grande Messe, ou à heure de plaids, que le receveur du Seigneur viendra au lieu de sa seigneurie à certain jour, pour recevoir ce qui lui est dû : ou en allant à la maison du tenancier, rentier, ou surcensier, debteur de ladite rente ou surcens.

CCXLIX.

Le bâtard peut disposer de ses biens meubles & acquêts, tant par disposition entre-vifs, que testamentaire, à telles personnes que bon lui semble.

Cet article est presque general par l'usage de la France, & outre quantité de Coutumes conformes, tous les Docteurs François l'attestent ainsi : Benedicti, Chasseneus, Boërius, Rat sur Poitou, Pontanus sur Blois, Imbert, Pithou, Choppin, & les autres. Le bâtard a tous les droits de cité, c'est pourquoi il peut librement disposer de ses biens, tant par donation entre-vifs, que par testament, à la difference de l'aubain ou étranger, *qui cùm civis non sit, testamenti factionem non habet activam nec passivam.* Quelques Coutumes néanmoins ôtent au bâtard le pouvoir de tester, comme Clermont, art. 153. d'autres le restraignent, comme Anjou, le Maine, Bretagne, Normandie.

CCL.

Et s'il y a enfans légitimes de sa chair, lesdits enfans lui succedent.

CCLI.

S'il n'a enfans & n'a disposé de ses biens, au Seigneur haut Justicier (en la justice duquel il étoit demeurant & est decedé) appartiennent ses biens meubles, & ses héritages appartiennent au Seigneur duquel il les tient.

S'il n'a enfans ou n'a disposé de ses biens.] *Adde*, & s'il n'a femme ou mari qui le survive, parce que nous pratiquons en France le titre *undè vir & uxor*, s'il n'y a dérogation speciale par la Coutume, suivant la remarque que nous en avons faite ci-dessus, sur l'article 88.

CCLII.

Au Seigneur haut Justicier appartient les biens meubles de celui qui n'ayant aucuns parens qui lui puissent succeder, est allé de vie à trépas en sa Justice sans en avoir disposé, & les héritages appartiennent aux Seigneurs desquels ils sont tenus.

Parens.] Comme aussi femme ou mari, par la raison touchée au premier article.

CCLIII.

Lsuccession des aubains appartient au Roy, s'ils n'ont eu Lettres de naturalité.

Plusieurs tiennent conformément à cet article, que le droit d'aubaine appartient au Roi, à l'exclusion des hauts Justiciers, *jus albinagii est de regalibus.* Et néanmoins du Molin en sa note sur l'article 41. de la Coutume d'Anjou, dit au contraire, *ex veteri stilo Parlamenti, & ex antiqua Gallorum consuetudine*, que les hauts Justiciers succedent à tous biens vacans par bâtardise, desherence, aubaine, &c.

TITRE XI.

De Criées.

ARTICLE CCLIV.

LE Seigneur procédant par exécution en vertu de jugement ou lettres obligatoires & authentiques, contre l'obligé ou condamné, ou contre son héritier, après que lesdits jugement ou obligation auront été déclarés exécutoires contre lui, peut saisir & mettre en la main du Roy les héritages & biens immeubles du debteur, & doit signifier ladite saisie aux Seigneurs dont lesdits héritages sont tenus : ou à leurs Officiers, leur faisant défenses de recevoir dessaisine ou bailler saisine à autrui d'iceux heritages, que ce ne soit à la charge de la somme pour laquelle se fait ladite execution, lesquelles défenses ledit Seigneur doit faire enregistrer.

Et ainsi, il ne suffit pas en cette Coutume de signifier la saisie réelle auparavant la premiere criée, mais elle doit encore être signifiée aux Seigneurs desquels les immeubles sont tenus, ou à leurs Officiers, & l'enregistrer au registre des saisines de chaque seigneurie, lequel enregistrement doit être fait sous sa signature, au cas que le Greffier lui veuille donner son registre pour ce faire : Et s'il en fait refus, ou qu'il dise qu'il n'en a pas, il suffit que le Sergent délaisse un exploit bien recordé au Greffier, faisant mention comme il a signifié la saisie au Seigneur, en parlant aux Officiers qu'il dénommera en son exploit, & que par le refus de donner par le Greffier le registre aux saisines & désaisines, & prises par exécution & saisie réelle de la Seigneurie, qu'il a délaissé au Greffier exploit, pour servir d'enregistrement : lequel exploit étant ainsi fait, vaut autant comme si la saisie réelle étoit registrée. Et s'il n'y avoit pas de Greffier ordinaire, il faudroit sommer les autres Officiers de déclarer qui est le Greffier, & à leur refus leur délaisser exploit, faisant mention de la signification de la saisie réelle & de la sommation à eux faite, de déclarer le nom & surnom du Greffier : & que pour leur refus d'y satisfaire, le Sergent leur a délaissé exploit pour servir d'enregistrement.

CCLV.

Ledit Sergent exécuteur doit faire quatre criées par quatre quinzaines & sans discontinuation, ès lieux accoutumés, à issue de grande-Messe, & mettre & afficher au portail de l'Eglise & à l'Auditoire du lieu, l'exploit de ladite criée.

Quatre criées par quatre quinzaines.] Les Praticiens observent qu'il y ait quinzaine entre le jour de la signification de la saisie réelle, & la premiere criée.

Et à l'Auditoire du lieu] où se poursuit le decret.

CCLVI.

Doit ledit Sergent executeur signifier à la personne ou domicile du debteur, lesdites criées & encheres qui se feront, & mettre affiche desdites encheres tant sur les héritages criés, qu'en l'Auditoire du lieu : & doivent lesdits heritages être mis à prix dedans le temps desdites criées, & ladite mise après dûement signifiée à la personne ou domicile de celui sur lequel lesdites criées se font, le tout en presence de deux témoins.

Tant sur les héritages criés.] En tant qu'ils sont capables de recevoir affiches, c'est-à dire, aux maisons, moulins & masures amazées de bâtimens & édifices, & non sur les mazures non amazées & terres, combien qu'il y ait des arbres fruitiers ou autres. C'est ainsi qu'on l'observe.

Qu'en l'Auditoire dudit lieu.] C'est-à-sçavoir où se poursuit le decret, comme en l'article précedent.

CCLVII.

Si le debteur sur lequel on a procedé par exécution, s'oppose à ladite saisie, lui sera donné jour pour dire ses causes d'opposition, icelle saisie tenant, sinon qu'il nantisse la main de Justice des deniers ou autres meubles, de la valeur de la somme pour laquelle se fait la criée.

CCLVIII.

Le Seigneur feodal pour la conservation de ses droits seigneuriaux & redevances foncieres & anciennes, n'est tenu de s'opposer, ains sans son opposition lui sont lesdits droits conservés, si ce n'est pour les arrerages desdits droits échus, pour lesquels est tenu de s'opposer.

CCLIX.

L'acheteur & dernier encherisseur d'heritage vendu par decret, peut retenir pour lui ledit heritage, ou nommer son command & celui dont il est chargé, & lui transporter & délaisser ledit heritage dedans quarante jours après ledit decret, sans que pour ladite déclaration du command, soient dûs aux Seigneurs aucuns droits seigneuriaux, autres que ceux qui leur sont dûs pour l'adjudication.

L'article 61. de l'ancienne Coutume, qui a été obmis lors de la reformation, portoit : *Idem, par lesdites Coutumes, usage & stile, la contribution ou distribution des deniers procedans des venditions & adjudications du decret desdits heritages criés & subhastés, se doit faire en la maniere qui s'ensuit. Premierement, en faisant ladite contribution, la taxation des dépens faits pour icelles criées & subhastation, doit préceder, & précede toutes autres dettes après les droits seigneuriaux, tels que du quint denier & heritages feodaux, du prix d'icelles venditions, & du treiziéme denier en heritages cottiers; & après se doit faire la distribution desdits deniers aux opposans, selon la datte & priorité des charges réelles & hipoteques, dont tels héritages sont chargés.* Sur lequel article Maître Charles du Molin avoit fait une note en ces termes.

Pour icelles criées.] Sçavoir est des exploits, & non pas du procès, comme de dettes des opposans. *C. M.*

A la fin de l'ancienne Coutume, étoit le decret, par lequel il paroît qu'elle avoit été décretée, *sans préjudice des autres Coutumes locales & particulieres des Comtés, Baronnies, Châtellenies, Mairies, Echevinage & Seigneuries dudit Bailliage, qui ne sont encore vûes & expediées, parce que les aucunes d'icelles ne sont encore baillées, & les cahiers des autres ne sont mis ne redigés en bonne forme.* Sur quoi Maître Charles du Molin avoit aussi fait sa note, de la maniere qui suit.

Sans préjudice.] *Sed Commissarii non habebant potestatem faciendi hanc reservationem : quare ut in principio harum consuetud. dixi.* (Cette note dont il parle est au procès verbal) de la Prevôté de Vimeu, dont le cahier de Coutume locale fut mangé par les chiens; ils demeurent sous la Coutume generale : ainsi j'ai vû juger par Arrêt, quand depuis cette Coutume generale publiée, on a allegué Coutume locale, autre que contenue en la generale d'Amiens, ou autre que notoire par tout le païs Coutumier, la Cour de Parlement n'y eut égard, combien qu'on offrît en faire preuve, & a été donné Arrêt selon la Coutume generale, redigée & publiée. *C. M.*

COUTUMES LOCALES

DE LA VILLE, LOY, MAIRIE, PREVOSTE', Eschevinage & Banlieuë d'Amiens.

ARTICLE PREMIER.

En ladite Ville & Banlieue, n'y a aucun relief.

II.

En quelque maniere que ce soit que les immeubles viennent à titre successif ou lucratif de pere, mere ou autres ascendans, à leurs enfans & descendans, lesdits immeubles de quelque nature qu'ils soient, propres ou acquêts, sont réputés propres ausdits enfans & descendans : & si lesdits enfans le vendent hors ligne, chéent en retrait; & si c'étoit don fait par pere & mere ensemblement de leurs acquêts, ils chéent en retrait des deux côtés, tant de pere que de mere, par moitié.

Ou lucratif.] Soit que les legs & les donations soient faites en avancement d'hoirie, ou autrement, par préciput & prelegs.

III.

Chacun peut donner par entre-vifs son héritage à qui il veut; mais si ledit don est fait en morte-main, il convient que la morte-main en vuide ses mains dans l'an & jour qu'il sera sommé par justice : & s'il ne le fait, le Roi & les Majeur & Eschevins peuvent saisir & prendre les fruits & profits qui sont acquis ausdits Majeur & Eschevins, jusques à ce que ledit heritage sera mis hors de ladite morte-main.

IV.

En la Ville & Banlieue d'Amiens n'y a aucun douaire, s'il n'est convenancé & reconnu par devant les Majeur, Prevôt & Eschevins : & s'il est reconnu, ledit douaire est heritage aux enfans, & ne se peut aliener à leur préjudice, pourvû toutefois que les heritages soient déclarés & spécifiés ès lettres de ladite reconnoissance : pour laquelle ne sont dûs aucuns droits seigneuriaux, pourvû aussi que lesdits enfans ne soient heritiers de leur pere.

V.

Quand celui qui a plusieurs heritages se marie en secondes nôces, il peut douer sa seconde femme des heritages qu'il nommera, & dont il n'avoit doué sa premiere femme : & les enfans du premier mariage n'ont rien en l'heritage dont est doué sadite seconde femme : & aussi les enfans du second mariage n'ont rien en l'heritage dont la premiere femme a été douée.

VI.

Le mari traitant mariage peut douer sa femme de l'acquêt ja par lui fait, comme de son heritage, ensemble des acquêts que lui & sa femme feront ensemble.

VII.

Si aucun achete droits de surcens ou rente, sur maisons ou heritages seans en lad. Ville, le proprietaire peut rembourser l'acheteur des deniers par lui déboursés, dedans demi an, à compter du jour qu'il sera venu à la connoissance dudit proprietaire : & ledit remboursement fait, ledit surcens ou rente demeure confus, & l'héritage déchargé.

Dedans demi an.] *Imo* à toujours, par les Ordonnances de Novembre 1440. Art. 18. de Fevrier 1539. Janvier 1552. & May 1553. par lesquelles toutes rentes créées sur maisons de Villes sont rachetables à toujours, quoiqu'elles soient dites non rachetables par les Contrats de creations, ausquelles Ordonnances qui ont été faites pour le bien public, cette Coutume, quoique reformée depuis, n'a pû déroger; aussi cet article n'est-il point de la reformation, mais de l'ancienne Coutume.

¶ On a presque toujours tenu que les anciennes rentes qui font le Domaine des Eglises & ont été amorties, n'étoient pas sujettes à rachat, quoique sur maisons des Villes & Fauxbourgs, néanmoins les Ordonnances ne distinguent pas; mais supposé qu'elles doivent être exceptées, les premiers titres doivent être rapportés ou autres équivallens ; parce que la plûpart de ces rentes ont été constituées à prix d'argent & au denier fort.

VIII.

Quand celui qui a droit de surcens ou rente, vend ledit surcens ou rente au proprietaire des héritages chargés, lesdits surcens ou rente demeurent confus & éteints à la décharge desdits héritages, & ne se peuvent retraire par le lignager.

IX.

Nul ne peut picquer, fouir, ne houer sur les frocs & flegards, ne en la terre & Jurisdiction d'icelle, ne en icelle exploiter, sans le congé des Majeur, Prevôt & Eschevins, à peine de soixante sols parisis d'amende envers eux.

X.

Si aucunes bêtes à laine sont trouvées paissans ès marais communs d'icelle banlieue, il échet en amende de soixante sols parisis.

XI.

Quiconque par la Justice desdits Majeur, Prevôt & Eschevins, fait arrêter aucune chose qu'il prétend lui être mal prise, & il défaut de preuve, il échet par la fausse plainte, en soixante sols parisis d'amende envers ladite Ville.

XII.

Qui est atteint & convaincu d'avoir injurié autrui par paroles, il échet en amende de vingt sols parisis envers ladite Ville.

XIII.

Pour avoir frappé de la main, il échet en amende de vingt sols parisis, dont à ladite Ville en appartient dix-sept sols deux deniers pite.

XIV.

Pour ferir & abbattre par terre par courroux & débat, y a amende de soixante sols parisis, dont à ladite Ville appartient quarante-huit sols neuf deniers.

XV.

Quiconque en ladite Ville & banlieue tire couteau ou épée en debat par malveillance, il échet en amende de six livres parisis, dont à ladite Ville appartient quatre livres dix-sept sols six deniers.

XVI.

Qui frappe de bâton, caillou, épée, ou d'arme molue, il échet en amende de neuf livres parisis, dont à lad. Ville appartient la somme de 7 livres 6 sols 4 deniers.

XVII.

Le surplus de toutes lesdites amendes appartient à l'Evêque & au Vidame d'Amiens, chacun pour son droit, après qu'elles ont été adjugées par lesdits Majeur, Prevôt & Eschevins, ausquels en appartient la connoissance, & non autrement.

XVIII.

Toutefois en tous lesdits cas, l'amende peut être plus grande, à la discretion de Justice, selon l'exigence du cas, & non moindre que la coutumiere.

XIX.

Quand aucun est navré ou blessé, dont mort ou meshain s'en peut ensuivir, lesdits Majeur, Prevôt & Eschevins, après information faite, font par leur sergent & par cry public aux lieux accoutumés, appeller les délinquans pour comparoir dedans le lendemain, pour ester à droit, & s'ils sont défaillans, ils échéent par un seul défaut en amende de soixante livres parisis : dont au Roy en appartient vingt sept livres, & à ladite Ville trente-trois : & si mort s'ensuit, l'on procede contre les delinquans & défaillans par bannissement, au son de la cloche du beffroy, sur peine de la hard.

XX.

XX.

La connoissance de tous autres delits & infraction d'Ordonnances de ladite Ville, & jugement des amendes qui en proviennent, appartient ausdits Majeur, Prevôt & Eschevins; & sont lesdites amendes arbitraires au profit de ladite Ville, sans part d'autrui.

XXI.

La garde de nuit, Jurisdiction, apprehension & connoissance des personnes trouvées delinquans, de quelque état & condition qu'ils soient, appartient ausdits Majeur, Prevôt & Eschevins: sauf à faire le renvoi des personnes privilégiées, où il appartient quand ils en sont requis en temps dû.

XXII.

Proprietaires & possesseurs de maisons & héritages chargés de cens seigneurial en ladite Ville, sont tenus de payer lesdits cens aux termes de Noel, Pâques, & premier jour d'Août, à chacun terme un tiers: & les porter ou envoyer à celui à qui ils sont dûs en sa maison & domicile, s'il est demeurant en ladite Ville.

XXIII.

Qui veut édifier nouvel édifice, peut depuis terre en haut, élever son tenement si haut que bon lui semble, & faire ôter à droite ligne tous empêchemens au contraire.

XXIV.

Celui qui bâtit à l'encontre de son voisin, & fait son édifice plus haut qu'il n'étoit, la vieille gouttiere qui souloit être entre les deux maisons, demeure à l'usage du proprietaire de la maison non réédifiée, en la retirant entierement sur lui à ses dépens: & doit ledit nouveau édifice avoir gouttiere neuve aux dépens de celui qui le fait faire.

XXV.

Un chacun doit clôture suffisante de pierre, bricque, blocail, moillon, ou paillis de sept pieds de hauteur pour le moins, d'une part & d'autre, à l'encontre de son voisin, & non plus, si bon ne lui semble.

J'ay fait juger pour Beauvais, nonobstant un ancien usage contraire, qu'il n'étoit pas besoin de contre-fermeture pour les murs ou paillis joignans à court, jardin & place vuide, pourvû qu'on ne fit rien qui pût causer dommage.

Ceux qui veulent faire aisances contre le mur metoyen, doivent faire un contre-mur de la largeur requise par la Coutume de Paris, mais si le mur appartient au voisin, quelques-uns veulent qu'on soit obligé de racheter la moitié du mur; mais cette faculté n'a pas lieu dans les Coutumes qui n'en disposent pas. Pour moi, j'ai crû qu'outre la distance de la Coutume, on doit faire un contre-mur de l'épaisseur observée dans le lieu qui est, par exemple, à Beauvais, un peu moins d'un demi pied; ou bien ne faire qu'un contre-mur, qu'ils appellent isolé, séparé du mur de la largeur requise à Paris, de chaux, gravois, cailloux non taillés ou blocailles, qui puisse moins être penetré, s'il en veut convenir, afin de pouvoir ménager son terrain.]

XXVI.

Nul ne peut, en ladite Ville, faire en sa maison ou tenement, aucun nouveau four public, asseoir nouvelle solle, seuil ou muret sur rue, estail, venelle & huysserie à cellier, ruisseau & travers à chevaux, sans licence desdits Majeur, Prevôt & Eschevins, à peine pour chacune fois de soixante sols parisis d'amende, & que les droits seigneuriaux pour ce dûs ne soient payés.

XXVII.

Sergens à masse d'icelle Ville & Prevôté, peuvent en vertu de leurs masses, faire criées & subhastations des heritages situés en ladite Ville & banlieue, pour sommes de deniers en quoi le possesseur d'iceux est obligé, soit par Lettres obligatoires, Royaux, ou autres obligations ou condamnations: & peut prendre & mettre en la main desdits Majeur, Prevôt & Eschevins, lesdits héritages desdits obligés ou condamnés, en la presence de deux personnes, & icelle prise signifier ausdits Majeur, Prevôt & Eschevins; & audit obligé ou à son domicile: & faire les criées de huitaine en huitaine à jour de Dimanche & issue de grande Messe.

XXVIII.

Aussi peuvent lesdits Sergens en vertu de leurs masses, faire tous ajournemens & significations en matiere civile, personnelle ou réelle, sur les Habitans de ladite Ville, & exécuter toutes obligations, contrats & sentences données desdits Majeur, Prevôt & Eschevins, ou par Juges Royaux, sans pour ce avoir commission par écrit, en baillant toutefois copie de leurs exploits, sentences ou obligations.

XXIX.

Les habitans de ladite Ville peuvent faire arrêter à la loy privilégiée d'icelle & par lesdits Sergens, tous Forains, leurs debteurs & redevables, tant de grains, argent, qu'autres choses & marchandises, pourvû qu'il y ait obligation, promesse, ou compte fait : & sont tels redevables contraints par corps, ou garnir biens non perissables: & s'il y a opposition, la connoissance en appartient ausdits Majeur, Prevôt & Eschevins.

XXX.

Semblablement tous Forains se peuvent faire arrêter l'un l'autre en ladite Ville, selon la forme que dessus.

XXXI.

Si aucun a fait faire arrêt sur un autre qui se soit opposé, l'arrêtant lui doit faire donner assignation dedans vingt-quatre heures, pour affermer sa demande & soi restraindre, autrement ledit arrêté emporte congé de court, avec dépens.

XXXII.

Si ledit arrêt fait étoit sur bêtes chevalines ou autres biens perissables, & le debteur ne veut nantir biens non perissables, lesdites bêtes & autres biens perissables peuvent être vendus.

XXXIII.

Et si ledit arrêt est fait sur les biens non perissables, le debteur (s'il est absent) doit être ajourné à jour compétant: & par vertu d'un seul défaut, ledit arrêt doit être declaré parfait, en affermant par ledit demandeur sa demande.

COUTUMES PARTICULIERES ET LOCALES de la Prevôté de Monstreul sur la mer.

ARTICLE PREMIER.

Quiconque vient en la Ville de Monstreul pour l'expédition des causes qu'il peut avoir au Siege, soit en demandant ou en défendant, & sans fraude, il ne peut être arrêté par la loy des Vicomtes de ladite Ville, & s'il est arrêté, doit avoir main-levée.

II.

Nul ne peut être poursuivi pardevant le Prevôt de Monstreul ou son Lieutenant, en action personnelle non privilégiée par simple commission à la demande, pour moindre somme que de vingt sols parisis.

III.

En ce qui est en la Comté d'Artois, les puînés sont tenus relever leurs quints ou portion de quint du Seigneur duquel tout le fief est tenu. Et en la Comté de Bolonnois, lesdits puînés sont tenus de relever leurs portions de quints de leurs freres ou sœurs aînés, Seigneurs des quatre parts.

IV.

Les parens du trépassé en quelque degré qu'ils soient, peuvent relever les heritages dudit trépassé; pourvû qu'ils soient parens de la cotte & ligne dudit trépassé, dont lesdits heritages lui étoient venus & échus : en maniere que les premiers s'abstenant, les seconds peuvent apprehender lesdits heritages, & aussi les troisiémes, quand les seconds s'abstiennent, & ainsi consequemment par cottes & lignes : mais quant aux acquêts pour la premiere succession, n'y a cotte ne ligne, & y viennent les plus prochains de quelque côté & ligne qu'ils soient parens du trépassé.

De quelque côté & ligne qu'ils soient parens du trépassé.] *Etiam in antiquis hæredis, si non appareant habiles ad succedendum de illa linea, quique agnoscant, aliàs proximiores cujusvis lineæ fiscum excludunt, ut dixi in consuetud. Paris.* 145. C. M.

V.

Quand un tenant cottier va de vie à trépas, l'heritier du défunt doit relever le tenement cottier dans sept jours & sept nuits ; & à faute de ce faire, le Seigneur le peut faire saisir par sa Justice & prendre les fruits, & en jouir & profiter jusques à ce que ledit heritier ait relevé.

Prendre les fruits.] Après toutefois la saisie, *ut infrà* §. 27. C. M.

VI.

Si aucun laisse pâturer ses bêtes en terres ablayées de bleds, ou de mars, ou ès jardins & prés d'autrui, il échet envers le Seigneur ayant Justice Vicomtiere, en amende de trois sols parisis : & est sujet à la restitution de l'interêt envers la partie.

VII.

Quand aucun met ou envoye ses bêtes pâturer en bois taillis à garde faite, il échet envers le Seigneur ayant Justice vicomtiere audit bois, en amende de soixante sols parisis : & est tenu envers celui auquel ledit bois appartient, aux dommages & interêts : & s'entend le bois être taillis, quand il est au-dessous de quatre ans après la couppe : & si ledit bois avoit plus grand âge, il n'y a amende que de trois sols parisis.

VIII.

Un tenant cottier n'a & ne doit avoir reliefs, droits seigneuriaux ne amendes, & n'a rien outre ses bornes, hayes & limites de ses tenemens.

IX.

Quand les tenanciers cottiers sont délayans ou refusans payer à leurs Seigneurs les rentes qu'ils doivent pour tenemens, ou quand l'heritier dudit tenancier cottier ne releve dedans sept jours & sept nuits après le decès dudit tenancier, le Seigneur peut faire prendre & mettre ledit tenement en la main de sa Justice, par un sergent & deux hommes de sa court, pour le retraire & r'approprier à sa table & domaine à faute de rente non payée, reliefs & autres droits non faits : & sur icelui tenement faire adjourner ledit tenancier ou ses hommes & tous ceux qui y peuvent demander aucun droit, leur assigner jour par devant ses Bailly & hommes à pleine quinzaine, & faire signifier la prise pour la cause susdite en l'Eglise à jour de Dimanche, heure de grande Messe, en réiterant ledit ajournement & la cause pour laquelle ledit tenement est retrait & mis en la main du Seigneur, & en ajournant ausdits plaids tous ceux qui pretendent droit audit tenement : & si aucun ne compare, le Seigneur ou son Procureur doit obtenir defaut contre les ajournés, & se doit faire exploit par quatre fois, & la cinquiéme d'abondant : & après les défauts obtenus, s'il n'y a aucun opposant, lesdits Bailly & hommes doivent retraire & remettre à la table & domaine d'icelui Seigneur ledit tenement : lequel par ce moyen compette & appartient audit Seigneur, comme son vrai domaine & heritage procedant de la seigneurie dont il est tenu : & le peut ledit Seigneur tenir en sa main, le bailler à rente & en user à plaisir & volonté, comme de sa terre & seigneurie.

X.

Chacun tenancier cottier est tenu une fois en sa vie, bailler déclaration de toutes ses terres rentieres & cottieres au Seigneur dont il les tient : & doit ledit Seigneur faire faire commandement aud. tenancier, que dedans quarante jours il lui baille ladite déclaration : & s'il ne le fait, led. Seigneur peut par ses Officiers faire prendre & tenir ladite cotterie en sa main, & y commettre Receveur tant que ledit tenancier ait satisfait & baillé déclaration : & si-tôt qu'il y a satisfait, ledit Seigneur est tenu de bailler main-levée, en payant par ledit tenancier les salaires raisonnables des Officiers de la Justice pour ce dûs : & ce fait, peut ledit Seigneur debattre ladite déclaration, & ledit tenancier y répondre : & après liquidation faite de ce en quoi consiste ladite cotterie, & quels droits, autorités & prérogatives appartiennent audit Seigneur, ledit Seigneur est tenu bailler lettres de recepissé audit tenancier.

X I.

Quand un Seigneur feodal n'ayant Justice, a aucuns tenanciers cottiers qui vendent leurs tenemens dont les droits seigneuriaux lui appartiennent, la vendition dessaisine & saisine desdites terres cottieres, se doit faire par devant le Seigneur Vicomtier ou haut Justicier, duquel le Seigneur feodal non ayant Justice tient son fief, & doivent les gens de Justice dudit haut Justicier, appeller ledit homme de fief tant pour recevoir ses droits seigneuriaux, que pour sçavoir si par puissance de fief, il veut retenir ledit heritage cottier à sa table & domaine : & si la saisine n'est ainsi faite, n'est valable & n'engendre réalité.

X I I.

Quand le tenancier cottier n'a joui de la terre pour laquelle est due rente à son Seigneur, mais est ladite terre occupée par autre, il est en la faculté dudit Seigneur duquel ladite terre cottiere est tenue, & ladite rente due, de poursuivre son rentier ou celui qui occupe ladite terre pour le payement d'icelle rente, ainsi que bon lui semble.

X I I I.

Quand aucun veut mettre honches & planter hayes à l'entour de son bois & ailleurs, à l'encontre de son voisin, il doit laisser pied & demi entre sa terre & celle de sondit voisin, si c'est contre les vents de la mer ; & si c'est contre les vents d'amont, il doit délaisser deux pieds.

X I V.

Chacun tenancier rentier & cottier, peut remettre son tenement en la main de son Seigneur & le lui rendre : en ce faisant n'est tenu de ladite rente à l'avenir, mais doit payer les arrerages du passé jusques au jour du délaissement, & outre l'année ensuivante.

X V.

Tous Laboureurs en délaissant la dixme sur le champ, sont quittes de lad. dixme.

X V I.

Quand à une femme mariée advient aucun fief par succession, le mari est tenu payer au Seigneur de fief, deux reliefs, l'un de proprieté pour ladite femme, & un de bail & un de chambellage : & n'est tenu le Seigneur recevoir un relief sans l'autre, & à faute de payement dedans quarante jours, le Seigneur a le profit des levées après la saisine par lui faite.

X V I I.

Tous vendans vivres publiquement, comme Taverniers, Cabaretiers & autres semblables, sont reçus à affermer leur venel, qui est de cinq sols parisis un denier, & est ajouté foy à leur serment pour icelle somme, & n'y a aucuns dépens.

Leur venel.] C'est à-dire la chose qu'ils ont vendue, & vient du mot Latin *venale.*

X V I I I.

Toutes espaves doivent être mises en la main du Seigneur Vicomtier, en la seigneurie duquel elles ont été trouvées : & doit ledit Seigneur faire publier la chose trouvée ès lieux publics & marchés voisins, à ce que ceux ausquels elle appartient la puissent venir querir : & s'ils y viennent dans un an leur doit être rendue, en payant les frais de la garde, sinon ledit Seigneur en peut faire son profit.

Dans un an] du jour de la publication.

X I X.

Tous arbres croissans sur les flegards & places communes d'aucune seigneurie, appartiennent au Seigneur Vicomtier ayant la Justice Vicomtiere ausd. flegards & places communes : & quiconque abbat ou ébranche lesdits arbres, il commet envers ledit Seigneur amende de soixante sols parisis.

XX.

Au Seigneur Vicomtier n'appartient la connoissance que du sang & du larron : c'est à sçavoir que de tous délits faits par un larron pris en la Justice Vicomtiere d'aucun Seigneur Vicomtier, posé même que le larron dût être pendu & étranglé, en appartient la connoissance & judicature à la Justice & au Bailly & hommes dudit Seigneur Vicomtier : mais de quelque autre crime dont mort se peut ensuivre par Sentence de Juge, la Justice Vicomtiere n'en peut connoître, & en appartient la connoissance aux hauts-Justiciers qui ont haute Justice, & à leur Bailly & hommes, ès metes de la jurisdiction desquels sont faits, commis & perpetrés lesdits crimes & délits.

XXI.

Quand le bâtard va de vie à trépas, sans hoirs de sa chair & sans avoir fait testament, ses biens meubles appartiennent au Seigneur Vicomtier, en la seigneurie duquel il est allé de vie à trepas : ensemble les heritages de lui tenus, & ses autres heritages appartiennent aux Seigneurs Vicomtiers desquels il les tenoit.

XXII.

Quand celui qui n'a aucun parent qui lui puisse succeder, va de vie à trépas sans avoir disposé de ses biens, au Seigneur Vicomtier, en la jurisdiction duquel il est allé de vie à trépas, appartiennent les biens meubles dudit trépassé, & les heritages tenus de lui : & les autres appartiennent aux Seigneurs Vicomtiers desquels il les tenoit.

Les biens meubles.] Cela par avanture dépend de ce que la Coutume generale de cette Prevôté veut que les biens meubles suivent le corps, *id est, domicilium ultimum habitationis defuncti, quod solum debet attendi præsertim in mobilibus, ut not. in l. exigere dotem. D. de judic. Alexand. cons. lib. 3. ubi in annot. dixi Jas. l. 1. col. 5. C. de summa Trinit. quod in dubio intelligitur de domicilio habitationis, gl. c. statutum §. cum vero in vers. unam dietam de rescrip. lib. 6. Imo & alii c. fin. de compet. Bal. l. ult. col. 2. C. de Edi. D. Adr. toll. far. quod ait. gl. Clem. 1. versic. subditos de foro comp. quem sequitur Bal. l. omnes §. si non apparitor. C. de Episc. & Cler.* C. M.

XXIII.

Qui veut vendre publiquement vin, cervoise, ou autre breuvage, & mettre enseigne, il doit demander congé au Seigneur Vicomtier, & afforer lesdits vins, cervoises & autres breuvages, prendre prix par la Justice, & payer droit d'afforage : & s'il ne le fait, il échet en amende de soixante sols parisis envers ledit Seigneur Vicomtier.

XXIV.

Tous hommes de fief peuvent nourrir, acheter & vendre franchement sur leurs tenemens feodaux, sans être tenus ne sujets à payer tonlieux, afforages ne montenages : & pour les afforages y a double regard, l'un est pour les droits des fonds du vaisseau, où est le breuvage vendu, lequel appartient toujours à l'homme de fief, l'autre est l'afforage qui se fait par Justice pour sçavoir si le breuvage est bon au corps humain : lequel droit appartient au Seigneur ayant Justice, & non à l'homme de fief qui n'en a point.

XXV.

Quiconque a fief & noble tenement, & à cause d'icelui a un ou deux hommes de fief qui est commencement de court, il a Justice Vicomtiere en son fief, & peut emprunter homme de fief à son souverain, & par ses hommes & ceux qu'il a empruntés, peut exercer sa Justice Vicomtiere, tant en recevant contrats de saisines & dessaisines & tenir plaids, que pour tous autres exploits de justice.

XXVI.

Tous vendeurs & acheteurs doivent payer tonlieux de ce qu'ils vendent & achetent, qui est de plus & de moins selon les lieux : mais s'ils ne payent dedans Soleil couchant, du jour de la vendition, ils doivent au Seigneur l'amende de soixante sols parisis.

XXVII.

Quiconque est exempt par appel d'aucune Justice autre que la Royale, il est exempt en tout d'icelle Justice, jusqu'à ce que ladite appellation soit vuidée, pourvû que l'appel soit interjetté sans fraude : & est tenu l'appellant le faire vuider dedans six mois, autrement icelui temps passé, l'exception n'a lieu.

XXVIII.

Celui qui demeure cottierement & tient en terres cottieres bêtes à laine en la jurisdiction & seigneurie d'aucun Seigneur, s'il en tient jusques au nombre de dix ou plus, il est tenu (après la sommation du Seigneur ou ses Commis) bailler & delivrer audit Seigneur le jour saint Jean-Baptiste, l'une desdites bêtes, & la meilleure après une : & s'il est refusant de la bailler, il commet amende de soixante sols parisis envers ledit Seigneur : & s'il ne tient que neuf bêtes & au-dessous, il est tenu d'aller payer audit Seigneur ou à ses Officiers pour chacune bête, une maille ledit jour saint Jean-Baptiste ou dedans Soleil couchant, sur pareille amende de soixante sols parisis, & sans sommation, en tenant toutefois par le Seigneur son Bureau; & est dit vif herbage quand le nombre des bêtes est de dix & au-dessus, & mort herbage quand il est de neuf & au-dessous.

XXIX.

Quiconque coupe ou abbat ès bois d'aucun Seigneur ayant Justice Vicomtiere ou autre plus grande, aucun chêne, estallon, tayon ou perot, il commet envers ledit Seigneur amende de soixante sols parisis : & est un chêne dit & nommé perot quand il a les deux âges de la coupe du bois, & tayon quand il a les trois âges d'icelle coupe; mais en la Comté de Bolonnois n'est dû que 12. sols parisis d'amende pour l'estallon.

XXX.

Le créancier peut acquerir droit réel sur les héritages du debteur, pour sûreté de la somme à lui dûe dedans le temps de trois ans : & pour ce ne sont dûs aucuns droits seigneuriaux au Seigneur duquel lesdits heritages sont tenus : mais s'il y a plus longtemps que de trois ans, lesdits droits seigneuriaux sont dûs.

XXXI.

Un tenancier cottier ne peut bailler son tenement à surcens pour faire son bail réel & au préjudice de son Seigneur, que ledit Seigneur ou ses Officiers n'y soient appellés, & que ledit Seigneur n'en ait connoissance, en démontrant que le surcens est la seconde rente.

XXXII.

En vendition d'héritage cottier ou rentier, ou création de rente sur icelui, si c'est en la Comté d'Artois ou de saint Paul, le sixiéme denier du prix dudit heritage ou rente est dû au Seigneur duquel l'héritage est tenu : & en la Comté de Bolonnois est dû le troisiéme denier du prix dudit heritage ou rente : & si la vendition est faite francs deniers au vendeur, est dû (outre ledit sixiéme ou tiers) en la Comté d'Artois ou de saint Paul, le sixiéme denier dudit sixiéme : & en Bolonnois, le troisiéme denier dudit troisiéme.

XXXIII.

Quand un pere donne aucuns heritages à son fils aîné en avancement d'hoirie, & comme à son heritier apparent, les puînés y ont leur quint, tout ainsi que si l'heritage fût venu audit fils aîné par la mort & succession de son pere, s'ils n'étoient d'ailleurs recompensés de leurdit quint.

XXXIV.

Chacun peut donner entre-vifs & par testament le quint de son héritage, & pareillement peut donner tant entre-vifs que par testament, le revenu de trois ans prochains & ensuivans son trépas, de toutes ces heritages à lui venus par succession de ses prédecesseurs.

XXXV.

Quand aucun vend son heritage feodal ou cottier à lui appartenant de succession ou d'acquêt, le Seigneur le peut tenir quarante jours après la dessaisine faite, en la main de ſon Bailly & hommes : & en fin deſdits quarante jours, le retraire & approprier à ſa table & domaine, en rendant à l'acheteur le prix principal, frais & loyaux coûtemens : mais ſi ledit héritage étoit venu au vendeur par ſucceſſion de ſes prédeceſſeurs, le parent dudit vendeur du côté & ligne dont l'héritage eſt échu, le peut reprendre & retirer ſur ledit Seigneur.

XXXVI.

L'héritage retrait par le Seigneur feodal par puiſſance de fief, eſt de la qualité & nature dont eſt ledit fief, à cauſe duquel ſe fait ledit retrait, de maniere qu'il eſt réputé propre heritage dudit Seigneur (ſi ledit fief lui eſt propre) & de ſon acquêt, ſi ledit fief eſt de ſon acquêt.

XXXVII.

L'on ne peut acquerir droit réel & hypoteque par main aſſiſe & miſe de fait, ſi ce n'eſt ſur fonds & héritage, & ne ſe peut acquerir ledit droit réel & hypoteque ſur meubles & choſes tenans condition de meubles, comme ſont rentes perſonnelles non hypotequaires, & autres ſemblables.

XXXVIII.

Femme à douaire ſur les héritages échus à ſon mari par ſucceſſion de ligne collaterale durant le mariage, ainſi & en la maniere qu'elle a ſur ceux qui ſont avenus audit mari en ligne directe.

XXXIX.

Femme prenant douaire coutumier, ne doit aucuns droits ſeigneuriaux au Seigneur duquel les heritages ſont tenus, ſi ce n'eſt au Comté de Bolonnois, où pour douaire coutumier ſur fief, eſt dû demi relief : mais ſi elle prend douaire préfix excedant le douaire coutumier, elle doit leſdits droits ſeigneuriaux, de tant que ledit douaire préfix excede le coutumier.

XL.

Leſquels droits ſeigneuriaux ſont pour les héritages feodaux du quint denier : & pour les cottiers, du ſixiéme denier ès Comté d'Artois & de ſaint Paul, & en la Comté de Bolonnois du tiers denier.

XLI.

La douairiere n'a part ne portion au Donjon, Château & Fortereſſe de la Seigneurie où elle a ſon douaire, mais appartient en tout à l'héritier : & en la baſſecourt & autres édifices elle y a ſon douaire, à la charge d'entretenir leſdits édifices de couverture, pel & verge.

XLII.

La douairiere n'a rien en la proprieté des chênes & arbres fruitiers, & ceux étans pour radoz des maiſons, & ne les peut couper ne abbattre, ſoit ès bois ou ès maiſons & jardins : mais a l'uſufruit d'iceux arbres pour en prendre le gland, pommes, poires & autres fruits pour ſa part & portion : & tiennent leſdits chênes, pommiers, poiriers & autres arbres, condition de vrai héritage, tout ainſi que le fonds.

XLIII.

Es Comtez d'Artois & de ſaint Paul, qui ſont en partie de ladite Prevôté, ès fiefs acquis durant & conſtant le mariage de deux conjoints, les heritiers de la femme n'ont aucun droit, ains appartiennent au mari & à ſes hoirs : ſauf que ſi ſa femme ſurvit, elle y a la moitié ſa vie durante, par forme de douaire.

XLIV.

Femme veuve a option & élection de prendre moitié ès biens meubles, dettes, catheux & acquêts communs d'entre elle & ſon mari : en quoi faiſant, eſt tenue de payer moitié de toutes les dettes perſonnelles communes entre elle & ſondit mari, au jour de ſon trépas, ou de renoncer à la communauté dedans quarante jours : quoi faiſant, elle n'eſt tenue auſdites dettes perſonnelles, & néanmoins peut prendre ſes meilleurs habits & ornemens ſervans à ſon corps : & de chacune eſpèce, un : & ſi peut prendre ſon douaire coutumier ou préfix, à ſon choix & option, & lui demeurent tous ſes heritages venans de la ſucceſſion de ſes prédeceſſeurs.

XLV.

La maiſon manable, la porte, & colombier étant ſur chacun héritage, tiennent condition & nature de l'heritage, & du fonds de ladite ſucceſſion.

XLVI.

Granches, étables, maréchauſſées, qui ſont matieres aſſemblées pour bâtir, & blanc-bois, en ſucceſſion, ſont eſtimés & réputés meubles entre enfans ſeulement, & n'y a la veuve que ſon droit de douaire : & ſe doivent partir par appréciation, qui ſe fait tout ainſi que ſi leſdites granches, étables, maréchauſſées & blanc-bois, étoient à terre & non dreſſés ; de laquelle eſtimation doit avoir chacun enfant ſa part & portion, combien que l'heritage, s'il étoit feodal, ſe partageât autrement.

XLVII.

Bleds & mars étans en terre avant que le mi-May ſoit venu, ſont réputés comme heritage, & ſe doivent partir comme heritage : mais après ladite mi-May, ils tiennent condition de meuble & catel, & ſe partagent entre les enfans comme meubles, & y a la veuve ſa moitié, ſi ledit mari decede après la mi-May.

XLVIII.

En la Comté de Bolonnois, confiſcation de meubles & heritages a lieu ſeulement en crime d'hereſie & de leze-Majeſté : & pour autres cas, le condamné confiſque ſes meubles ſeulement incontinent qu'il eſt executé : & ſes heritages viennent à ſes heritiers & plus prochains parens : mais ſi ladite confiſcation advient par banniſſement & jugement de confiſcation de biens & d'heritages, le banni en ladite Comté confiſque tous ſes biens meubles & le revenu de ſes héritages, ſa vie durant, & après ſon trépas viennent à ſes heritiers.

Cinq articles de l'ancienne Coutume de Monſtreuil, qui ont été obmis & corrigés en la nouvelle avec des Notes de Maître Charles du Molin.

ARTICLE VI.

L*A Coutume generale de la Prevôté de Monſtreuil eſt telle, que ſi un homme ou femme vont de vie à trépas, ſans hoir de leur chair, & ſans avoir frere ne ſœur, tellement que la ſucceſſion vienne en ligne collaterale & entre-venus de divers ventres, & non venus d'un même ventre, à l'ainé, ſoit mâle ou femelle, appartient la ſucceſſion totale, tant feodale, comme cottiere, que des biens meubles & acquêts, ſans ce que les moins âgés ſoient mâles ou femelles, y ayent quelque part ou portion. Et ne ſont en ladite ligne collaterale intervenus de divers ventres non plus privilegiés les mâles que les femelles, tellement que toujours l'ainé précede en ladite ſucceſſion, comme dit eſt.*

Les moins âgés.] *Et ſic penes ætatem perſonæ. Unde ſi Patruus defuncti ſit junior nepote ex ſorore defuncti, vel junior nepote, nepos vel illa neptis ut ſenior excludet patruum defuncti, & contrà etiam avunculα ſenior excludet nepotem ætate juniorem.* C. M.

Maître Charles du Molin ſuppoſe en cette note qu'il a faite du temps de l'ancienne Coutume, que les oncles & les neveux d'un défunt ſont appellés également à la ſucceſſion, comme étans en pareil degré. Mais que doit-on dire preſentement aux termes de l'article 70. de la nouvelle Coutume generale d'Amiens, qui porte, *que repreſentation a lieu en ligne collaterale juſques aux enfans des freres & ſœurs incluſivement ?* Le fondement de la difficulté reſulte, de ce que la plûpart de nos Coutumes, qui admettent la repreſentation en collaterale, portent, comme celle de Paris, article 320. *que repreſentation a lieu quand les neveux ou nieces viennent à la ſucceſſion de leur oncle ou tante avec les freres & ſœurs du decedé*; au lieu que la Coutume d'Amiens ſemble admettre la repreſentation indiſtinctement, en faveur des neveux & niéces, ſoit qu'ils ſuccédent ſeuls, ou avec leurs oncles ou tantes : Et de fait le Veſt au chapitre 156. de ſon Recueil, rapporte un Arrêt du 24. Mars 1578. qui l'a ainſi jugé dans cette Coutume d'Amiens, entre les Carons. Neanmoins je douterois fort que cet Arrêt fût preſentement ſuivi, d'autant qu'il eſt intervenu en un temps auquel la queſtion ſolemnelle de droit qui avoit été agitée entre Azon & Accurſe, pour ſçavoir ſi la repreſentation en ligne collaterale devoir avoir lieu lorſque le défunt n'avoit point laiſſé de frere ni de ſœur, n'étoit pas encore nettement terminée par les Arrêts. Mais à preſent que l'on ne doute plus dans la queſtion generale, aux termes des Arrêts, que la repréſentation en collaterale n'a lieu que lorſqu'il y a inégalité de degré, & que c'eſt ainſi que l'on a expliqué la Nouvelle, il ſemble que la Coutume d'Amiens doive être interpretée par le Droit commun, puiſqu'elle n'y déroge point expreſſément.

ARTICLE XIV.

La Coutume de la Prevôté de Monſtreuil eſt telle

telle, qu'un fils qui a l'âge de quatorze ans accomplis & atteint la quinziéme, & une fille qui a onze ans accomplis & atteint la douziéme, sont réputés âgés habiles à ester en jugement, & contracter de leurs besognes & négoces.

Procès verbal.] Il semble que cette Coutume se doit réformer comme la Coutume generale du Bailliage d'Amiens.

Du Bailliage d'Amiens.] *Et benè, ut dixi in consuet. Ambian.* §. 46. C. M.

ARTICLE LXII.

La Coutume de ladite Prevôté de Monstreuil est telle, qu'un homme ne peut vendre ne aliener son héritage à lui venu par la succession de ses prédecesseurs, que par l'une des deux voyes: Est-ce à sçavoir par le consentement exprès de l'héritier apparent, ou par la nécessité jurée par le vendeur, & approuvee par deux témoins ensuivans le vendeur.

Prevôté de Monstreuil.] *Idem* au Comté de Boullenois: *ut vidi.* C. M.

De l'heritier apparent.] *Scilicet tempore alienationis vel consensus præstiti: ille vel illi qui tunc sunt proximiores & annis majores sive habiles ad alienandum possunt auctorari: alias etiam tenet alienatio ad vitam alienantis, l. peto §. prædium D. de legat. 2. tamen eo mortuo illi soli vendicant qui tempore mortis inspecto ad successionem illius hæredi vocantur.* C. M.

Ensuivans le vendeur.] *Et sic instrumento duo illi idonei testes debent exprimi, vel aliter specificè constare debet. Tamen vidi per plures testes peritos & hujus loci probatum quod adhuc anno* 1514. *& sic quinque annis post hujus consuetudinis redactionem probatum usum & consuetudinem esse ut instrumentum venditionis contineat hæc verba*, par nécessité par lui jurée & témoignée par lui (*scilicet venditorem*) affermée suffisamment. *Et quod non fiebat alia specificatio. Quod etiam probatum vidi confusis testimoniis quas turbas vocant factis ann.* 1542. *Vide quæ dixi ad consuetud. d'Artois tam redactam an.* 1509. §. 50. *quam redactam an.* 1546. §. 56. *ubi consuetudo requirit probationem sufficientem duorum testium fide dignorum.* C. M.

ARTICLE LXXIX.

La Coutume de ladite Prevôté est telle, qu'un légataire d'aucun heritage n'a quelque heritage, n'a quelque droit en l'heritage à lui legaté, ne pour en jouir, ne proufiter, ne pour en prendre les fruits, proufits & émolumens, ne pour transferer la chose legatée à son heritier, si icelui legataire ne apprehende icelui heritage à lui legaté par mise de fait, obtenu en vertu de Commission du Juge competant, sur le testament ou codicile du legateur & testamenteur, & decret sur ce obtenu & adjugé par ledit Juge competant, appellé ou évoqué le Seigneur duquel l'heritage est tenu, & lui contenté des droits, & le principal heritier du trépassé, lequel decret adjugé se retrotraict au jour de ladite mise de faict.

A son heritier.] *Quod prima facie videtur valde durum ut interim legatum semper sit in periculo caduci: sed sanè intelligendum secundum mores harum consuetudinum, quæ non negant legatum cessum, sive actionem ex testamento transferri ad hæredem legatarii, nec etiam cuivis cedi: sed tantum negant prædium ipsum legatum transferri jure dominii directi vel utilis, & in hoc corrigitur jus commune, ita quod interim ante hanc solemnitatem hæres gravatus potest alienare, & in alium transferre cum effectu: sed actione ex testamento tenebitur legatario ad interesse.* C. M.

Mise de fait.] Partant les alienations ou hipoteques faites par l'heritier, & decretées auparavant ladite mise de fait, tiennent: mais non pas si elles sont faites depuis. C. M.

ARTICLE XCV.

La Coutume generale de ladite Prevôté est telle, que si les heritages d'aucun obligé par Lettres obligatoires qui cheent en execution ou condamné, sont pris en la main de la Justice, & exposés en ventes, criées & subhastations, en vertu d'icelles obligations ou condamnations par icelle prise, exposit on en vente, criées & subhastations, l'obligé ou condamné n'est dessaisi desdits heritages, mais en doit jouir & posseder, & en prendre les fruits, proufits & émolumens, tant & jusques à ce que ledit decret est adjugé, après toutes les oppositions & appellations purgées & vuidées, & que le dernier acheteur a pris la possession de l'heritage à lui adjugé par ledit decret, en la cour du Seigneur duquel ledit heritage est tenu.

Ledit heritage est tenu.] Cet article concernant le stile & generalement toutes autres telles Coutumes sont justement toutes corrigées par l'Ordonnance de l'an 1539. article 4. qui requierent *pro forma* apposition de Commissaires qui en jouissent, sur peine de nullité des criées, afin que ceux qui ont interêt en puissent être avertis. *C. M.*

COUTUMES PARTICULIERES ET LOCALES de la Prevôté Foraine de Beauquesne, du côté d'Artois, & de-là la Riviere d'Authie.

ARTICLE PREMIER.

AUx Seigneurs Vicomtiers appartient l'écheance des bâtards & droits d'épaves échus & advenus leurs enseigneuries, avec la connoissance contre larrons pour leur imposer la hard: mais n'ont la confiscation, laquelle appartient aux hauts Justiciers, desquels ils tiennent les terres par moyen ou autrement, & peuvent avoir en leur seigneurie une fourche à deux pilliers pour les exécutions criminelles, & leur appartient droit d'aforage, avec amende de soixante sols parisis, & au-dessous.

I I.

Tous Seigneurs fonciers, autrement dits de basse-Justice, ont droit de forage pour le fond, qui est de deux lots de chacun fond, avec amende de cinq sols: & peuvent avoir Bailly ou Lieutenant & autres Officiers : pour faire les vests & saisines, avec autres exploits concernans la Justice fonciere; & ne peuvent lesdits Seigneurs connoître de matiere criminelle & de délits, dont l'amende excede cinq sols.

I I I.

Seigneurs d'aucuns tenemens & seigneuries, soit hauts-Justiciers, Vicomtiers, ou fonciers, supposé qu'ils tiennent leurs terres d'autres, ne se peuvent ensaisiner par prescription ne autrement, en ce qui concerne l'authorité & prérogative de leur seigneurie.

I V.

Chacun Seigneur ayant Justice, peut poursuivre par lui ou ses Officiers, toutes amendes envers lui commises à cause de sa Justice, par prise & détention de corps de ceux qui les ont encore, pourvû que les malfaicteurs soient pris en present méfait, ou qu'il y ait information précedente auparavant proceder à l'encontre du délinquant par prise de corps : & n'est tenu le Seigneur leur bailler élargissement de leurs personnes, si ce n'est en baillant caution desdites amendes.

V.

Le Seigneur de fief qui a un homme de fief, que l'on dit communément de court, ou plusieurs hommes de fief, que l'on dit pleine court, il a Justice de Vicomte, & s'il n'y a qu'un homme de fief, il peut emprunter hommes pour faire ses jugemens.

V I.

Le Seigneur de fief & noble tenement auquel il y a homme de fief & Justice Vicomtiere & au-dessous, a droit de prendre sur les hommes de fief un droit d'aide, tel comme est le relief assis & limité sur lesdits fiefs, sans chambellage quand il marie sa fille, ou que son fils aîné parvient à Chevalerie, & en l'un desdits deux cas à son choix & option.

V I I.

Le Seigneur Vicomtier a en ses tenemens droit de bailler par ses hommes prix au vin & autres breuvages, que l'on dit droit d'afforage.

V I I I.

Pour infraction de Justice Vicomtiere ou fonciere, est dû aux Seigneurs Vicomtiers ou fonciers, amende de soixante sols parisis, supposé que lesdits Seigneurs fonciers n'ayent amende que de cinq sols.

I X.

Le possesseur & proprietaire d'aucun fief, encore qu'il soit de succession, peut par testament & non autrement, donner à qui bon lui semble les profits de trois ans de son fief, pour en jouir trois ans prochainement ensuivans le jour de son trépas.

X.

Bleds verds jusques à la mi-May sont réputés immeubles, & depuis ledit temps sont reputés catheux, & après pied coupé, meubles.

X I.

Tous arbres non portans fruits, sont réputés catheux, sauf les chênes âgés de trois coupes, qui sont réputés immeubles : comme semblablement le bois à coupes ordinaires est reputé immeuble, s'il n'est ameubli.

XII.

Pareillement sont reputés catheux, granges, étables & maréchaussées, mais maisons manables, châteaux, portes, colombiers & four, sont réputés heritages, & l'heritier succedant esdits manoirs, peut avoir & retenir lesdites maréchaussées, en payant à ceux à qui elles pourroient appartenir, la valeur & prisée raisonnable d'icelle, comme si le tout étoit démoli & en un monceau : & ne les peut-on démolir sans premier avoir sommé l'heritier.

XIII.

En acquisition de fiefs faite durant le mariage de deux conjoints, la femme ne ses heritiers n'ont aucun droit de proprieté, ains appartient du tout au mari & à ses heritiers, à la charge du douaire de ladite veuve, si apprehender le veut.

XIV.

La seconde femme peut prendre pareil droit de douaire en fiefs & cotteries, que la premiere : mais quant aux heritages possedés par son mari constant le premier mariage, elle n'y peut demander aucun droit, au cas qu'il y ait enfans vivans dudit premier mariage.

XV.

Si le mari délaisse plusieurs maisons, son heritier choisit laquelle il veut, & après la douairiere a le choix de prendre celle que bon lui semble pour y demeurer sa vie durant, à la charge de l'entretenir de pel, verge & couverture.

XVI.

Et s'il ne délaisse qu'une maison en fief, ladite veuve y a la moitié pour sa demeure, si mieux n'aime l'héritier lui bailler autre maison suffisante selon l'état de ladite veuve, & à l'équipollent de la part qu'elle pouvoit avoir en la maison délaissée.

XVII.

La veuve pendant les quarante jours qu'elle a pour déliberer si elle prendra ou renoncera à la communauté, peut demeurer en la maison du défunt, & user des biens pour son vivre moderément selon sa qualité, sans en transporter ailleurs.

COUTUMES LOCALES ET PARTICULIERES *de la Prevôté de saint Riquier.*

ARTICLE PREMIER.

CElui qui a bêtes à laine pernoctans hors lieu franc ès metes de ladite Prevôté, jusques au nombre de neuf ou au-dessous, doit à son Seigneur, soit haut-Justicier ou Vicomtier, pour droit de mort herbage pour chacune bête, une maille qu'il est tenu payer audit Seigneur ou son Commis, la veille saint Jean-Baptiste, sur peine de soixante sols parisis, à appliquer audit Seigneur : & pour le nombre de dix bêtes & au-dessus, doit audit jour pour droit de vif herbage, une bête vive, à la prendre après une choisie par celui auquel lesdites bêtes appartiennent.

II.

Vassaux tenans noblement & en fief par soixante sols parisis de relief, & vingt sols parisis de chambellage, n'ont telle & semblable seigneurie que le Seigneur dont ils relevent leurs fiefs, ains ont les aucuns moyenne Justice, que l'on dit Vicomtiere : & les autres basse Justice, que l'on dit fonciere, selon leurs anciens aveux, dénombrement ou registres faisans mention des droits desdits fiefs.

III.

Le vassal est tenu faire apparoir à son Seigneur de sa Justice & droit seigneurial, s'il en est sommé & requis par lui.

COUTUMES LOCALES ET PARTICULIERES de la Prevôté de Doullens.

ARTICLE PREMIER.

DRoit de relief en heritage cottier est semblable au cens : c'est à sçavoir qu'il est dû tel droit de relief, que lesdits heritages doivent pour censive chacun an.

I I.

Droit d'aide est dû au Seigneur par les sujets tant feodaux que cottiers, en deux cas, comme en la Coutume generale : sauf qu'en la Ville, terroir, banlieue & châtellenie de Doullens, ledit droit d'aide n'est dû pour heritages cottiers.

I I I.

En vendition d'heritages cottiers & tenus en censive, donation ou autres transports & alienations esquelles il échet droits seigneuriaux, le sixiéme denier appartient au Seigneur duquel les heritages sont tenus, & doivent censive : lequel sixiéme denier en cas de vente, se paye par moitié par le vendeur & acheteur, sinon qu'il soit dit francs deniers : auquel cas l'acheteur doit payer ledit droit de sixiéme denier, avec les venterolles : & en l'heritage feodal est dû le cinquiéme denier.

COUTUME LOCALE ET PARTICULIERE de la Prevôté de Foulloy.

ARTICLE PREMIER.

QUand un tenant cottier va de vie à trépas, l'heritier du défunt doit relever le tenement cottier dedans vingt jours complets : autrement, ledit temps passé, le Seigneur peut saisir & faire les fruits siens.

COUTUMES LOCALES ET PARTICULIERES de la Prevôté de Vimeu.

ARTICLE PREMIER.

TErres cottieres sont sujettes à relief : sauf en la Ville d'Oysemont, pour le regard de ce qui est tenu de la Commanderie dudit lieu & autres lieux du païs où y a loy & bourgage, esquels lieux l'heritier allant vers le Seigneur ou ses Officiers, est tenu & reputé saisi desdites cotteries, en payant par lui quatre deniers seulement pour droit de registre.

I I.

Les cotteries se doivent relever dedans vingt jours par l'heritier du decedé : autrement à faute de ce faire, le Seigneur peut faire saisir : après laquelle saisie, & non devant, fait les fruits siens.

I I I.

Ceux qui ont bêtes à laine jusques au nombre de dix & au-dessus, s'ils ne sont demeurans sur le chef lieu de fief noble ou franc herbage, doivent au Seigneur du lieu où les bêtes ont pernocté la nuit de Noel, une bête de vif herbage, qui se doit payer la nuit de saint Jean-Baptiste, & se doit demander par ledit Seigneur ou son Commis : & s'il y a refus de payer, le refusant échet en amende de soixante sols parisis, & outre doit bailler la bête ou payer la juste valeur d'icelle, au choix du Seigneur : sauf en la Ville d'Oysemont, en ce qui est tenu de la Commanderie dudit lieu, en laquelle n'est dû vif herbage, s'il n'y a plus de dix-neuf bêtes.

Et si tels tenans bêtes à laine n'en n'ont jusques au nombre de dix, ils doivent payer au Seigneur ou à ses Officiers la nuit saint Jean-Baptiste, pour mort herbage, une obole pour chacune bête, qui se doit payer sans demander : autrement les défaillans échéent en amende de soixante sols parisis.

V.

La connoissance du sang & du larron appartient au Seigneur vicomtier : & sauf esdits deux cas lui appartient la confiscation.

V I.

Quand aucun vend ou transporte ses heritages feodaux ou cottiers, & que la dessaisine en est faite pardevant le Seigneur, audit Seigneur en appartient le quint denier ; & si la vendition est faite francs deniers, lui appartient encore le quint dudit quint, sauf ès lieux où y a Coutume locale, ou privilége au contraire.

Ladite Mairie, Prevôté & Eschevinage d'Amiens, & lesdites Prevôtés de Monstreul, Beauquesne, saint Riquier, Doullens, Foulloy, Beauvoisis & Vimeu, se gouverneront d'oresnavant selonla Coutume generale dudit Bailliage d'Amiens, ainsi qu'elle a été reformée, fors & excepté en ce que les Coutumes locales & particulieres desdits lieux sont dérogeantes à la generale.

COUTUME LOCALE DE LA PREVOSTÉ DE Beauvoisis, qui est demeurée abrogée par la réformation, & sur laquelle Maître Charles du Molin avoit fait une note.

Les Coutumes generales de la Prevôté de Beauvoisis à Amiens, sont conformes à celle du Bailliage d'Amiens, sauf qu'en matiere de douaire Coutumier par la Coutume locale d'icelle Prevôté, une veuve en apprehendant son douaire, comme il est requis, doit avoir la moitié des proufits usufructuairement, aussi-bien en cotteries, qu'en fiefs. Et pareillement est conforme le stile d'icelle Prevôté à celui dudit Bailliage, mêmement en matiere de criées, suffit les faire par quatre quinzaines, chacune d'icelle en l'Eglise Parochiale & en jour de Dimanche, à l'issue ou à l'entrée de la grand-Messe ja chantée, & en jour de plaids, au Siege de ladite Prevôté.

Grand-Messe ja chantée.] *Id est, die solemni ordinario, qui est dies Dominicus subrogatus loco Sabbati Mosaici, & ingressu vel exitu publica divina & ordinaria celebritatis, quo omnes conveniunt.* C. M.

PROCÉS VERBAL.

L'An mil cinq cens soixante-sept, le Samedy vingtiéme jour de Septembre, Nous Christofle de Thou Chevalier, Premier President en la Cour de Parlement à Paris, & Conseiller du Roy en son Privé Conseil, Barthelemy Faye & Jacques Viole, Conseillers du Roy en ladite Cour de Parlement, sommes arrivés en la Ville d'Amiens, lieu ordonné pour être par nous procedé à la redaction des Coutumes tant generales que particulieres du Bailliage d'Amiens, anciens ressorts & enclaves d'icelui, suivant les Lettres Patentes dudit Seigneur à nous adressées, desquelles, ensemble de nos Lettres de Commission, la teneur ensuit.

FRANÇOIS par la grace de Dieu, Roy de France : A nos amez & feaux Maître Christofle de Thou President, Barthelemy Faye & Jacques Viole, Conseillers en notre Cour de Parlement de Paris, Commissaires par nous députés sur la réformation & rédaction des Coutumes de notre Royaume salut & dilection. Nos biens amés les Manans & Habitans de notre Ville d'Amiens nous ont fait remontrer, que vous avez envoyé votre Commission au Gouvernement de Peronne, Mondidier & Roye, pour proceder à la réformation des Coutumes dudit Gouvernement : & pour ce que ledit Gouvernement est joignant, prochain & contigu du Bailliage dudit Amiens : nous ont pour leur commodité, bien & soulagement, très-humblement fait supplier, ordonner qu'à l'issue de la réformation & rédaction qui sera par vous faite des Coutumes dudit Gouvernement, soit par vous procedé à la réformation & rédaction de celles dudit Bailliage, & sur ce leur impartir nos Lettres. Pour ce est-il que nous, inclinans à la supplication & requête desdits Habitans, voulons & vous mandons, qu'à l'issue de la reformation & rédaction qui sera par vous faite des Coutumes dudit Gouvernement de Peronne, Mondidier & Roye, vous, en continuant l'exécution de votre-dite Commission, ayez à vous transporter audit Amiens, & illec proceder à la réformation & rédaction des Coutumes dudit Bailliage d'Amiens, ainsi qu'il appartiendra & verrez être à faire par raison. De ce faire vous donnons plein pouvoir, commission & mandement special: car tel est notre plaisir, nonobstant quelconques autres mandemens & lettres à ce contraires. Donné à saint Germain en Laye le treiziéme jour de Septembre, l'an de grace mil cinq cens soixante: Et de notre Regne le deuxiéme. Ainsi signé par le Roy, vous present Brisset, & scellé sur simple queue de cire jaune.

CHARLES par la grace de Dieu, Roy de France: A nos amez & feaux Maître Christofle de Thou President, Barthelemy Faye & Jacques Viole, Conseillers en notre Cour de Parlement à Paris, Salut: Comme par quatre Lettres Patentes de feuz nos très-honorés Seigneurs pere & frere, les Rois Henry & François que Dieu absolve, données à Paris, Monfort & saint Germain en Laye, les douziéme jour de Fevrier mil cinq cens cinquante-huit, vingt-quatriéme jour de Juillet mil cinq cens cinquante-neuf, premier Juillet & treiziéme Septembre mil cinq cens soixante, vous ait été enjoint de proceder, suivant icelles & les commissions precedentes, tant à la redaction des Coutumes de nos Païs & Provinces ressortissans en notre-dite Cour de Parlement, qui n'auroient encore été accordées & redigées: ou si accordées avoient été, les Procès-verbaux d'icelles seroient perdus & adirés: que aussi de nos Coutumes de nosdits Païs & Provinces ressortissans en notredite Cour, lesquelles combien que par ci-devant elles eussent été rédigées, les Procès verbaux faits sur la redaction d'icelles, étoient chargés de plusieurs renvois faits en notre-dite Cour. Et aussi se seroient mûs plusieurs differens sur l'interprétation de plusieurs articles desdites Coutumes: pour lesquels auroit été besoin informer par turbes de témoins sur la maniere d'en user. Et pour cet effet, vous eût été enjoint de vous transporter en plusieurs Villes nommées & comprises esdites Lettres de Commission. Mêmement ès Villes d'Auxerre, pour rediger les Coutumes du Bailliage dudit Auxerre: & en la Ville de Peronne, pour rediger les Coutumes du Gouvernement dudit Peronne, Mondidier & Roye: & aussi vous auroit été mandé, à la requête & instance des Manans & Habitans de notre Ville d'Amiens, qu'à l'issue de la redaction desdites Coutumes dudit Gouvernement qui seroit par vous faite audit Peronne, eussiez à vous transporter audit Amiens, pour rediger les Coutumes dudit Bailliage d'Amiens, prochain & contigu audit Gouvernement de Peronne, Mondidier & Roye. Pour ce est-il, que nous, pour le bien & utilité de nosdits Païs, vous mandons, commettons & enjoignons par ces presentes, que vous ayez à proceder à l'execution desdites Lettres de nosdits feuz pere & frere, & redaction desdites Coutumes de Peronne, Mondidier, Roye & Amiens, selon qu'il vous est mandé & le contiennent lesdites Lettres, & comme si par nous avoient été decernées & octroyées. De ce faire vous donnons plein pouvoir, puissance, commission & mandement special: mandons & commandons à tous nos Justiciers, Officiers & Sujets, qu'à vous, en ce faisant, soit obéi. Donné à Fontainebleau le vingt-neuviéme jour de Mars l'an de grace mil cinq cens soixante, avant Pâques: & de notre regne le premier. Ainsi signé par le Roy en son Conseil, Morin, & scellée sur simple queue de cire jaune.

CHRISTOFLE de Thou Chevalier, Premier President en la Cour de Parlement à Paris, & Conseiller du Roy en son Privé Conseil, Barthelemy Faye & Jacques Viole, Conseillers dudit Seigneur en ladite Cour de Parlement, Commissaires en cette partie. Au Bailly d'Amiens, ses Lieutenans, Conseillers, Avocat & Procureur, & autres Officiers dudit Seigneur audit Bailliage, & anciens ressorts d'icelui, comme nous avons par Lettres Patentes des feuz Rois Henry & François, que Dieu absolve: & aussi par autres Lettres Patentes du Roy Charles à present regnant, données à Fontainebleau le vingt-neuviéme jour de Mars, l'an mil cinq cens soixante, avant Pâques, été commis pour faire accorder & arrêter les Coutumes de plusieurs Sieges & Bailliages ressortissans en ladite Cour de Parlement, mêmement du Bailliage d'Amiens, & anciens ressorts d'icelui. Et pour ce faire nous a été ordonné à l'issue de la redaction & reformation des Coutumes du Gouvernement de Peronne, Mondidier & Roye, nous transporter audit Amiens, pour audit lieu proceder à la redaction des Coutumes dudit Bailliage d'Amiens. Pour ce est il, que nous vous mandons de l'autorité & pouvoir à nous donné par ledit Seigneur, que fassiez assembler les Sujets de votre-dit Bailliage, enclaves & anciens ressorts d'icelui, & ceux qui par lesdites Lettres Patentes a été ordonné être appellés au vingt-deuxiéme jour de Septembre prochainement venant, auquel jour esperons nous trouver audit Amiens; pour être procedé à la redaction des Coutumes de votre-dit Bailliage, enclaves & anciens ressorts d'icelui. Pour cette cause, ferez faire commandement aux gens des trois Etats, sous les peines & contraintes contenues en icelles Lettres Patentes, de comparoir audit jour: de ce faire vous donnons pouvoir en vertu d'icelui à nous donné. Mandons & commandons à tous les Justiciers, Officiers & Sujets dudit Seigneur & autres qu'il appartiendra, qu'à vous, en ce faisant, obéissent. Donné à Paris sous nos seings & scels, le premier jour de Septembre, l'an mil cinq cens soixante-sept. Ainsi signé de Thou, Faye & Viole, & scellé de cire rouge à trois sceaux.

Et le lendemain vingt-uniéme jour dudit mois de Septembre audit an, étant au logis de Maître Vincent le Roy, Lieutenant General, Civil, & Criminel audit Bailliage (où étions logés) nous fut par ledit le Roy, en la presence de plusieurs Officiers dudit Bailliage, presenté certain petit Livre de papier imprimé, relié en parchemin, contenant plusieurs articles qu'il nous a dit être les Coutumes dudit Bailliage, redigées & decretées dès l'an mil cinq cens sept.

Et le lendemain Lundy vingt-deuxiéme jour dudit mois & an, nous sommes transportés en l'Auditoire dudit Bailliage d'Amiens, pour par nous être procedé à la redaction desdites Coutumes: auquel lieu après que de notre Ordonnance a été fait lecture par le Greffier à ce commis, desd. Lettres de Commission, a été par Maître Jean le Quieu Avocat, assisté de Maître Louis Moucquet, Procureur du Roy, dit & remontré que suivant le vouloir du Roy & en vertu desdites Lettres de Commission, ajournement avoit été fait & assignation donnée aux gens des trois Etats dudit Bailliage d'Amiens & anciens ressorts & enclaves d'icelui à cedit jour vingt-deuxiéme jour dudit mois, à comparoir pardevant nous, & qu'il avoit fait faire lesdits ajournemens & assignations tant à son de trompe, que particulierement aux gens desdits trois Etats, requerans que les ajournés fussent appellés, ce qu'avons ordonné être fait par ledit Greffier. Et ont comparu & se sont presentés les personnes qui ensuivent.

Et premierement pour l'état de l'Eglise, le Reverendissime Cardinal de Crequy Evêque d'Amiens en personne, assisté de Nicolas Roche son Procureur d'Office audit Evêché, pour les terres & Seigneuries à lui appartenans à cause d'icelui, à sçavoir pour les terres de Myrevault, Pernois, Halloy, Aumont, Monstiers & Pierregot, & encore pour l'Abbaye de S. Martin aux Jumeaux, réunie audit Evêché, Seigneur à cause d'icelle Abbaye de saint Hilaire: les Doyen, Chanoines & Chapitre de l'Eglise Notre-Dame dudit Amiens, par Maître Louis Carquillaut Prevôt, Raoul du Chesne, Archidiacre de Ponthieu, Antoine Masselin Prechantre & Official d'Amiens, Jean Caignet Docteur en Theologie, Penitencier, & Pierre Hennouyn, Chanoines de ladite Eglise, assistés de Maître Nicole de Nibat leur Bailly & Avocat, & d'Antoine le Fournier leur Procureur: le Reverendissime Cardinal de Bourbon, Abbé & Comte de Corbie, par Damp Guy de Querecques, Vicaire general dudit Seigneur, assisté de Maître Pierre Roussel Bailly dudit Corbie, de Maître Louis Chastelain Lieutenant de Noyon, & de Simon des Essars, Procureur dudit Seigneur Reverendissime: les Religieux, Prieur & Convent dudit Corbie, par François de Camons Greffier de ladite Ville & Comté, Simon Hublée Bourgeois & Echevin, Jean Obert Sergent à cheval aud. Comté, pour leurs terres de Bouzencourt, Vers, Cerisy, Amelet, Sailly, Leauret, Sailly le sec, Bonnay, Neufville, Naors, Chipeilly, Mote Brebiere, Mericourt l'Abbé, Cachy & Gentelles: le Reverendissime Cardinal de Guyse Abbé de saint Valery sur la mer par Jean Anguier Lieutenant general de ladite Abbaye pour toutes les terres & seigneuries appartenans à ladite Abbaye, situées audit Bailliage: & les Religieux, Prieur & Convent dudit lieu: le Reverendissime Cardinal de Châtillon Evêque & Comte de Beauvais, Vidame de Gerberoy, Pair de France, Abbé de saint Lucien lez Beauvais, & de saint Germer de Flay: & les Religieux, Prieur & Convent desdits lieux, par Maître Thibault Vaillant Procureur, assisté de Maître Mathieu Lescouverte Avocat: Messire Charles de Humieres, Evêque de Bayeux, à cause de son Abbaye de saint Riquier: & les Prieur & Couvent dudit saint Riquier, comparans par Maître Nicole Rumer, Bailly general de ladite Abbaye: les Religieux, Abbé & Convent de saint Jean lez Amiens, par ledit Antoine le Fournier: Frere François Lagrené, Prieur de ladite Abbaye present: les Religieux, Abbé & Convent Notre-Dame de Cercamps, Seigneurs de Boucquemaisons, par Frere François Rouget Religieux, assisté de Michel Cornet leur Procureur: les Religieux, Prieur & Convent de saint Acheul lez Amiens, le Siege Abbatial vacant, par Philippes du Beguyn leur Procureur, Frere Nicole Huart Prieur, & François Guerard, Prêtres Religieux de ladite Abbaye, presens: les Religieux, Abbé & Convent de saint Fuscien aux bois, par ledit du Beguyn, assisté de Maître Pierre de Gart Bailly d'icelle Abbaye, les Religieux, Abbé & Convent de saint Josse au bois dit Dompmartin, par Jean de Lessau leur Procureur: les Abbé, Religieux & Convent de Notre-Dame de Beaupré, par Jean le Borge leur Procureur: les Religieux, Abbé & Convent de Clerfay, par André Pecoul leur Procureur: les Religieux, Abbé & Convent du Lieu-Dieu, par Fremin Pezé leur Procureur: les Religieux, Abbé & Convent de Notre-Dame du Gart, par André Pecoul leur Procureur: les Religieux, Abbé & Convent de Notre-Dame de Sery, comparans par Frere Pierre Gorin Prieur, assisté de Maître Jean du Rieu Avocat de ladite Abbaye: les Doyen, Chanoines & Chapitre de l'Eglise Notre-Dame de Paris, Seigneurs d'Oultrebois & du petit Ococh, par André Pecoul leur Procureur: les Doyen, Chanoines & Chapitre de l'Eglise saint Pierre de Beauvais, par Philippes du Beguyn leur Procureur, Maître Henry Rochart Chanoine, present: les Doyen, Chanoines & Chapitre de Picquegny, par ledit du Beguyn: les Doyen, Chanoines & Chapitre de l'Eglise de Vignacourt, par Maître Adrian de Verité Doyen, assisté dudit Fournier: les Doyen, Chanoines & Chapitre de l'Eglise saint Mathieu de Foulloy, par Pierre Rogeau: les Abbesse, Religieuses & Convent de Villencourt, comparans par ledit André Pecoul leur Procureur: les Abbesse, Religieuses & Convent du Paraclit lez Boves, par ledit Fournier: les Dames Religieuses & Prieure de Berthancourt par Hector Putel leur Procureur: les Religieuses, Prieure & Convent de Moriancourt, par Adrian Pecoul leur Procureur: le Commandeur de Fiesses, par ledit André Pecoul: le Commandeur de saint Maulvis, par Nicolas Roche: le Commandeur d'Oysemont, par ledit Roche: Frere Charles de la Rama, Commandeur de Beauvoir lez Ponthieu, en personne, & par ledit Roche pour ses terres de Beauvoir, Forest l'Abbaye, Bellainval, Esmon, Bazincamps & la Rose, dedans la Ville d'Abbeville: le Prieur de saint Denis en Amiens, par Nicolas Roche son Procureur: les Prieur & Religieux Celestins d'Amiens, le Prieur presens, assisté de Fremin Pezé leur Procureur: le Prieur d'Authie Dampt Adrian de Querecques, present, assisté dudit Essars son Procureur: Damp Pierre de Bonneval Prieur de saint Pierre d'Abbeville, Seigneur de Barly, par Pierre Dainval: le Prieur de Cayeu par ledit Fournier: le Prieur de Laleu, par ledit Roche: le Prieur de Senarpont par Charles Pecoul Procureur à Oysemont, son Procureur: Frere Louis Fosse Prieur d'Especamps, par Pierre Joly son Procureur: Damp Florent de la Rue Prieur de Gamache, par Martin de Miraulmont: Damp Jean du Croiset Prieur de Boves, par ledit Miraulmont: le Prieur de saint Pierre à Gouy,, comparant par Pierre Ricard: le Prieur de Horvoy, par Jacques Bauduyn: le Prieur de saint Nicolas de Regny, par ledit du Beguyn: l'université des Chapelains de l'Eglise Notre-Dame d'Amiens, comparans par Maître Jean de Pervois & Fremin de Fecques Chapelains, assistés de Jean le Dieu leur Procureur : les Chanoines de l'Eglise S. Nicolas ès Cloîtres d'Amiens, comparans par Maître Jean Faverin Chanoine : les Chanoines de l'Eglise saint Fremin le confez en Amiens, par Maître Boullenger Chanoine : les maîtres, freres & sœurs de l'Hôtel-Dieu d'Amiens, par ledit Fournier : les Correcteur & Freres Minimes d'Amiens par ledit le Dieu : les maîtres freres & sœurs de l'Hôtel-Dieu de saint Riquier, par Jacques de Troy : le Curé de saint Fremin le confez en Amiens, par ledit Fournier : les Curés de Ver, de Nampty, de la Vaquery, de Rumaisnil, de Gouy, d'Ailly sur Somme & de Lincheu, par ledit Fournier : le Curé de saint Martin de Conti, par Pierre Dainval son Procureur : le Curé de Clairy, par ledit Ricard : les Curés de Mege & de Soves, par ledit Ricard : le Curé de Bourdon en personne, assisté dudit Bauduyn son Procureur : le Curé de Piquegny present, assisté de Philippes du Beguyn son Procureur : les Curés de Cavillon de Neufville sous Lully, de Grattepanche, de Seux, de Buissi, & de Guyencourt en personnes : le Curé de Taigny, par Antoine Grebert son Procureur : le Curé de Blangy sous Poix, par ledit Pezé : le Curé de Courcelles en personne assisté de Michel Cochepin son Procureur ; le Curé de Haineville, par Jean Brahier son Procureur : Maître Germer de Quierlieu, Curé de Riencourt & de saint Pierre à Gouy, en personne : le Curé de saint Aulbin en Amiennois, en personne : le Curé de Pissi, par Etienne Bauduyn son Procureur : les Curés de Moyencourt & de Fresnemoutiers, en personnes : le Curé de Bovelles de Baisquemaisnil, par ledit Fournier : les Curés de Fromeries, de Bouveresses, de Moliens, de Blargies, de Dameraucourt, de Campeaulx, de Croissi, de Lignieres & de Feuquieres, en personnes : le Curé de Gouy-l'hôpital en personne, assisté dudit Dainval : Maître Guillaume de Rivery Curé des Sarteaux & de son secours de Flers, en personne & par ledit du Beguyn : les Curés de Camps en Amiennois, de Bougainville, de Faloise, de Hallivillier & de Grantuiller, par Gilles Butel : Damp Robert le Forestier Curé de Sains : Maître Pierre Joron Curé de Vaux en Amiennois, & le Curé de Moliens le Vidame, en personne, le Curé de Brailly, par ledit Ricard : le Curé de Creuses près Clery, par ledit Fournier : le Curé de Thesi & de Glymont, present : le Curé de Dury, par Pierre Joly : le Curé de Flixecourt, par ledit Roche ; le Curé de Glisi, par ledit Fournier : le Curé d'Oysemont, par Roche : le Curé de saint Blimond, par Charles Tonnelier Procureur : Maître Adrian Pecoul Prêtre, Curé de Mereleffart, en personne : le Curé d'Argny, par Pierre Rogeau Procureur : le Curé de Biencourt en personne : les Curés de Pende lez saint Valery, du Quesnoy & de Framicourt, par ledit Roche : le Curé de Witaineglise, par ledit Ricard : les Curés de Cambron, de Cahon, de Saineville & de Theufles, de saint Germain, de Bouillencourt & Moyenneville, par ledit Ricard : le Curé d'Aut, par ledit Pezé : les Curés de Wiry, Aumont & Metigny, de Poutrincourt, de Froucourt & de Fontaines, par Antoine Grebert : Maître Robert Lempereur Prêtre, Doyen d'Oysemont, Curé de Cisternes en personnes, assisté dudit Ricard : le Curé de Fresneville, present : les Curés de Limeu, de Huppy, de Caubert, de Friaucourt, de Hoquincourt, de Behen & de Bray, par ledit Ricard, Maître Nicolas Cacheleu, Prêtre Curé de l'Eglise Parrochialle de Rambures, present : le Curé de saint Maxen en personne, assisté dudit Fournier : le Curé de Baillœul, par ledit Ricard : les Curés de Mericourt, de Tronchoy, de Boullainvillier, Bethembos, de Translez, d'Ansenne, de saint Maulvis, de Foucaucourt, & de Frestecuisse, par ledit du Beguyn : les Curés d'Ainval, de Bouillencourt en Sery, de Villers sur Campsart, du Mesnil, de Vergies, par ledit Pezé : le Curé des Herceleines, present : le Curé de Bernaville, present, assisté dudit Joly : le Curé de la Cauchie, de Picquegny, par Jacques de Troy : Maître Simon Trudaine Curé de Naours, en personne : Maître Henry Dignaucourt Curé de Frohens, en personne, assisté dudit Rogeau : le Curé de Flesselles, par ledit Joly : les Curés de Halloy, de saint Hilaire, de Moliens au bois, de Beauval & de Toutecourt, par ledit Roche : le Curé de Louvencourt en personne : le Curé de Varguies en personne, assisté dudit Ricard : le Curé de Vauchelles lez Authie, par ledit de Mailly : les Curés de S. Vaast en Canchie, de saint Sauveur & de Wambez, par ledit Fournier : le Curé d'Allonville, par ledit Ricard : le Curé de Pons, present : le Curé de Fienviller, par ledit Jacques Bauduyn : le Curé d'Anthieulle, present : le Curé de Gezamecourt, par Louis Guillebert : le Curé des Autheuz, par ledit Cornet : le Curé de Boibergues, par ledit de Lessau : le Curé de Maizicourt : le Curé de Mouligny & le Curé de Barly, présens : le Curé de Beammez en personne, assisté de Jacques Laloyer : les Curés d'Yvreuch, de Gronches, d'Outrebois, de Caudas, de Moustrelet, d'Ococh & de Heuzecourt, par ledit André Pecoul : le Curé de Luchuel, par Jean le Marchant, le Curé de la Mothe en Sangters present, assisté dudit Ricard : le Curé de Marchel, par ledit Brahier : le Curé d'Aencourt, par ledit de Lesseau : le Curé de Camous en personne : le Curé d'Aubigny, present ; les Curés de Dours & de Henencourt, par ledit Grebert : le Curé de Baisieu present, assisté d'Antoine Bar : les Curés de Frechecourt & de Quierrieu presens, assistés dudit Marchant : le Curé de Longuave present : le Curé de Wiencourt, par Miraulmont : les Curés de Gaillart & de Hangart, par ledit Ricard : le Curé de Mouflers, par sire Adrian Brioys vicegerent, assisté dudit du Beguyn : le Curé de Franqueville, par ledit Fournier, le Curé de Genville, par Charles Tonnelier : les Curés de Fontaines sur Maye, de Coullonviller, du Ploich, de Donquerre, du Bussu, de Yaucourt, de Buigny l'Abbé, de Noully le Dieu, de Noyelles en Cauchie, de Gapennes, Maisons en Roland & de Longvilliers, par ledit de Troy : les Curés de Brugans, de Willencourt, de Rambaucourt & de Houdencourt, par ledit Tonnelier : le Curé de Doliger, en personne : le Curé de Franssu, par Maître Jean Rohault : le Curé de Gorenflos en personne : le Curé de Vivrencheul & de Bercq en personne, assisté de Pezé. Pour l'Etat Ecclesiastique de la Comté de Guynes & de la Ville d'Ardres, s'est presenté M. Jean Rieu Avocat, fondé de procuration speciale dont il a fait apparoir.

Et

Et pour l'état de Noblesse, sont comparus Messire Louis de Bourbon Prince de Condé, tant en son nom, que comme Tuteur de Messieurs ses enfans, pour les terres & seigneuries de Thallemas, Beallecourt, Falloise, Fontaines-les-secques, Allery, Limeu, Hallivillier, Flers & autres terres situées audit Bailliage, par Nicolas Roche son Procureur, fondé de procuration speciale passée par devant Notaires Royaux au Bailliage de Vermandois, le vingt-uniéme jour de Mars dernier passé, dont il a fait apparoir. Messire Claude de Lorraine Duc d'Aumalle, Pair de France, Seigneur de Boves, pour toutes ses terres situées audit Bailliage, par Maître Nicole de Nibat Ecuyer, Bailly de la Baronnie dudit Boves, & Jean le Marchant Greffier, assistés des Lieutenans & Echevins dudit Boves. Messire Ludovico de Gonzague de Cleves, Duc de Nivernois, Prince de Mantoue, Comte d'Eu, de Rethelois & d'Auxerre, Pair de France, & Madame Henriette de Cleves son épouse, Duchesse & Comtesse desdits lieux, à cause d'elle, Seigneur des terres, seigneuries & châtellenies de saint Vallery sur la mer, Aut, païs & roc de Cayeu, Bouillencourt en Sery, Bethencourt, Goyaval, Beaumez, & autres terres & seigneuries assises és fins & metes dudit Bailliage, par Simon des Essars son Procureur, assisté de Maître Martin Herichon, Procureur general desdits Seigneur & Dame, esdites terres. Ledit Reverendissime Cardinal de Crequy, Prince de Poix, pour ladite terre & Principauté de Poix, & pour ses terres de Dompmart, Berneuil, Bernaville, Lanches, Canaples, Moliens au bois, & Moliens au val, & autres assises audit Bailliage, en personne, assisté desdits de Nibat & Roche. Messire Louis d'Ally Chevalier, Vidame d'Amiens, Seigneur, Baron de Picquegny, Raineval, Labroye, Vignacourt, Flixecourt, Dours, Allonville, Vesquemont, la Mothe en Sangters, Fluy, Moliens le Vidame, Ailly, Brailly le Cauchie, & autres terres, par Pierre Ricard son Procureur, fondé de procuration speciale, dont il a fait apparoir. Messire Charles sire de Humieres, Evêque de Bayeux, Seigneur des terres, seigneuries & châtellenies de Lully, Morcourt, Mottedigny, Contay, Biencourt, Villiers sous Corbie, saint Sauflieu, Acheu & Lealviller, par ledit des Essars. Messire François Gouffier, Chevalier de l'Ordre du Roy, Capitaine de cinquante hommes d'armes de ses Ordonnances, Seigneur de Crevecueur & Bonivet, pour ses terres & seigneuries de Thoix, Beaudeduit, Courcelles, Offay, Neufville sur Oudeul, Rotengy, Hemecourt, Fontenay, Humermont, Juvegnies, Verderel, Maisoncelles & autres terres & Seigneuries étans ès metes dudit Bailliage, par Maître Antoine l'Endormy Elu pour le Roy à Mondidier, son Procureur, fondé de lettres de procuration dont il a fait apparoir. Messire Charles d'Ally Chevalier, sieur de Picquegny, Seigneville, Friville, Fressenville & Emonville, Capitaine de cinquante hommes d'armes, par ledit Fournier. Messire Claude de Vendôme, Chevalier de l'Ordre du Roy, Seigneur de Ligny, Authie, Lambercourt, Friaucourt, Onival & autres terres, par ledit Fournier. Messire Adrian de Tierchelin, Chevalier de l'Ordre du Roy, Capitaine de cinquante hommes d'armes, Gouverneur des Ville & Château de Mouzon, & Dame Barbe Rouault sa femme, pour leurs terres & seigneuries de Saveuses, Sarcus, Seulx, Fresnemontiers, Velennes, Maupertuis, Beauvoir, & autres terres & seigneuries, par ledit des Essars. Messire Philippes sire de Rambures, Chevalier, Maître des Eaux & Forêts pour le Roy au pays de Picardie, Seigneur de Dompierre, Villerois, Hornoy, Vergies, Cannessieres, Behen, Camberon, Mouflers, Tilloloy, Harleu, Hochencourt, Drucat & autres terres, par ledit des Essars. Messire Nicolas Rouault Chevalier, sieur de Gamaches, Beauchen, Acheu, Tilloy, Soreng, Bazinval, Espinoy, par ledit Jacques Bauduin. Messire Jean de Rivery Chevalier, sieur dudit Rivery, & de Villiers Brethonneux, par ledit des Essars. Messire Antoine de Hallenwin Chevalier, Seigneur d'Esclebecq, Hames, Wailly, Namps ou Val, Velennes, Goyencourt, Audinfer, Boucquehault & autres terres par ledit Philippes du Beguin. Le Comte du Reux, Seigneur de Hangest sur Somme par ledit Grebert. Messire Jean de Paillard, Chevalier de l'Ordre du Roy, Gentilhomme ordinaire de sa Chambre, Gouverneur de Beauvais, Seigneur de Choqueuses, Bonvillier, Bacouel, Fay, Fauquaucourt, Herleville, Estrées, Floury, Chempuis, Embrevillier & Franleu, par ledit Philippes du Beguin. Messire Anne de Gourlay Chevalier, Seigneur de Pendé, Capelly & le Crocq, par ledit Etienne Bauduin. Messire François de Bilques Chevalier, sieur de Bovelles, Viesviller & Vauchelles en personne, assisté dudit Fournier. Messire Jean de Pisseleu Chevalier, sieur de Heilly, Ribemont, Fontaines, Lavagant, Pisseleu, Oudeul & autres ses terres, par ledit des Essars. Messire Louis de Vauldray, Chevalier, Seigneur de Mouy, ayant la garde noble d'Arthus de Vauldray Ecuyer, son fils aîné, mineur, sieur des terres & seigneuries de Feuqueres, Heulloy, Wiry, Longuisart, & le Monchel, par ledit des Essars, assisté de Charles Grivaise, Procureur d'office desdites terres. Messire Maximilian de Meleun Chevalier, Vicomte de Gand, sieur Châtelain de Bailleul, par Jean le Dieu. Messire Guillaume du Caurel, Chevalier Bailly d'Amiens, pour ses terres de Taigny, d'Ancourt, Boussicourt & autres qu'il a audit Bailliage, en personne. Messire Robert de Chepoix, Chevalier, Seigneur dudit lieu, de Flesselles, Fienviller, Heuzecourt & autres terres assises ès metes dudit Bailliage par ledit des Essars. Dame Françoise de Bastarnay, Dame de Dargies, Clery & la Forêt d'Ailly, par ledit Ricard. Messire Nicolas de Mailloc Chevalier, Seigneur dudit lieu & de Tours & Caurroy, par ledit Roche. Messire Antoine du Prat Chevalier, Seigneur & Baron de Thiers, pour sa terre de Fromeries, par ledit Ricard. Louis de Gourlay Ecuyer Seigneur d'Agincourt, Vicomte de Dompmart, sieur de Wargnies, Fruvillier, Fontaines, Turaudes & de Vauchelles, par ledit Etienne Bauduin. Damoiselle Jeanne de Vaulx veuve de feu Messire François de Monchy, en son vivant Chevalier, Seigneur de Montcaurel & de Broutelles, tant en son nom, que comme mere tutrice de ses enfans, pour ses terres & Seigneuries de Hoquincourt, Broutelles, Bourseville & Monteny, par ledit Jacques Bauduin. Messire Philippes de Roncherolles, Seigneur Châtelain de la Ferté lez saint

Riquier, Caumont, Genville & Fontaines, par ledit Grebert. Adrian de la Riviere Ecuyer, Seigneur de Chepy en personne, assisté dudit Jacques Bauduin. Hugues de Riencourt Ecuyer, Seigneur de S. Legier & Franqueville, par ledit Fournier. Louis de Theufles Ecuyer, sieur dudit lieu. François de Moreul Ecuyer, Seigneur de Bethencourt & de Brucamps. Louis de Bovelles Ecuyer, Seigneur du Perroy à cause de sa femme. Jean de la Haye Ecuyer, Seigneur de Fiesses & Bonneville. Le Seigneur de Raincheval, le Seigneur de Soicourt pour sa terre de Verton & Friviller, le Seigneur de Estruius, Damoiselle Marie de saint Fuscien, pour ses terres & seigneuries de Raineville, Coisi, Bougainville & Quierrieu. François Frerot Ecuyer, Seigneur de Rumigny & du Pont de Mez. Jean Miette Ecuyer, Seigneur du Bofraoul, par ledit Bauduin. François de Boullainvillier, Seigneur de Bezencourt, par ledit de Mailly. Hector de Moyencourt Ecuyer, Seigneur dudit lieu, comparant pour Charles de Moyencourt, Ecuyer, Seigneur usufruitier dudit Moyencourt, Arquesnes & Langlantier. Adrian Picquet Seigneur d'Avelesges, par Pierre Dainval. Jean d'Ypre Ecuyer, Seigneur de Fluy en partie, en personne. Gabriel Bournel Ecuyer, Seigneur de Namps, Aumont & de Lambercourt. Jean Abrahan Ecuyer, Seigneur de Millencourt, du Camp du Bourg & Ysemgremez. François de Roussel Ecuyer, Seigneur d'Escarbotin & Friville en partie. Jean de Crequy Ecuyer Seigneur de Raimboval. Jacques du Hamel, Seigneur dudit lieu, Allery en partie, Bourseville & la Mothe de Creuze. Charles de la Mothe Ecuyer, Seigneur de Montigny, de la forêt de Vignacourt & du Quesnoy. Adrian du Sovich Ecuyer Seigneur de la Feriere. Nicolas le Prevost Ecuyer, Seigneur de Pendé & de Sallenelles, par ledit des Essars. Fremin le Cat Ecuyer, Seigneur de Fontaines, de Flers & le Warde-manger. Charles de Mauvoisin Ecuyer Seigneur de Croiquoison & d'Espaumesnil. Louis d'Aut Seigneur de Franssieres. Jean de Banast, Seigneur des Masures & de Luchuel, par ledit Marchand. Louis de Saveuses Ecuyer, Seigneur de Beauvoir l'Abbaye, en personne. Nicolas de Donquerre Ecuyer, en personne, pour son fief & patronage dudit Donquerre, assisté dudit du Beguyn. Jean de Calonne Ecuyer, Seigneur d'Avennes. Jean de Glisy Ecuyer, Seigneur de Bertangles. Federic de Bofles, Seigneur Neufvillette. Pierre des Carieres, Seigneur de la Cardonnette & de Raineville en partie. Hué de Boille sieur de Hurtebize. Damoiselle Louise du Bois, douairiere de Berthaucourt lez Thennes. Claude d'Ococh, Seigneur de Betoivil. Jacques des Essars, Seigneur du grand Merlers, par ledit Philippes du Beguyn. Pierre de Tronville Ecuyer, Seigneur de Bricquemaisnil. Fremin de Tronville Ecuyer, Seigneur dudit lieu & de Mereleslart. Jean Louvel Seigneur de Glisy, par ledit Fournier. Charles le Maire, Seigneur de Fontenay & Gouvies. Antoine de saint Remy, sieur de Courchelles Ranchon. Jean de la Rue Ecuyer, Seigneur de Bernapre. Jean de Beaccourt Ecuyer, Seigneur de Courchelles en Montaigne, par ledit Martin le Miraulmont. Jean de Cressen, Seigneur de Verron. Antoine d'Estrées Ecuyer, Seigneur de Sovich. Paul Truffier Ecuyer, Seigneur d'Allenay, en personne. Nicolas le Roy Ecuyer, sieur de Moyenneville. Jacques Truffier Seigneur du Port & de Bourbers, par ledit Jean le Dieu. Jacques de Rochebaron, Seigneur de Lignon. Louis de Monchy Seigneur de Cambert & de Villiers, par ledit Ricard. Jean Jouglet Seigneur de Buissi, en personne. Alexandre Dey Seigneur de Vaulx sous Corbie, par Jean Pavie. Antoine le Blond Seigneur de l'Etoille, en personne. Charles de Gomer Ecuyer, Seigneur de Cuignieres. Jean de la Haye Seigneur de Libermont. François Bertin tuteur de Guillaume Bertin sieur de Bourdon, par ledit Michel Cornet. Damoiselle Isabelle de saint Delys, Damoiselle de Haurenas, de saint Gratian & d'Estrées, par Antoine Grebert. Louis de Querecques sieur de Mairieu, en personne. Guillaume le Grand, Seigneur de Coisy, en personne. René de Rouveroy Ecuyer, Seigneur de Wavegnies, tuteur des enfans de feu Jean de Courchelles Ecuyer, Seigneur de Loveuzes, en personne. Antoine de Mercatel Ecuyer, Seigneur dudit lieu. Adrian & Gilles de Mercatel freres, sieur de Courchelles & Lestoquet en personnes, assistés dudit Butel. Charles de Monsures, Seigneur de Villers le Vermont en personne, assisté dudit Grebert. Charles de la Haye sieur de Follemprense. Antoine de Hallescourt sieur de Canny, par ledit Butel. Antoine de Lanuyon sieur d'Omecourt & de saint Deniscourt. Charles de Fontaines sieur du Plis & d'Oudeul en partie, par ledit Butel. Marie de Habert, veuve de feu Messire Antoine d'Estourmel, Dame du Hamel & Francmanoir. Jean de Mannay, Seigneur de Camps en Amiennois. Damoiselle Jeanne de Canteville, veuve de feu Robert de Hallencourt, pour la terre de Dromesnil, & encore pour les terres & seigneuries de Boullainvillier, Bethembos & Translez à elle appartenans, tant en son nom, que comme mere & tutrice, ayant la garde noble de Louis de Hallencourt Ecuyer, & de Damoiselle Marie de Hallencourt, proprietaire de ladite seigneurie de Boullainvillier. Andrieu le Roy sieur de Huville. Philippes du Molin Ecuyer, Seigneur de Cromont, tuteur de la Hue d'Ailly sieur de Varennes & Touttencourt. Jean de Mesnil Ecuyer, sieur de Longuemort. Louis d'Aut sieur de la Neuville, à cause de sa femme Seigneur de Bulleux, Lignieres & Franqueville. Damoiselle Claude de Waurans, Damoiselle de Bienfay. Jean de Lannoy Ecuyer, sieur dudit lieu & de Dameraucourt. Louis, François & Maximilien de Prouville Ecuyers, sieurs de Harponlieu, Bealieres, Canteraine quint & sixte de Frohens. Philippes de Canory sieur dudit lieu, par ledit Nicolas Roche. Le Seigneur de Marchel, par ledit Jean Brahier. Le Seigneur d'Abencourt par ledit de Lessau. Philippes de saint Delys Ecuyer, sieur d'Aubigny, en personne, assisté de François de Mailly. Le Seigneur de Hennencourt, de Bresse & de Varloy, par ledit Antoine Grebert. Le Seigneur de Baisieu, par ledit Antoine Bat. Antoine Boilleau sieur de Glimond en personne, assisté dudit Joly. Louis de Festard sieur de Hangard en personne, assisté dudit Marchant.

La Noblesse de la Comté de Guynes, par ledit Maître Jean du Rieux. Robert d'Estrées Ecuyer sieur de Quevauviller. Damoiselle Jossine d'Offigmes, Damoiselle dudit lieu & de Montenoy. Damoiselle Adriane d'Ailly, mere & tutrice de Damoiselle Antoinette d'Ally, pour sa terre d'Oissy. Damoiselle Magdelaine Judas, Damoiselle de Seux. Damoiselle Helene Lequieu, mere & tutrice de Maître Jacques Scourjon sieur de Tilloy. Nicolas le Caron sieur de Renencourt & d'Aubigny lez Pierregot. Claude de Bery Ecuyer, Seigneur de Sarteaux, Buires, Treves & Wilcourt. Jean du Gart Ecuyer, sieur de Canchy. Jean de saint Blimont Seigneur de Soupplicourt & Pinchefalise. Jean de Soubite sieur de Rivieres. Messire George de Fors ou sieur de Fours, tuteur de Damoiselle Claude de Riveroy, Dame de Buissi lez Dours & de la Houssoye, par ledit Jean le Borgne leur Procureur. Jean de Longueval, sieur en partie de Maisons en Ponthieu par Philippes Bourdin Bailly dudit lieu. Antoine de saint Simon Ecuyer, sieur de Grumesnil & de Haussez, par ledit Miraulmont. Ambroise de Sarcus Ecuyer, sieur de Courchelles, par ledit Cochepin. Le sieur de Haineville, par ledit Brahier. François de Saissenal Ecuyer, sieur de Pissi en personne, assisté dudit Bauduyn. Charles de Raincheval sieur d'Estouny. Jacques Perim Ecuyer sieur de Druœul sous Moliens en personne, assisté dudit Adrian Pecoul. Adrian le Clerc, Seigneur de Cavillon en personne, assisté dudit Mailly. Nicolas de Beaufort, sieur de Nampty & Coppeguelle en personne, assisté dudit Grebert. Adrian le Clerc Ecuyer, sieur de Buissi en personne, assisté dudit Grebert. Claude du Gart sieur de Berny, par Maître Jean du Bois son tuteur. Damoiselle Anne de Canteleu mere, ayant la garde noble de Florimond Frerot, Seigneur de Guyencourt, par ledit Grebert. Jean Matiffas sieur de la haute & basse Loge. Jean de Bournoville sieur de Bouchon, de Coulonviller & Franssu. Damoiselle Marie le Brun, Damoiselle de Nouilly le Dien. Le sieur d'Yvrench, Louis de Ballen Ecuyer sieur du Titre. Pierre d'Amerval sieur de Maisons lez Ponthieu par ledit Troy. Messire Jean d'Allembon, ayant la garde noble de Damoiselle Renée d'Ailly, Damoiselle de Donquerre, par Jacques l'Essopier son Bailly. Thibault de Grambus sieur de Wivrencheul, par ledit Grebert. François de Geissard Ecuyer, Seigneur de Gourguechon, par ledit Etienne Bauduin. Jean le Nourretier, Seigneur de Coullebeauville, par ledit Philippes du Beguyn. Messire Charles Blotefiere sieur de Willencourt en personne, assisté dudit Tonnelier. Adrian de Boubers sieur de Ribaucourt, par ledit Tonnelier. Jean du Gard sieur de Fresneville & Saulchoy en personne, & par ledit Grebert. Charles de Hericourt Ecuyer, Seigneur de Caulers, & à cause de sa femme, Seigneur de la Neuville au bois & Ramburelles, par ledit de Lessau. Antoine d'Aboval, Seigneur des Marests & Bacouel sur Selle, & Damoiselle Marie d'Aut sa femme, Damoiselle de Lewardieu, s'est presenté en personne. Philippes Sauvage de Ringrave, mari & bail de Damoiselle Jeanne Clabault Damoiselle de Vaulx & de Sery près Doullens en personne, assisté dudit Etienne Bauduin. Nicolas de Forcheville Ecuyer, Seigneur de Haplincourt, Ainval, Bezencourt, tuteur de Louis de Cleres Ecuyer, sieur de Neuville, sous Bresle, par ledit Troy. Antoine de Donquerre Ecuyer, sieur de Witaineglise, tant en son nom, que comme mari & bail de Damoiselle Jeanne de Fors mere, ayant la garde noble de Charles d'Ococh mineur, sieur de Framicourt. Hugues de Forchevilles sieur dudit lieu, en personne. Robert de Torcy, Seigneur de Bofrocourt, par Charles Pecoul. Gabriel le Comte Ecuyer par ledit Pecoul. Louis de la Rue sieur du Perrin, Bailly & Capitaine de la Chastellenie d'Aut, en personne, assisté dudit Pezé. Gerard de Croy sieur de Fromesson & de Warcheville. Dame Jeanne de Sallezart, veuve de feu Messire Florimond de Biencourt, mere ayant la garde noble de Jacques Biencourt, sieur de Poutrincourt, par ledit Grebert. Damoiselle Jacqueline d'Oultreleave, veuve de feu François de Montomer, mere ayant la garde noble d'Oudart de Montomer, Seigneur de Froucourt, par ledit Grebert. Jean d'Osterel Ecuyer, Seigneur d'Ococh, par ledit André Pecoul. Ponthus de Tournay sieur de Authieville, par ledit Cornet. Messire Antoine de Crequy, sieur usufruitier de Beauval, par Monsieur le Cardinal de Crequy, Seigneur proprietaire dudit lieu. Messire Charles de Brimeu, Comte de Meghen sieur de Gezamecourt, par Louis Guillebert, Messire Philippes de Longueval Chevalier, sieur de Haraucourt & de Prouville, par ledit Cornet. François de la Houssoye sieur de Maisicourt, par Ferry de la Houssoye son fils. François d'Avroul sieur de Cormette & de Remaisnil, par ledit Cornet. Adrian Jougler sieur de la Vicogne, en personne.

Sont aussi comparus les Officiers du Roy & Praticiens dudit Bailliage d'Amiens; à sçavoir lesdits Mre Guillaume de Caurel Chevalier, sieur dudit lieu, Bailly d'Amiens. Me Vincent le Roy, Lieutenant General, Civil & Criminel. Maîtres Charles Picquet, Jacques Vaquette, Jacques le Caron, Jean Cousin, Nicolas Judas, Simon le Mattre, Fremin Picquet & Bon du Feu, Conseillers du Roy audit Bailliage & Siege Presidial. Maître Jean le Quieu Avocat, & Louis Moucquet Procureur du Roy, & Jean Seguin Greffier Civil dudit Bailliage. Charles de Louvencourt Majeur, Nicolas aux Couteaux Prevôt. Simon des Essars Procureur pour office de ladite Ville d'Amiens. Antoine Bar Procureur desdits Majeur, Prevôt & Echevins d'icelle Ville d'Amiens, sieur de la Magdelaine & Aussonville, assistés de Maîtres Jean Rohault & Guillaume de Lessau Avocats pensionnaires, & Nicolas de Lessau Greffier de ladite Ville. Me Philippes Caignet Prevôt de Doullens. Jacques le Fuzelier Prevôt de Vimeu. Adrian Picquet Prevôt de Beauquesne. Adrian Dainval Prevôt de Beauvoisis. Adrian Heu Lieutenant dudit Prevôt de Beauvoisis à son Siege de Grandviller. Pierre de la Morliere Prevôt de Foulloy. Jean d'Acheu Prevôt de saint Riquier, en personne. Le Lieutenant dudit Bailly d'Amiens à son Siege de Monstreul, par Maître Pierre Guerard Avocat dudit Monstreul. Le Bailly souverain de la Ville d'Ardres & Comté de Guynes, par ledit Maître Jean du Rieux. Maître Nicole Froment, Substitut du Procureur du Roy en ladite Prevôté de Vimeu. Maître Jean Rouget Prevôt d'Oysemont. Maître Jean Fenel Substitut dudit Procureur du Roy au siege Royal de Granviller. Maitres Pierre Rogeau & Pierre Croquoison, Elûs d'Amiens

Pierre de Louvencourt, Receveur pour le Roy des Aydes & Tailles. Maître François Bigant l'aîné, Jean de la Fosse, Nicole de Nibat l'aîné, Antoine le Senéchal, Jacques le Normant Elû de Doullens. Maître Jean du Bois & Hierôme Pecquet, examinateurs. Nicole de Flandres, Pierre du Gart. François de Saisseval, Nicole de Bailly, Robert Mocquet, Pierre le Masson, Hugues le Magnier, Jean de Court, Guillaume Pior, Robert Fournel, Fuscien de la Fosse, François de Bac, Nicole le Seillier, François de Bigant le jeune, Pierre Bernard, Antoine le Vaasseur, Charles Gorguette Elû pour le Roy en l'Election d'Amiens, Jaspart Fouache Jean des Essars, François d'Ypre & Pierre Vacquette, tous Avocats. Raoul de Fer, Robert du Beguyn, Jean le Dieu, Jacques Bauduin, Antoine le Fournier, Philippes du Bois, Pierre Lengles, Martin de Miraulmont, Pierre Dainval, Jean le Borgne, Nicolas du Cay, Isaac le Normant, Etienne Bauduin, Jean Marchant, Jacques Laloyer, Jean de Lessau, Pierre de Merliers, Nicolas Roche, Philippes du Beguyn, Pierre Martin, André Pecoul, Michel Cochepin, Antoine Grebert, Michel Cornet, Hector Putel, Pierre Ricard, Jean Brahier, Fremin Pezé, Antoine Bar, Pierre de Veringues, Gilles Butel, Philippes le Mangnier, Hugues Quatorze, Adrian Pecoul, François Lengles, François de Mailly, Jacques de Troy, Hugues Judas, Joel du Four, tous Procureurs audit Bailliage, tous presens.

Et pour le tiers état, sont comparus en personnes : à sçavoir de ladite Ville d'Amiens, Nicolas de Fontaines, Guillaume le Maître, Claude Croiquoison, Jean le Bourgeois, Antoine le Messier, Antoine Pingre, Nicolas Pastureau, Jean le Gay, Nicolas Randon, Jean Thierry, Jacques Fournier, Robert Etard, Maître Guy de Marœul, Jean Trencart, Pierre le Doux, Vincent Boitel, Hector Paillet, Pierre Boitel, Fremin du Croquet, Etienne Cardon, Jean Erard, Pierre Watel, Nicolas Croquoison, Nicolas Hemar, Nicolas de Bailly, Charles du Vey, Thomas Joron, Robert de Collemont, Antoine Trudaine, Antoine Poullain, Charles du Fresne, Guichard le Forestier, Etienne Boitel, Etienne de Lattre, Jean Maloisel, Alexandre Joron, Jean Pingre, Florent le Noir, Vincent Judas, Jean Mery, Robert de Lattre, François Riolen, Jean le Pot l'aîné, Jean Mouret, Raoul Guebin, Louis du Fresne, tous Bourgeois de ladite Ville, & autres en grand nombre. Les Echevins & tout le tiers Etat de la Ville d'Ardres & de la Comté de Guynes, par ledit Maître Jean du Rieux. Les Prevôt, Gueudons & Confreres de la grande societé marchande en la Ville de Monstreul & Seigneurie d'un fief qu'ils tiennent du Roy, à cause de son Château Royal de Monstreul, par ledit Etienne Bauduin. Les Majeur & Echevins de Doullens, par ledit Jacques Bauduin. Roger Petit & Gregoire Nattier, Procureur pour office, presens. Les Majeur & Echevins de la Ville de saint Riquier, par Jacques Lessopier Majeur. Nicolas Carpentier & François Chanal Echevins, assistés dudit Troy, qui s'est aussi presenté pour les Bourgeois, Manans & Habitans dudit lieu. Les Echevins, Manans & Habitans de Beauquesne, par ledit André Pecoul. Les Lieutenant, Manans & Habitans de Picquegny, par Nicolas d'Acquest Lieutenant, present, assisté dudit Ricard. Les Echevins, Manans & Habitans de la Ville de Corbie, par ledit Jacques Bauduin. Les Manans & Habitans du Bourg de Fromeries, par Claude le Normant Marguillier, assisté dudit Ricard. Les Majeur, Prevôt & Echevins, Manans & Habitans de Moliens le Vidame, par Isaac Ridoul Majeur & Antoine Carlin Marguillier, assistés dudit Ricard. Les Praticiens du Siege Royal de Grandviller, Manans & Habitans dudit lieu, par ledit Butel. Les Majeur, Echevins, Manans & Habitans de Dompmart, par Julien Pinguet Majeur, assisté dudit Joly. Les Echevins, Manans & Habitans de Boves, par Maître Nicole de Nibat Bailly, & Jean le Marchant Greffier. Les Bourgeois, Manans & Habitans du Bourg d'Oysemont, par ledit des Essars. Les Majeur & Echevins de Gamaches, par ledit Pezé. Les Majeurs & Echevins de la Ville de saint Valery sur la mer, par Jean Rosée Majeur, present. Les Manans & Habitans de saint Blimont, par ledit Charles le Tonnelier. Les Manans & Habitans de Mereleffart, les Manans & Habitans de Warlus, par Jean Parmentier Lieutenant, & Jaspart Parmentier Greffier dudit lieu. Les Manans & Habitans du Quesnoy, par Jean de Vismes Lieutenant. Les Manans & Habitans de Framicourt par Jean Honoré, Marand de Fernapre Marguilliers. Les habitans de Witaineglise, par Riquier Berger Lieutenant. Les manans & habitans du Bourg d'Aut sur la mer, par ledit Pezé. Les habitans de Fontaines, par Thomas Wauquel Lieutenant dudit lieu. Les manans & habitans de Harponville, par Jean Regnier Lieutenant. Les manans & habitans de Flexelles, par ledit Pierre Joly. Les manans & habitans de Hangest sur Somme, par ledit Grebert. Les manans & habitans de Neufville sous Lully, par Michel Eslin Lieutenant. Les manans & habitans de Grattepanche, par Guillaume Poulain Lieutenant. Les manans & habitans de Traigny, par Oudart Tavernier Lieutenant, assisté de Grebert. Les manans & habitans de Buissi, par ledit Grebert. Les manans & habitans de Gaissart, par ledit Joly. Les manans & habitans d'Authieulle, par Louis Guillebert. Les manans & habitans de Gezainecourt, par ledit Guillebert. Les manans & habitans de Friviller, par ledit des Essars. Les manans & habitans de Boibergues, par ledit de Lessau. Les Echevins, manans & habitans de Prouville, par Antoine des Flesseles Lieutenant, Nicolas Vasseur, Pierre Videcoq, Marguilliers. Les manans & habitans de Maizicourt, par Jean du Castel Marguillier. Les manans & habitans de Montigny, par Charles Grangier Lieutenant. Les manans & habitans de Barly, par Jean Jumel & Julien Brunet Marguillers, assistés dudit Cornet. Les manans & habitans du grand & petit Frohens, par Jean Pellet, François Masse & Jean Haret Marguilliers. Les habitans de Fontaine sur Maye, par ledit Troy. Les habitans de Coulonviller, par ledit Troy. Les manans & habitans de Donquerre, du Ploich, de Bussu, d'Yaucourt, Buigny l'abbé, Noully le Dyen, Noyelles en Cauchie, de Gapennes, d'Yvrench, Maison en Roland, d'Estrées, de Gorenflos, Maisons les Ponthieu, par ledit Troy. Les manans & habitans de Vivrencheul, par ledit Grebert. Les manans & habitans d'Olliger, par

Nicolas le Roy & Gregoire le Fevre Marguilliers, assistés dudit des Essars. Les manans & habitans de Ribaucourt & de Hondencourt, par ledit Tonnelier. Les manans de Franssu, par Maître Jean Rohault Avocat, Seigneur dudit Franssu. Les manans & habitans de Lonvillers, par ledit Troy. Les manans & habitans de Berthaucourt, par ledit Putel. Les manans & habitans du Village de Campeaux, par Jacques Pellet Marguillier, assisté dudit Miraulmont. Les manans & habitans de Feuquieres, par Guillaume le Feure Marguillier. Les manans & habitans de Courchelles, par Raoul Rohault Lieutenant, assisté dudit Cochepin. Les habitans de Pissi, par Jean de Saisseval Lieutenant. Les manans & habitans de Moyencourt, par Simon du Tilleul Lieutenant. Les manans & habitans de Frenemonstier, par Germain du Tilleul & Legier Nattier, habitans. Les manans & habitans de Genville près Doulleger, par ledit Dainval. Les manans & habitans de Warloy, par ledit Dainval. Les manans & habitans de la Boutellerie, par Nicolas de Rocourt Bourgeois d'Amiens, sieur dudit lieu, & Antoine Peletier Lieutenant, assistés dudit Roche. Les habitans du Hamel & Francmanoir, par Jean Lambert Lieutenant, assisté dudit Roche. Les manans & habitans de Camps en Amiennois, d'Aussennes, de Bouthencourt, de saint Maulvis, de Touttencourt, de Varennes, de Waignast, de Ballecourt, de Falloise, Fontaines les Secques, Hallivillier, Tours, le Canoroy, Laleu, Teufles, Flixecourt, Bienfay, par les Lieutenans desdits Villages, assistés dudit Roche. Les manans & habitans d'Yseu, par le Lieutenant dudit lieu. Les manans & habitans de la Cauchie, de Picquegny & de Tirencourt, par ledit Troy. Les manans & habitans d'Argueves, par Cornet. Les manans & habitans de saint Vaast, par ledit Marchant. Les Echevins, manans & habitans de l'Estoile par Bernard Flameng & Guillaume Caze Echevins, assistés dudit Miraulmont. Les manans & habitans de la Motte près Abbeville, de saint Vaast, en Cauchie, d'Allonville, de Brailly & Fluy, par ledit Ricard. Les manans & habitans de Verron, par ledit le Dieu. Les manans & habitans de Viencourt, par ledit Miraulmont. Les manans & habitans d'Authie, par Nicolas de Coing & Robert Crampon habitans, assistés dudit Fournier. Les manans & habitans de Bovelles, par Adrian le Fevre Lieutenant. Les manans & habitans de Bricquemaisnil, de Glisi, de Gouy, de saint Sauveur, de Thaisi, de Dury & d'Ailly, par les Lieutenans desdits Villages, assistés dudit Fournier. Les manans & habitans de Franqueville, d'Argny & de Saineville, par ledit Fournier. Les manans & habitans de Wailly, Namps, Ouval, Venelles de la Neufville sous saint Acheul & de Fresnoy au Val, par ledit du Beguyn. Les manans & habitans de saint Aulbin en Amiennois, par Antoine Jouglet Lieutenant. Les Prevôt & Marguilliers de Millencourt, de Gaignemicourt, de Monflers, de Berthaucourt les Tennes, de Frestecuisse & de Buires, par ledit du Beguyn. Les Maieur, Echevins, manans & habitans de Bernaville, par Jean de saint Riquier Maieur. Les manans & habitans de Verron, par François Guillard Lieutenant. Les manans & habitans de Bourdon & de Hesselinne, par ledit Jacques Bauduyn. Les manans & habitans de Baisloeul, par le Lieutenant & autres habitans dudit lieu. Les manans & habitans du Village de Waincourt, par Guillaume le Fauqueur Lieutenant. Les manans & habitans de Frestemeulle, par Thomas Creteil, & Jean de Villers Marguilliers, assistés dudit Mailly. Les manans & habitans de Dainval, de Villiers au Boscaige, de Bouillencour en Sery, de Villers sur Campsart, Blangy sous Poix & de Vergies, par ledit Fremin Pezé. Le Village de Behen, par Jean Hagnier Lieutenant de Beaumez, par Pierre Micheau. Les manans & habitans de la Motte en Sangters & de Warfusée, par ledit Ricard. Les manans & habitans de Marchel en Sangters par ledit Jean Brahier. Les manans & habitans d'Abencourt, par ledit Jean de Lessau. Les manans & habitans de Dours, par Charles le Roux Lieutenant assisté dudit Grebert, lequel Grebert s'est aussi presenté pour les habitans de Henencourt. Les manans & habitans de Baisieu, par ledit Bar. Les manans & habitans de Quierrieu, par Gentien Lagrené Lieutenant. Les manans & habitans de Longueaue par Louis d'Amours Lieutenant, assisté dudit Mailly. Les manans & habitans de Hangard, par Jean le Marchant. Les manans & habitans de Caigny, par ledit Pezé.

En procedant ausquelles comparitions & à l'appel des dessusdits comparans, ont été par aucuns d'eux ci-après nommés, faites les remontrances & déclarations qui ensuivent.

De la part dudit Reverendissime Cardinal de Châtillon, a été dit par lesdits Vaillant & Lescouverte, que lui & ses vassaux & sujets en sondit Vidamé de Gerberoy ne sont tenus, à cause d'icelui Vidamé, comparoir à la convocation desdites Coutumes, comme non étans justiciables ni du ressort dudit Bailliage d'Amiens, & qu'il tient ledit Vidamé à cause de sa Comté & Evêché de Beauvais, en pairie du Roy, par une seule foy & hommage, & non d'autre, lui competent & appartiennent plusieurs beaux droits. Et entre autres, outre qu'il est haut Justicier, il a assises & ressort, avec droit de Tabellionnage, Bailly & Officiers, pour l'exercice de sa Justice: pardevant lequel Bailly ressortissant les appellations interjettées des jugemens & sentences des Justices inferieures & subalternes d'icelui Vidamé. Et les appellations interjettées dudit Bailly de Gerberoy, se relevent directement & sans moyen en la Cour de Parlement à Paris, & non ailleurs. Ce qui a été toujours & de tout temps entretenu, gardé & observé; toutefois a été content de comparoir à l'assignation pour faire accorder, homologuer & si besoin est, reformer quelques Coutumes locales dudit Vidamé : * le tout pour la conservation de ses droits & soulagement de ses

* Sur une pareille remontrance qui fut formée dans le Procès verbal de l'ancienne Coutume, par Monsieur l'Evêque de Beauvais, Vidame de Gerberoy, touchant les Coutumes locales de ce Vidamé, Maître Charles du Molin a fait une note, qui est conçue en ces termes : *Mais il n'a point perseveré en sadite opposition, ni demandé ni obtenu de lui de rediger & apporter ses prétendues Coutumes de Gerberoy ; par quoi cette opposition verbale ne sert de rien, & demeurent sujettes à la Coutume generale. Et ainsi fut resolu en ma maison en Fevrier, l'an 1543. avec des plus doctes du Parlement, en un procès touchant l'article 24. de cette Coutume : outre lequel l'Evê-*

que de Beauvais prétendoit à Gerberoy droit de Chambellage sur ses vassaux, par mutation d'Evêque ou Vidame : & avoit été reçu à articuler Coutumes particulieres de ce à Gerberoy, & en avoit fait preuve sans que le Seigneur de Monceaux deffendeur l'eût empêché : lequel depuis eût Lettres Royaux pour rejetter les faits de ladite Coutume locale, & preuve faite sur icelle : lesquelles lui furent entherinées, & ledit Evêque & Vidame débouté, & sa saisie feodale déclarée tortionnaire, & le deffendeur absous, C. M. L'Arrêt que j'ai rapporté sur l'art. 7. est contraire à cette opinion de Maître Charles du Molin.

sujets : lesquelles Coutumes locales & particulieres furent dès l'an mil cinq cens sept accordées par les trois Estats dudit Vidamé, pour ce congregez & assemblez audit Gerberoy. La copie desquelles Coutumes il nous a presentée à cette fin : sauf toutefois & par protestation, que sa comparition ne lui puisse préjudicier en autre chose. Même ne puisse attribuer connoissance de Jurisdiction au Bailly d'Amiens sur ledit Seigneur Cardinal, ses sujets vassaux, & sub-vassaux dudit Vidamé.

Et par le Procureur du Roy a été dit, qu'audit an mil cinq cens sept, furent faites semblables & pareilles Remontrances de la part du lors Evêque & Comte de Beauvais, Pair de France, sieur & Vidame de Gerberoy ; contre lesquelles fut maintenu par les Officiers du Roy dudit Bailliage, comme ils font encore à present, que ledit Vidamé & Châtellenie de Gerberoy avoit été & étoit de tout temps subalterne, sujet & ressortissant au siége dudit Bailliage, tant en premiere instance, qu'en tous autres cas, sauf les renvois quand ils étoient requis en temps dû & ils y écheoient. Et que de ce le Bailly d'Amiens & ses Lieutenans étoient en bonne possession, & que ledit Vidamé & Châtellenie étoient de la Pairie & Evêché de Beauvais. Outre ce que la plus grande partie de ladite Pairie & jusques à certaines limites, étoit aussi subalterne & ressortissant audit Bailliage d'Amiens, ce qui est manifeste & notoire à tous les Officiers & sujets dudit Gerberoy depuis ledit temps : & que ledit Vidamé a été acquis par les predecesseurs Evêques de Beauvais, & a été toujours une Seigneurie à part, distincte & separée dudit Evêché & Pairie de Beauvais, tenue nuement du Roy à cause de sondit Bailliage d'Amiens : lequel Vidamé est assis ès fins & limites dudit Bailliage, & ès metes de la Prevôté de Beauvoisis, & a toujours relevé dudit Bailliage d'Amiens, & main-levée d'icelui baillée par ledit Bailly toutes & quantes fois qu'il a été saisi à faute de relief & dénombrement non baillé. Lesquelles saisines ont été approuvées par Arrêt de la Cour de Parlement, contre le Procureur du Roy de Senlis, qui soutenoit ledit Vidamé être tenu du Bailliage de Senlis, & se font de tout temps les Evêques de Beauvais par leurs titres nommés & intitulés, Evêque & Comte de Beauvais, Pair de France & Vidame de Gerberoy, pour signifier & montrer la distinction du Vidamé de Gerberoy à ladite Pairie. Et qu'il y a eû Ordonnance du Conseil Privé faite à Chaalons, le vingt-deuxiéme de May mil cinq cens deux, portant déclaration expresse de l'intention du Roy, que Gerberoy, la Prevôté de Monstreul & Bailliage de Hedin, seroient du ressort du Bailliage d'Amiens. Qui est chose suffisante pour obtenir aux fins que dessus, joint la possession immemoriale continuée jusques aujourd'hui par les Officiers dudit Bailliage : dont aisément ils feront apparoir par les actes & procedures faites par les sujets dudit Gerberoy, même par les Sentences de condamnation d'amendes contre eux données depuis un an, ausquelles ils ont acquiescé, qui démontrent assez qu'ils sont subalternes, sujets à icelui & ressortissans. Au moyen de quoi a soutenu ledit Procureur du Roy, que ledit Cardinal de Châtillon a dû & doit comparoir en ladite Assemblée.

Aussi de la part dudit Messire Louis d'Ally Vidame d'Amiens, a été remontré par ledit Maître Pierre du Gart, qu'il est, à cause de son Vidamé d'Amiens, l'un des Seigneurs de ladite Ville d'Amiens, & que comme tel en l'an mil cinq cens sept, que les Coutumes dudit Bailliage furent decretées, feu Messire Charles d'Ally en son vivant Vidame d'Amiens, fut en l'appellation de tous ceux de la Noblesse, qui furent lors convoqués pour la rédaction des Coutumes dudit Bailliage premier appellé. Et en telle appellation, à tout le moins à la convocation de tous ceux qui furent convoqués, préceda tous ceux de la Noblesse, après le Lieutenant general au Gouvernement dudit païs. Et dernierement aux Etats tenus en ladite Ville d'Amiens, l'an mil cinq cens soixante-deux, presidant le sieur de Senarpont, lui à present Vidame, fut appellé le premier du rang de la Noblesse ; soutenant qu'il doit préceder tous autres de la Noblesse, tant en la nomination qu'en la seance ès lieux où il se trouveroit en personne : non seulement à cause de la grandeur & antiquité de sa maison & noblesse, mais aussi par droit & prérogative qu'il a à cause de sondit Vidamé d'Amiens. Nous, sur les remontrances faites par les dessusdits, avons ordonné que lesdites parties en auront acte, pour leur servir & pouvoir en icelles ainsi qu'il appartiendra par raison ; le tout sans prejudice aux droits, prérogatifs & prééminences d'icelles.

Ont aussi été appellés les gens d'Eglise, nobles & gens du tiers Etat qui ensuivent, contre lesquels le Procureur du Roy ce requerant, avons donné défaut : à sçavoir de l'Etat Ecclesiastique, les Religieux, Abbé & Convent de saint Saulve en Monstreul ; les Religieux, Abbé & Convent de saint Josse sur la mer ; les Doyen, Chanoines & Chapitre de Therouenne ; les Religieuses, Abbesse & Convent sainte Austeberthe audit Monstreul ; les Religieux, Abbé & Convent de saint Jean au mont lez Therouenne ; les Religieux, Abbé & Convent de Longvilliers ; le Prieur de Montenay ; le Prieur de Dampierre ; le Prieur de Beaurains ; les Doyen, Chanoines & Chapitre de saint Fremin audit Monstreul ; le Maître & Gouverneur de l'Hôpital saint Nicolas audit Monstreul ; les Maîtres de l'Hôpital Notre-Dame en ladite Ville ; le Curé de Notre-Dame en Derneral ; le Curé de saint Fremin ; le Curé de saint Pierre ; le Curé de saint Jean en sainte Austeberthe ; le Curé de saint Jacques ; le Curé de saint Walloy ; le Curé de saint Wesly ; le Curé de saint Josse au Val ; le Curé de saint Martin de Sangnecourt ;

Le Curé de saint Josse sur la mer ; le Curé de saint Justin de Braumery ; le Curé de Caloterie ; le Curé de Sorrus ; le Curé de Verton ; l'Evêque d'Arras : les Doyen , Chanoines & Chapitre de Notre-Dame de Cité lez Arras ; les Religieux, Abbé & Couvent de Marceil ; les Religieux, Abbé & Couvent de Marciennes, Seigneurs de Mazengarbe ; les Religieux, Abbé & Convent de Hennin Lietard ; les Doyen & Chapitre de saint Omer en Lillers ; les Religieux , Abbé & Couvent de Ham ; les Religieux , Abbé & Convent de saint Vaast d'Arras ; les Religieux, Abbé & Convent de saint Pierre de Gand ; l'Abbé de Choques ; les Chanoines de saint Barthelemy en Bethune ; les Chartreux & Chartreuses de Gonnay ; les Doyen & Chapitre de Fauquemberge ; les Religieux, Abbé & Convent Notre-Dame d'Anchin ; les Religieux, Abbé & Convent du mont saint Eloy ; le Prieur d'Aubigny ; les Doyen, Chanoines & Chapitre de saint Pierre de l'Isle ; les Doyen & Chapitre de saint Ame en Douay ; les Doyen & Chapitre de saint Pierre d'Aire ; le Prieur de saint Pry lez Bethune ; le Prieur de Houdaing ; le Prieur de Sarton ; le Prieur de Pas ; le Curé de Divion ; les Curés de la Haye, de la Bouffiere, de Calonne, de Querdes, Ricouard , de Carvins , de Ricquebourg , de Cimecourt, d'Allewagne, de Humbercourt, de Dieval, de Beures, de Beuvoy, de Souatre, de la Vallée , de Courieres, de Fosseux, de Lenval, de Haulteville, de Dours le Sec, d'Esmarcaiz, de Habart, de Beaufort, de Mouchy le Breton, de Wachin, de Cyrancourt, de Marez, de Genonval, d'Esclimeu, d'Allencourt, de Haultecloque, de Flers & Flamermont, d'Averdoin, Penin, Houvigneul, Mousicourt, de Bourbers ; le Prieur Curé de Dompmart ; les Curés de Berneul, Lanches, Canaples, d'Archeu, de Lealviller, le Curé de Bethencourt, le Curé de Raincheval, le Curé de Thallemas, le Curé de Vauchelles, de Villers au boscage, de Herissart, de Belloy, de Lompre, de saint Maurice, de saint Pierre lez Amiens, de Haraucourt, de Haurenas, de Bertrangle, de Montonvillier, de Coisi, de la Vicongne, de Mairieu, de saint Gratien, de Buz les Arthois, de la Cardonnette, de saint Leger, de Harponville, de Georges, de Raineville, d'Argueves, de Vaulx, de Poullainville, de Thieures, de Sanlis ; le Prieur d'Areines, les Curés de la Croix au Bailly, de Frestemeulle d'Andinville, de Rambu-relles, de Druréel sur Somme, d'Arry, de Crouy, de Hangest sur Somme, d'Oissi, de l'Aireul sous Moliens ; le Prieur & le Curé de Moliens le Vidamé ; les Curés de Revencourt, du Pont de Mez, de Sallouel & de Salles, de Ver de Bacouel, de Prouzel, de Planchy, de Vailly, de Rivieres, Fontaines sous Catheux, de Croissi, de Tilloy, de Lully, de saint Sauflieu, de Coppegueulle, de Rumegny, le Prieur de l'Hermitage Ringnet : les Curés de Saveuses, de Bovelles, de Saisemont, de la Feriere, de Saisseval, de Friecourt, de Gouy l'Hospital, de Guinemicourt, de Clairy, de Renelles, de Quenonviller, de Fricamps, de Caigny d'Oresmaux, de Fransures, de Rogy, de l'Ortioy, de Paillart, de Hemeville, de Berny, de Jumelles, de Cotenchy, de Golencourt, de Remuencourt, d'Estrées, de Rumaisnil, de Floury, de Contres de Velleaves, de Fruviller, de Halet, de Cerisi, de Mortcourt, Wiencourt, la Chaussée, de Denuyn, l'Esquipée de Cayeux, de Hapeglenne, d'Aubercourt, de Vesquimont, la Mothe Brebiere, de Rivery, de Sailly le Sec, de Vers de Foulloy, Villers Bretonneux, du Hamel, Sailly, Leauret, de Bonnay, de Heilly, Ribemont, de Buires, de Tresves, de Villers sous Corbie, de Bresles, de Warloy, de Contay, de Villamecourt, de Montigny, de Pons, de Tronville, de Blangy, de Cachy, de Gentelles : les Curés de l'Eglise Notre-Dame en Doullens, de saint Martin audit Doullens, de Fieffes & Bonneville, Dinguessen & de Ricquemainil, de Villencourt, de Neufvillette, de Souich, des Masures, de Beallecourt, le Prieur de saint Supplis, le Curé de Millencourt ; les Religieux, Abbé & Convent de Valoires, les Curés de l'Estoille, de Bouchon, de Bussu, Maisons en Ponthieu, & de Ribaucourt.

Contre les nobles, à sçavoir le Roy Philippes d'Autriche, Comte d'Artois, Seigneur de Lens, d'Aire, de Bethune & Hesdin, Chastelain de l'Isle, Douay & Orchies : le Duc d'Ascot Seigneur de Crouy, Chastelain de Beaureins : de Messire André de Bourbon Chevalier, sieur de Rubempré : le Seigneur de Divion, le Seigneur de la Haye, de la Bouffiere, de Noyelles, de Calonnes, Desquerdes, de Ricouard, de Carvins, de Ricquebourg, de Cymecourt, d'Allewagne, de Humbercourt, de Dieval, de Beures, de Beuvry, de Souatre, de la Vallée, de Courieres, de Fosseux, de Lenval, de Haulteville, de Barly, de Dours le sec, d'Esmarcaiz, de Habart, de Beaufort, de Monchy le Breton, de Wachin, de Cyrancourt, de Maretz, le Genonval, d'Esclimeu, d'Allencourt, de Haulte-cloque, Flers, Flamermont, d'Averdoing, Penin, Houvignœul, de Mousicourt, de Boubers : les Seigneurs d'Acheu, de Raincheval, de Louvencourt, de Herissart, de Flesselles, le sieur de Belloy, de Lompre, de Haracaurt, Pierre de saint Delys Ecuyer, à cause de sa Seigneurie qu'il a au Village d'Allouville : le Seigneur de Montonviller, le Seigneur de Buz lez Arthois, le Seigneur de saint Leger, le sieur de Thieures, de Sanlis, Messire Jean de Mailly Chevalier, sieur de Belleville : les Seigneurs de Hetaumesnil, de Lignieres, de Mesgnieux, de Bernapre, de l'Areul, de Soves, de Foudrivoy : la Damoiselle de Prouzelle, le Seigneur de Rivieres, de Saissemont, de Saisseval, les Seigneurs de Friecourt, de Gaignemicourt, de Gournay, de Fricamps, de saint Aubin, de Montenay, de Caigny, d'Oresmaux, de Henu, de Rogy, de Heineville, de Laval, de Jumelles, de Meurisson, de Contres, de Famechon, Blangy sous Poix, de Gapennes, d'Yencourt, de Bours, de Gourguechon, du Ponchel, de d'Olleger, de Genville, de Franviller, de Hameiet, de Cerisi, de Morcourt, de Wiencourt, de la Chaussee, de Dennuyn, d'Aubercourt, de Bousencourt, de Vers, de Foulloy, du Hamel, de Mericourt, Sailly, Leauret, de Bonnay, de Ribemont, de Boucacourt, de Warloy, de Biencourt, de Vilainecourt, de Blangy, de Thesi, de Cachy, de Candas, de Monstrelet, d'Yngueschen & de Riquemaifnil : les Seigneurs de Breculer, des Mazures, de Luchuel & de Grouches : Meffire Jean de Monchy Chevalier, Seigneur d'Ellecourt & Biencourt, le Seigneur de Tilloloy & de Vaulx, les Seigneurs du Quefnoy fur Araines, de Theufles, de Fulleux & Lignieres, de Allenay, la Croix au Bailly, de Saucourt, de Herceleynes, d'Adinville, de Waudricourt, de Fouquaucourt, de Boullencourt en Sery, Bouthencourt & Monftiers : Meffire Anne Duc de Montmorency, Pair & Connetable de France, Seigneur de Mentenay : Meffire Charles de Brimeu, Seigneur de Sorrus : les Seigneurs de la Porte en Monftreul, de Verton, de l'Efpinoy & d'Aure.

Et auffi contre les gens du tiers Etat habitans des Villes, Bourgs & Villages qui enfuivent : à fçavoir les Echevins tant de Cité lez Arras, que de ladite Ville d'Arras. Les Echevins de Harnes ; les Maieurs & Echevins de Faulquemberge ; les Maire & Echevins d'Aire ; les Echevins de Houdaing ; les habitans de Divyon, de la Haye, de la Bouffire, de Calonne, Defquerdes, de Ricouard, de Carvins, de Riquebourg, de Cimecourt, d'Allewagne, de Humbercourt, de Dieval, Echevins de Beures, habitans de Beuvry, de Souatre, de la Vallée, de Courieres, de Foffeux, de Lenval, de Haulteville, de Barly, de Dours le Sec, d'Efmarquaiz, de Habart, de Beaufort, de Monchy le Breton de Wachin, de Cyraucourt, de Marez, de Genonval, d'Efclimeu, d'Allencourt, de Haultecloque, de Flers, de Flamermont, d'Averdoing, Penin Houvignœul, de Moufícourt, de Boubers : Echevins de Havin Lietard, de Lens ; les Officiers d'Hebuternes ; Maieur & Echevins de Pernes, habitans d'Arleu, Echevins & habitans de Vieulaines ; les Lieutenans, hommes & habitans de Hulles, Deloes, Douvrain, vieil Vendin ; les Lieutenant & francs cottiers de la vieille Chapelle ; les Maieur & Echevins d'Hourges ; les Prevôt & Echevins d'Oifi ; les Maieur & Echevins de Marquion, de Gouy, de l'Iflebourg, tous fujets de la Prevôté foraine de Beauquefne, ajournés à fon de trompe. Les habitans de Lanches, Canaples, de Raincheval, Thallemas, Vignacourt, Louvencourt, Vauchelles, de Heriffart, de Rubempré, de Belloy, de Lompre, de faint Maurice, de faint Pierre lez Amiens, de Pernois, Halloy, Pierregot, Mirevault, la Vacquerie, Haracourt, de Wargnies, de Haurenas, de Berthangles, de Moutonviller, Coifi de la Vicongne, Mairieu, de faint Gratian, d'Efpecamps, de Bus les Artois, de la Cardonnette, de faint Leger, de Georges, de Raineville, de Vaulx, de Poullainville, de Naours, de Thieures, de Sanlis ; les habitans de Riencourt, de faint Pierre à Gouy, de faint Aulbin en Amiennois, de Blargies, de Dameraucourt, de Croiffi, de Lignieres, de Soupplicourt, de Mefnieux, Maieur & Echevins de Poix. Les habitans de Ham, d'Eftouvy, de Druœül, de Brefly, de Crouy, de Soves & Franqueville, d'Offi, de Cavillon, Fourdrivoy, de Renencourt, du Pont de Mez, Salleu, Bacouel, Prouzel, Planchy, Fontaines fous Catheux, de Thilloy, Lully, Nampty & Coppegueulle, faint Sauflieu, Rumegny, Saveufes, de la Ferriere, Bovelles, Saiffemont, Saiffeval, Friecourt, Lincheux, l'Hôpital, Seux, Guinemicourt, Clairy, Gournay, Revelles, Biache, Quevàuviller, Fricamps, Offegnies, d'Orefmaux, de Henu, des Sarteaux, de Flers, Frauffures, Rogy, Gouy les Groffeliers, l'Ortioy, Paillard, Berny, Jumelles, Cothenchy, Golencourt, Renencourt, Guyencourt, Sains, faint Fufcien, Rumefnil, Floury, Contres. Les habitans du Village d'Eftrées, Prévôté de faint Riquier, Brucamps, Bouchon, d'Ergnie, de Noyelles, la Motte, Faviers, Forefmontier, Brevoy, Hamelet, de Franviller, Cerifi, Morcourt, Wiencourt, la Chauffée de d'Envyn, l'Efquipée, de Cayeux, Hapeglenne, Aubercourt, Vefquemont, la Motte Brebiere, Rivery, Sailly le fec, Bouzencourt, Vers, Foulloy, Villers Bretonneux, d'Aubigny, Mericourt, Sailly, Leauret, Bonnay, Heilly, Ribemont, Treves, Villes fous Corbie, Baucacourt, Contay, Vilainecourt, Montigny, Friencourt, de Pons, de Blangy, Glimont, Cachy, Gentelles, Thilloloy, de Vaulx, de Hoquincourt, de Caulieres, Forcheville, Montomer, de Hornoy, de Bofraoul, de Villers fur Campfart, Bezencourt, Dromefnil, Eftruins, Menricourt, Avelefges, Laleu, Aumont, Bethencourt, Rivieres, Metigny, Avefnes, Araines, Follie, Cambron, Moyenneville, Ellecourt, Biencourt, Rambures, Nefle, l'Hôpital faint Maxen, Bulleux, Feuquieres, Freffenville, Saigneville & Friville, Chepy, Efpaumefnil, Efcarbotin, Belloy, Boufféville, Waigne Rue, Nibat, Onival, Friaucourt, Oufte, Rambercourt, Allenay, la Croix au Bailly, Mainieres, Saucourt, Herceleines, Frefnoye, faint Maulvis, Omaftre, Andinville, Frefneville, Ramburelles, Waudricourt, Auffennes, Foucaucourt, Monftier, Mefnil Endin, de Brourelles, Millencourt, Yfengrenier, d'Embreville, Lancheres & Boumont, de Bauval, de Candas, Fieffes, Bonneville, Monftrelet, d'Agnicourt, Haracourt, de Willencourt, Heufecourt, de Sovich, Breviller, des Mazures, Grouches, Beauvoir, Riviere, Camaifnil, Oultrebois, Ococh. Les Maieur & Echevins de faint Joffe fur la mer, les Bailly & Echevins de Verton, les Bailly & hommes de Brimeu & de Bercq.

Aufquels non comparans en perfonne, ne par Procureurs, avons donné défaut : fauf la feance portant tel profit que de raifon. Ce fait, avons fait faire le ferment aux gens defdits trois Etats, en tel cas requis & accoutumé : à fçavoir, qu'en leurs loyautés & confciences ils nous rapporteroient ce qu'ils auroient vû garder & obferver des Coutumes anciennes dudit Bailliage, anciens refforts, & enclaves d'icelui, & ce qu'ils en fçauroient, ceffant toute affection privée & particuliere, & ayant feulement égard au bien public. Nous difans auffi leur avis & opinion de ce qu'ils trouveront dur, rigoureux & déraifonnable des Coutumes anciennes ci-devant decretées & par eux obfervées, pour comme tel être par nous (felon qu'il nous eft mandé par efdites Lettres de Commiffion) temperé, moderé, augmenté, diminué, corrigé, ou du tout tollu & abrogé : ce qu'ils nous ont promis & juré de faire.

En après avons, en prefence defdits Officiers & gens des trois Etats, procedé à la lecture dudit Livre à nous (comme dit eft) le jour d'hier, baillé & imprimé par Jean Caron, Libraire d'Amiens

miens, le vingt-cinquiéme jour de Janvier mil cinq cens quarante-six avant Pâques, qu'ils nous ont dit être, comme aussi le porte son intitulation le Livre des Coutumes tant generales du Bailliage d'Amiens, que locales & particulieres des Prevôtés de Monstreul, Beauquesne, Foulloy, saint Riquier, Doullens & Beauvoisis, publiées audit Bailliage en l'an mil cinq cens sept. Et avons commencé ladite lecture au premier article, & d'icelui continué aux autres s'ensuivans jusques à la fin dudit Livre : sauf par ci-après de digerer & disposer par nous lesdits articles ainsi qu'ils seront accordés, augmentés, diminués, corrigés ou reformés par l'avis desdits Etats, en bon ordre & sous convenables titres & chapitres, pour plus grande clarté & facile intelligence desdites Coutumes : le Livre desquelles sera dorénavant intitulé par ces mots : *Coutumes tant generales que locales & particulieres du Bailliage d'Amiens.*

Des Fiefs.

Les Articles premier commençant par ces mots, *Quand un vassal*, deuxiéme commençant par ces mots, *Après laquelle saisie*, troisiéme commençant par ces mots, *Et afin*, & cinquiéme commençant par ces mots, *Pour quelque temps*, ont été par l'avis des assistans mis au lieu du dix-huitiéme article de l'ancien coutumier, duquel la teneur ensuit : *Toutefois qu'il advient que le possesseur proprietaire d'aucun fief va de vie à trépas, incontinent ledit trépas advenu, ledit fief retourne en la main du Seigneur feodal dont il est tenu, & est réuni à sa table & domaine sans saisie ou main-mise, jusques à ce que l'heritier dudit trépassé l'aura relevé, payé les droits, & fait les devoirs en tel cas pertinents. Et peut le Seigneur dont ledit fief est tenu après quarante jours passés, & non ainçois, si ledit relief n'est fait en dedans ledit temps, prendre à son profit tous les fruits & revenus qui sont procedés dudit fief depuis ledit trépas : & à icelui revenu jouir tant & jusques à ce que lesdits relief, droits & devoirs lui soient faits & payés, & en user comme bon pere de famille, sans aucune chose démolir, regaler ou autrement en mal user. Et quelque temps que ledit Seigneur en jouisse, il ne peut prescrire la proprieté du fief, mais en est garde seulement, en telle façon que l'heritier est toujours entier de relever la proprieté de sondit fief, en payant les droits & devoirs, & ne le peut ledit Seigneur mettre en autre main par donation, transport, vendition ou autrement, que ce ne soit à la charge de recevoir les heritiers ou heritier à relief toutesfois qu'ils s'y offriront*, pour avoir lieu lesdits cinq articles pour l'avenir, sans préjudice du passé.

Le sixiéme article commençant par ces mots, *Si le fief saisi*, a été mis au lieu du dix-neuviéme article dudit ancien coutumier, dont la teneur ensuit : *Si en dedans lesdits quarante jours aucuns fruits écheoient à meurison, ensorte qu'il les conveinst messonner, les heritiers ou heritier dudit defunt, ou les censiers & fermiers d'icelui defunt pourront messonner lesdits fruits, labourer les terres & faire tout ce qu'il seroit nécessaire & utile pour le bien de la chose sous la main du Seigneur feodal, à charge de rendre & bailler tous iceux fruits & profits levés audit Seigneur feodal, comme à lui appartenans, en évenement & au cas que par dedans lesdits quarante jours prochains ensuivans ledit trépas, les heritiers ou heritier dudit vassal défunt n'auroient relevé & droicturé ledit fief pardevers ledit Seigneur feodal, ou ses Bailly & Officiers : & sera la Justice d'icelui fief durant lesdits quarante jours exercée sous ledit Seigneur feodal, par les Officiers qui du vivant dudit défunt y étoient commis.* Lequel ancien en conséquence des precedens articles, a été de l'avis desdits Etats rayé.

En lisant les treize & quatorziéme articles de l'ancien coutumier, qui sont en substance contenus ès articles septiéme commençant par ces mots, *Les droits de reliefs :* & huitiéme commençant par ces mots, *Et en relief :* se sont opposés le Cardinal de Crequy en personne, ledit Roussel Bailly de Corbie pour le Cardinal de Bourbon, Abbé & Comte dudit Corbie : & ledit Maître Nicole Nibat pour ledit Duc d'Aumalle : disans à sçavoir ledit Cardinal de Crequy, qu'à cause de sa pairie & principauté de Poix : & les autres à cause des terres qu'ils possedent en droit de pairie, ils ont droit de prendre pour chacun relief, dix livres parisis ; & cinq livres parisis pour droit de chambellage, & plusieurs autres droits qui ne sont compris en la Coutume generale. Aussi s'est opposé ledit du Beguin pour lesdits Doyen, Chanoines & Chapitre de Beauvais, disant qu'en la terre de Gaignemicourt & autres assises au Bailliage d'Amiens, appartenans ausdits du Chapitre, y a plusieurs Mairies tenues en fief de ladite Eglise ; pour le relief desquels & pour toute mutation d'homme, soit de pere à fils, ou autrement, leur est dû relief tel que le revenu d'une année, avec droit de chambellage : & outre qu'ils ont droit de relief sur les cotteries, tel que pour chacune masure tenue à cens & pour chacune mine de terre tenue à champart, leur est dû pour droit de relief un sol parisis : & pour chacune mine tenue en censive, douze deniers parisis : & ne peuvent entrer les heritiers ou légataires, en jouissance & possession des heritages à eux échus ou legués, avant que d'avoir payé lesdits droits : & ce sur peine de soixante sols parisis d'amende : & sont tenus faire lesdits reliefs & payemens de droits dedans quarante jours, sur peine de pareille amende. Pareillement lesdits Vaillant & Lescouverte pour ledit sieur Cardinal de Châtillon, à cause de son Vidamé de Gerberoy, se sont opposés, & dit qu'en cas de donation simple d'heritage noble & tenu en fief faite à son héritier apparent habile à lui succeder, & en avancement d'hoirie & de succession, lui appartient droit de relief : qui est tel que le vassal doit offrir au Seigneur feodal au chef-lieu du fief seigneurial, une somme de deniers pour une fois, ou le revenu d'une année de trois, ou le dire des pairs & vassaux étans sous ledit Seigneur feodal, au choix dudit Seigneur : & au cas que le fief ou arriere-fief n'ait été estimé & apprecié, & qu'en tel droit il est fondé par Coutume locale dudit Vidamé. Ce que ledit le Quieu Avocat du Roy a empêché, disant qu'en l'an mil cinq cens sept, que lesdites Coutumes furent publiées, lesdits Seigneurs ou leurs predecesseurs ne se sont aucunement opposés ausdits articles, qui ont passé generalement contre tous. Sur quoi avons ordonné que lesdits articles passeront purement & simplement, sans préjudice des droits desdits opposans, s'aucuns en ont par titre ou possession immemoriale.

Au neuviéme article commençant par ces mots, *Si femme tenant fief*, qui étoit le quinziéme article dudit ancien coutumier, lesdits Vaillant & Lescouverte pour ledit Cardinal de Châtillon se sont opposés, disans que ledit Seigneur en son Vidamé de Gerberoy, fait les fruits siens. Ce que ledit Procureur du Roy a empêché, & employé ce qu'il a dit sur l'article prochain précedent

A l'article dixiéme commençant par ces mots, *Et quand le fief*, qui étoit le sixiéme de l'ancien, se sont opposés le sieur Vidame d'Amiens, & le sieur de la Freste, qui ont persisté à l'opposition faite par leurs prédecesseurs audit an mil cinq cens sept, sur ledit article : disant avoir relief de bail avec celui de proprieté, par titre & possession immemoriale, confirmée par Arrêt, & dont ils ont joui jusques à present : ce qui a été empêché par ledit Avocat du Roy, & a requis que lesdits opposans eussent à lui exhiber les titres & Arrêts par eux allégués.

Avons donné acte ausdits opposans de leur dire, & ordonné que dedans quatre mois prochainement venans, ils instruiront leurs oppositions, & les feront mettre en état de juger, autrement ledit temps passé où il y aura négligence, ledit article passera purement & simplement contre lesdits opposans.

A la fin du treiziéme article commençant par ces mots, *Quand le vassal*, qui étoit le vingt-uniéme dudit ancien Coutumier, ont été de l'avis desdits Etats, ajoutés ces mots : *Pour raison duquel relief n'est dû que simple droit de relief & chambellage : & est tenu le Seigneur recevoir lesdits puînés, encore que l'aîné eût relevé autres fiefs d'icelle succession.*

Au vingtiéme article commençant par ces mots, *Quand le Seigneur veut*, qui étoit le vingt-quatriéme ancien, lesdits Lescouverte & Vaillant pour ledit Cardinal de Châtillon se sont opposés, disans que ledit Seigneur Cardinal est en possession de commettre telles personnes que bon lui semblera pour recevoir ses hommages, sans qu'il soit tenu d'y être en personne. Par ledit Avocat du Roy a été dit au contraire, & qu'il n'est recevable à s'opposer au contenu audit article, qui passa purement & simplement en ladite année mil cinq cent sept. Sur quoi avons ordonné que ledit Seigneur Cardinal aura acte de ses remontrances, & que néanmoins ledit article passera, sans préjudice de ses droits, s'aucuns en a, par titres ou possession immoriale. A la fin duquel article & pour explication d'icelui, avons de l'avis desdits Etats ajouté ces mots, *Et autrement lesdits vassaux ne sont tenus de faire les foy & hommage personnels audit Seigneur.*

Au vingt-cinquiéme article commençant par ces mots, *Le vassal tenant*, qui étoit le vingt-sixiéme audit Coutumier ancien, se sont opposés lesdits Cardinal de Crequy en personne, Lescouverte & Vaillant pour ledit Cardinal de Châtillon : ledit Beguyn pour le Chapitre de Beauvais : ledit des Essars pour le Duc de Nivernois, à cause de Dame Henriette de Cleves sa femme, sieur de saint Valery sur la mer, Ault, païs & roc de Cayeu : Messire Claude de Vendôme, Seigneur de Lambercourt, & Jean le Dieu, au nom & comme Procureur de Messire Maximilien de Meleun, Vicomte de Gand, Seigneur & Châtelain de Baillœul, disant ledit Seigneur Cardinal de Crequy, qu'en la terre de Dompmart ses vassaux tenans fief en pairie ou en plein hommage, n'ont toutefois en iceux telle Justice que lui. Lesdits Lescouverte & Vaillant pour ledit Seigneur Cardinal de Châtillon, Vidame de Gerberoy, ont dit qu'audit Vidamé de Gerberoy, y a seulement quatre hauts Justiciers ses vassaux : * & quant aux autres vassaux qui ont Justice, l'ont seulement basse, & non davantage. Ledit Beguyn audit nom, a dit que les vassaux de leurdite terre de Gaignecourt, & autres, étans audit Bailliage d'Amiens, n'ont aucune Justice : ains appartient toute la Justice à l'Eglise de Beauvais, & ne sont les fiefs de leursdites terres que fiefs de service. Ledit des Essars a dit, qu'audit Seigneur Duc de Nivernois, à cause de sadite femme, seul appartient la haute Justice audit païs & roc de Cayeu, & non à ses vassaux & sujets dudit païs suivant la Coutume locale & particuliere par ses prédecesseurs pieça baillée & mise au Greffe dudit Bailliage : & outre appert desdits droits par les anciens aveux & dénombremens baillés par ses vassaux. Ledit Fournier pour ledit Messire Claude de Vendôme Chevalier, Seigneur de Lambercourt, a dit que ses vassaux n'ont jamais eu audit lieu autre Justice que Vicomtiere. Ledit Dieu pour ledit Vicomte de Gand, a dit que ses vassaux & tenans feodaux en ladite Chastellenie de Baillœul, n'ont que Justice Vicomtiere, & à lui seul la haute Justice appartient : ce que sesdits vassaux en l'an mil cinq cens sept, pour ce convoqués, lui accorderent, & dresserent ensemble Coutumes locales, qui furent mises au Greffe dudit Bailliage : & que néanmoins sesdits vassaux pendant les guerres survenues à cause que ledit sieur tenoit parti contraire, ont usurpé sur lui la haute Justice en leurs terres, & se disent être en possession d'en jouir au prejudice des droits, autorités, justice & seigneurie de sadite Chastellenie & desdites Coutumes locales étant au Greffe, requerant icelles Coutumes locales être homologuées, à tout le moins être mises en un registre à part au Greffe dudit Bailliage, pour y avoir recours. A été par ledit Lieutenant de Baillœul soutenu au contraire : à sçavoir que lesdits habitans n'ont usurpé la haute Justice en leurs terres, en laquelle ils sont fondés par droit, titre

* Les quatre terres dépendantes du Vidamé de Gerberoy, qui ont haute Justice, sont Formeries, Fontaines Lavagane, saint Sanson, & Rotangy.

& possession immemoriale. Sur quoi avons dit que lesdits opposans auront acte de leursdites oppositions & remontrances, & néanmoins ordonné que ledit article passera sans préjudice de leurs droits, titres particuliers & possessions immemoriales, s'aucunes en ont

A l'article vingt-six, commençant par ces mots, *Celui qui a fief*, qui étoit le vingt-septiéme article de l'ancien, ont été de l'avis desdits Etats, ajoutés & entrejettés ces mots, *Pourvû qu'il le baille à juste rente & prix, & autant qu'il vaut, sans fraude* : lesquels mots ont été pris du soixante-quatriéme article des Coutumes locales de Monstreul, pour être à l'avenir observés audit Bailliage d'Amiens, & au lieu de ces mots, *Tel vassal commettroit & confisqueroit son fief, ou écheroit en amende de quarante livres parisis envers sondit Seigneur, & avec ce ledit bail seroit declaré nul* : qui étoit audit vingt-septiéme article ancien, ont été de l'avis que dessus mis ces mots : *& où il prendroit autres que lesdits cens & rente sans le sceu & consentement de sondit Seigneur, il est tenu de payer les droits seigneuriaux, à raison des deniers par lui reçus, & outre l'amende de quarante livres parisis pour le deguisement & recellement par lui fait*, pour avoir lieu à l'avenir, sans préjudice du passé.

Le vingt-septiéme article commençant par ces mots, *Peut aussi bailler*, a été pris du quarantiéme article de Beauquesne, & de l'avis desdits Etats ajoûté à ladite Coutume generale, pour avoir lieu à l'avenir.

A la fin du vingt-huitiéme article commençant, *Chacun peut échanger*, faisant partie du vingt-huitiéme article dudit ancien coutumier, ont été par l'avis desdits Etats ajoutés pour plus grande interprétation d'icelui, ces mots, *Par celui qui reçoit les deniers d'icelle, & dont les contractans seront tenus se purger par serment*, pour avoir lieu à l'avenir.

A la fin du trente-uniéme article commençant par ces mots, *Le vassal peut éclipser*, qui étoit le trente-uniéme article dudit ancien coutumier, ont été par l'avis que dessus, ajoutez ces mots, *à l'élection & choix dudit vassal*, pour avoir lieu pour l'avenir, sans préjudice du passé & procès pendans.

Pareillement à la fin du trente-troisiéme article commençant par ces mots, *Chacun se peut jouer*, qui étoit le trente uniéme article dudit ancien coutumier, ont été de l'avis desdits Etats, ajoutez ces mots, *Au choix & élection dudit vassal*, pour avoir lieu à l'avenir, & sans préjudice du passé & procès pendans.

Du trente-quatriéme article commençant par ces mots, *Aussi dans un an*, a été de l'avis que dessus, faite addition pour l'avenir en conséquence & pour la limitation de l'élection baillée au vassal tant en cet article qu'aux precedens, sans préjudice comme dessus.

L'article trente-septiéme commençant par ces mots, *Quand la vendition*, a été de l'avis desdits Etats, ajouté pour l'explication de l'article précedent.

A l'article quarante-un commençant, *Toutes & quantes fois*, qui étoit le trente-deuxiéme de l'ancien coutumier, ont été ajoutés & interjettés ces mots, *continuels & consecutifs, & par trois divers payemens*, pour avoir lieu à l'avenir.

Le quarante-troisiéme article commençant par ces mots, *Un tenancier cottier peut*, a été de l'avis que dessus mis au lieu du trente-quatriéme de l'ancien coutumier, duquel la teneur ensuit : *Item, par ladite Coutume un tenant cottierement aucun heritage, terre ou mazure, tel tenant ne peut renoncer & delaisser ladite terre, heritage ou masure en la main du Seigneur de qui il tient à censive, que préalablement ne soit tenu payer tous les arrerages qu'il devroit à cause des censives d'icelles terres, masures & heritages, jusques au jour qu'il voudroit delaisser en la main de qui il tient.*

Pareillement le quarante-quatriéme article commençant par ces mots, *Quand un vassal commet*, a été par l'avis desdits Etats mis au lieu du soixante-dixiéme article dudit ancien coutumier, duquel la teneur ensuit, *Toutesfois & quantes qu'un vassal commet felonnie à l'encontre de son Seigneur feodal en dérogeant à son serment de fidélité, tel vassal pour ladite felonnie confisque son fief envers sondit Seigneur feodal, ou echet envers lui en amende de soixante livres parisis.*

Le Quarante-cinquiéme article commençant par ces mots, *Pareillement si le Seigneur commet*, a été de l'avis desdits Etats ajouté pour avoir lieu à l'avenir.

De Donations.

AU quarante-sixiéme article commençant par ces mots, *Toute personne*, qui étoit le premier article de l'ancien coutumier, ont été de l'avis que dessus, interjettés en deux divers endroits ces mots, *Aagée & usant de ses droits*, & ce mot, *capable*, pour plus grande explication dudit article.

Le quarante-septiéme article commençant par ces mots, *Toutefois pour donation*, a été dudit avis ajouté, pour avoir lieu à l'avenir.

Le quarante-neuviéme article commençant par ces mots, *Semblablement pour partage*, qui étoit le vingt-septiéme article de la Coutume locale de Beauquesne, a été par l'avis que dessus, ajouté à ladite Coutume generale d'Amiens pour avoir lieu à l'avenir, sans préjudice du passé.

De Testamens.

Les articles cinquante-cinq commençant par ces mots, *Avant qu'un testament*, & cinquante-six commençant par ces mots, *L'âge pour pouvoir*, ont été par l'avis des assistans ajoutés pour avoir lieu à l'avenir, sans préjudice du passé.

A l'article cinquante-sept commençant par ces mots, *Il est loisible*, qui étoit le quatriéme article de l'ancien coutumier, ont été de l'avis que dessus ajoutés & entrejettés ces mots, *soit qu'il soit de ses propres ou d'acquêts*, & dudit ancien ont été rayés ces mots, *Et doit le testateur user par exprès de ce mot, quint, qui se nomme quint datif*, comme superflus & de nul effet.

L'article cinquante-huitiéme commençant par ces mots, *Toutefois si le testateur*, a été par l'avis que dessus ajouté, pour avoir lieu à l'avenir, sans préjudice du passé.

Les articles cinquante-neuviéme commençant par ces mots, *Tout quint hereditai*, soixante-un commençant par ces mots, *L'executeur testamentaire est saisi*, soixante-deux commençant par ces mots, *L'executeur testamentaire paye*, soixante-troisiéme commençant par ces mots, *Si l'un des deux*, & soixante-quatre commençant par ces mots, *Toutefois si c'étoit*, ont été par l'avis desdits Etats ajoutés, pour avoir lieu à l'avenir.

Au soixante-cinquiéme article commençant par ces mots, *Si aucun veut*, ont été de l'avis que dessus mis & entrejettés ces mots, *Est requis & nécessaire*, au lieu de ce mot, *expedient*, qui étoit au neuviéme article de l'ancien.

De Successions.

Le soixante-septiéme article commençant par ces mots, *Tant que la ligne directe:* & soixante-huitiéme article commençant par ces mots, *Tant que la ligne directe & ascendante*, ont été de l'avis desdits Etats mis au lieu du trente-sixiéme article de l'ancien coutumier, pour plus grande explication d'icelui, duquel ancien article la teneur ensuit: *Tant que la ligne directe dure, soit en ascendant ou en descendant, la ligne collaterale n'a point de lieu.*

Les articles soixante-neuf commençant par ces mots, *Representation en ligne directe*, & soixante-deuxiéme commençant par ces mots, *Representation en ligne collaterale*, ont été de l'avis desdits Etats ajoutés pour avoir lieu pour l'avenir, & mis au lieu du trente-septiéme article de l'ancien coutumier, dont la teneur ensuit: *Representation n'a point de lieu, si ce n'est qu'elle fût par lettres ou fait special traitée, faite & accordée, auquel cas elle auroit lieu*, lequel ancien article a été de l'avis desdits Etats abrogé.

Les articles soixante & onziéme commençant par ces mots, *Quand aucun va de vie à trépas*, soixante & douze commençant par ces mots, *Auquel quint hereditai*, soixante & treize commençant par ces mots, *Aussi demeure & appartient*, soixante & quatorze commençant par ces mots, *Peut ledit aîné*, soixante & quinze commençant par ces mots, *Et s'il n'y a terres*, soixante & seize commençant par ces mots, *Pendant lequel temps*, soixante & dix-sept, commençant par ces mots, *Pour ledit rachat*, soixante & dix-huit, commençant par ces mots, *Si l'aîné rachete*, soixante & dix-neuf commençant par ces mots, *Le puîné releve*, quatre-vingt commençant par ces mots, *Ledit quint*, & quatre-vingt-un commençant par ces mots, *La part des puînés*, ont été de l'avis desdits Etats ajoutés pour avoir lieu à l'avenir, & mis au lieu du trente-neuviéme article de l'ancien coutumier, duquel la teneur ensuit: *Quand aucun va de vie à trépas, delaissés par lui plusieurs enfans de lui nés & procreés en loyal mariage mâles ou femelles, à l'aîné mâle; & à faute de mâle, à l'aînée femelle succedent & doivent appartenir les heritages feodaux dont possedoit ledit deffunt au jour de son trépas, à la charge d'un quint viager aux autres enfans, si apprehender le veulent, à chacun d'iceux par égale portion: mais chacune d'icelles portions retourne & se réunit aux quatre parts de l'aîné après le trépas de chacun d'iceux enfans, lequel quint viager & chacune portion d'icelui, se doit relever du Seigneur dont le total du fief est tenu: Et pour ce par chacun d'eux payer tel relief & faire semblables services pour chacune d'icelles portions de quint que devoit & doit le total du fief: & quant aux biens meubles & heritages, cens ou rentes cottiers ou roturiers délaissées par tel défunt, ils se partissent entre lesdits enfans également & par égale portion, & en a autant l'une comme l'autre*, lequel ancien article a été abrogé nonobstant les oppositions faites par ledit Seigneur Cardinal de Crequy, qui a dit avoir Coutume locale au contraire en sadite terre de Dampmart: & par lesdits Lescouverte & Vaillant, qui ont dit pour ledit Cardinal de Châtillon, que par la Coutume de sondit Vidamé de Gerberoy à l'aîné mâle appartient seulement les deux parts des fiefs échûs par succession directe, & l'autre tiers aux autres enfans: & s'il n'y a enfans mâles, les filles succedent également. Ledit Procureur du Roy soutenant au contraire, disant que lesdits articles doivent demeurer purement & simplement, attendu qu'ils ne faisoient apparoir des Coutumes par eux alléguées, & n'avoient été par ci-devant decretées. Ausquelles parties avons donné acte de leurs dires, & que lesdits articles passeront sans préjudice de leurs droits, desquels ils feront apparoir par titres ou possessions immemoriales, s'aucuns en ont.

L'article quatre-vingt-trois commençant par ces mots, *Quand pere ou mere*, qui étoit le soixante-dixiéme de la Coutume locale dudit Monstreul, a été par l'avis que dessus ajouté à ladite Coutume generale pour avoir lieu à l'avenir sans préjudice du passé.

Au quatre-vingt-quatriéme article commençant par ces mots, *Et quant aux acquêts feodaux*, a été par l'avis desdits Estats ajouté pour conformité & parité de raison qu'il a avec le precedent.

Les quatre-vingt sixiéme article commençant par ces mots, *Les freres & sœurs*, quatre-vingt-sept commençant par ces mots, *Les biens sont estimés*, & quatre-vingt-huit commençant par ces mots, *Si le défunt*, ont été par l'avis desdits Estats ajoutés pour avoir lieu à l'avenir sans préjudice du passé.

Le quatre-vingt-neuviéme article commençant par ces mots, *Les biens acquis*, qui étoit le huitiéme de la Coutume locale de Monstreul, a été par l'avis que dessus ajouté à ladite Coutume generale.

L'article quatre-vingt-onze commençant par ces mots, *Et s'il y a plusieurs*, a été de l'avis desdits Estats ajouté pour avoir lieu à l'avenir, sans préjudice du passé.

Les articles quatre-vingt-douze commençant par ces mots, *Quand pere ou mere délaissent*, & quatre-vingt-treiziéme commençant par ces mots, *Mais si tous lesdits enfans*, ont été de l'avis desdits Estats mis au lieu du quarante-uniéme article de l'ancien coutumier, pour plus grande explication d'icelui, duquel quarante-uniéme la teneur ensuit. *Item par ladite Coutume quand aucun pere ou mere après leur trépas delaissent plusieurs enfans ses heritiers, dont les aucuns sont mariés & les autres à marier : & s'il délaisse plusieurs meubles, dettes, rentes & héritages cottiers & partables, en ce cas si les mariés veulent venir à partager avec ceux qui sont à marier, iceux mariés sont tenus rapporter ou déduire tout ce qu'ils ont emporté à mariage, & le tout mettre ensemble pour le partir, & en prendre chacun par égale portion : mais si tous étoient mariés, il n'y a point de rapport, supposé que l'un eût beaucoup plus emporté en mariage que l'autre.*

Le quatre-vingt-quatorziéme article commençant par ces mots, *Pour partage universel*, a été de l'avis desdits Estats ajouté, comme ayant été obmis en l'ancien coutumier, combien qu'il ait été toujours observé.

Au quatre-vingt-quinziéme article commençant par ces mots, *Religieux ou Religieuses*, ont été de l'avis desdits Estats pour plus grande explication entrejettés ces mots, *en Religion approuvée.*

Le quatre-vingt-seiziéme article commençant par ces mots, *Les biens meubles*, a été par l'avis desdits Estats ajouté, comme ayant été obmis en l'encien Livre coutumier, combien qu'il eût été par ci-devant observé.

Le quatre-vingt-dix-septiéme article commençant par ce mot, *Artilleries*, qui étoit le douziéme article des Coutumes locales de Monstreul, a été ajouté à la Coutume generale dudit Bailliage d'Amiens pour avoir lieu à l'avenir, sans préjudice du passé.

Des droits appartenans à gens mariés.

A L'article quatre-vingt-dix-neuf commençant par ces mots, *Après le trépas dudit mari*, faisant partie du cinquante-uniéme du cayer ancien, ont été de l'avis desdits Estats ajoutés & entrejettés ces mots, *Ce qu'elle est tenue de déclarer dedans quarante jours*, qui ont été pris du quatre-vingt-huitiéme article des Coutumes locales de Monstreul, & encore sur la fin d'icelui ont été ajoutés de l'avis que dessus ces mots, *Son recours à elle réservé contre les héritiers du mari.*

A la fin du cent quatriéme article commençant par ces mots, *Mais quand le mari*, ont été de l'avis que dessus ajoutés ces mots, *Après la saisie dudit sieur*, en consequence des précedens qui requierent saisie à faute de foi.

L'article cent cinq commençant par ces mots, *Quand l'un des deux conjoints*, a été de l'avis que dessus, ajouté comme ancien, mais ayant été obmis audit ancien Livre coutumier.

A la fin du cent sixiéme commençant par ces mots, *Personnes conjointes par mariage*, qui étoit le huitiéme article dudit ancien coutumier, ont été par l'avis desdits Estats ajoutés ces mots, *Au cas toutefois qu'il n'y ait enfans dudit mariage ou d'autre précedent : & s'il y en a, ne peuvent donner l'un à l'autre que par usufruit*, pour avoir lieu à l'avenir.

Les articles cent sept commençant par ces mots, *Femme ayant enfant*, & cent huitiéme commençant par *Quand l'un des conjoints*, ont été de l'avis desdits Estats ajoutés de nouvel pour avoir lieu à l'avenir.

Des douaires.

LE cent neuviéme article commençant par ces mots, *Femme mariée & douée*, a été par l'avis de la plûpart desdits Estats ajouté de nouvel, nonobstant le dire de Maître Jean de la Fosse Avocat audit Siege, qui a dit qu'il s'opposoit, tant pour lui que pour autres Praticiens dudit Siege, en ce que pour ledit nouvel article la veuve seroit saisie. Sur quoi nous avons ordonné qu'il baillera ses causes d'opposition à la Cour au lendemain de la S. Martin, néanmoins cependant & par provision, ledit article passera & sera mis au lieu des cinquante-trois & cinquante-quatriéme art. de l'ancien coutumier, desquels la teneur étoit. *Il est de necessité si une femme veuve après le trépas de son mari veut acquerir & les fruits & profits du douaire coutumier à elle du sur les heritages de sondit feu mari, qu'icelle veuve ait le consentement des heritiers ou heritier d'icelui feu son mari, & des Seigneurs ou Seigneur dont les heritages sur lesquels elle a acquis aroit de douaire sont tenus & mouvans, ou qu'elle obtienne Commission du Siege dudit Bailliage, ou d'autres Juges competens: que par vertu d'icelle Commission elle se fasse mettre de fait sur les heritages sur lesquels elle veut avoir sondit douaire: & ce signifier aux heritiers de sondit feu mari, detenteurs, possesseurs & occupateurs d'iceux heritages: & au Seigneur ou Seigneurs dont ils sont tenus: & que sur ce soit tant procedé, qu'elle soit tenue & decretée de droit de leur consentement, ou par sentence de Juge competent sur contredit ou par coutumace: & n'est ladite veuve prejudiciée esdits fruits pour la longueur du procès, pourvû que la Sentence & tenue de droit, qui depuis se donne au profit d'elle, se retrotrait par ladite Coutume à jour de la mise de fait à l'instance d'elle faite par Justice sur lesdits heritages.*

Item, si une femme après le trépas de son mari, est negligente d'entrer en la jouissance de son douaire coutumier, ou l'apprehender par mise de fait dûement signifiée où il appartient, elle perd les fruits d'icelui échus depuis le trépas de sondit mari jusques à ce qu'elle aura fait faire ladite mise de fait en icelui son douaire.

A l'article cent douziéme commençant par ces mots, *Douaire coutumier est de moitié*, faisant partie du quarante-neuviéme article ancien, ont été de l'avis desdits Estats, ajoutés & entrejettés ces mots, *saisi ou non*, & encore ces mots, *ou par donation de pere ou mere ou autres ascendans en ligne directe*, pour plus grande explication & intelligence d'icelui: auquel se sont opposés lesdits Lescouverte & Vaillant pour ledit Seigneur Cardinal de Châtillon, disans que par la Coutume locale dudit Vidamé de Gerberoy, la femme est douée de la moitié de tous les heritages, soit feodaux ou cottiers, que le mari avoit le jour de ses nopces, & durant & constant leur mariage, lequel douaire est reputé propre aux enfans dudit mariage, de laquelle opposition leur avons baillé acte, & néanmoins ordonné que l'article passera.

Par le cent quinziéme article commençant par ces mots, *Pour douaire soit prefix ou coutumier*, a été de l'avis desdits Estats corrigé le cinquante-uniéme article de l'ancien coutumier, qui pour acquerir hypotheque pour le douaire prefix sur les biens du mari, requeroit expresse realisation ou reconnoissance devant les Seigneurs ou leurs Officiers, & au reste est ancien pris des quarante-neuviéme & dudit cinquante-uniéme articles dudit ancien coutumier.

Les articles cent vingt-deuxiéme commençant par ces mots, *La veuve doit pour les heritages tenus*, & cent vingt-quatriéme commençant par ces mots, *Femme noble se remariant*, ont été de l'avis desdits Estats ajoutés.

Des Baillistres & Enfans mineurs.

LEs articles cent vingt-septiéme commençant par ces mots, *Et se fait l'appréhension*, cent vingt-huit commençant par ces mots, *Toutefois nul n'est*, & cent vingt-neuviéme commençant par ces mots, *Et s'il ne se presente*, ont été de l'avis desdits Estats pris des quinze & seiziéme articles des Coutumes locales de Monstreul, & ajoutés à la Coutume generale, pour avoir lieu à l'avenir.

Le cent trente-cinquiéme article commençant par ces mots, *Mâles & femelles*, a été de l'avis desdits Estats, suivant les remontrances qui avoient été faites l'an mil cinq cens sept, contenues audit Livre imprimé, ajouté & par consequent abrogé le quarante-sixiéme article dudit ancien coutumier, duquel la teneur étoit. *Un fils est tenu pour âgé & habile à demener ses causes & besongnes, en demandant & en défendant incontinent qu'il a atteint l'âge de quinze ans complets, & une fille à douze ans complets: après lequel âge ainsi atteint, tels enfans peuvent contracter, vendre & aliener leurs biens & heritages, & en user à leur plaisir & volonté.*

Le cent trente-sixiéme article commençant par ces mots, *Emancipation d'enfans*, a été par l'avis desdits Estats pris du quarante-uniéme article des Coutumes locales de Beauquesne, & ajouté à l'ancienne Coutume, pour avoir lieu à l'avenir.

Des Hypotheques.

AU cent trente-septiéme article commençant par ces mots, *Contrats de venditions*, qui fait partie du soixante-cinquiéme article ancien de l'avis desdits Estats, pour & au lieu de ce mot, *auditeurs*, qui étoit audit ancien article, a été mis ce mot, *notaires*, & si ont été ajoutés & entrejettés ces mots, *Pour le regard du Seigneur & creanciers.*

L'article cent trente-neuviéme commençant par ces mots, *Toutefois èscas*, a été de l'avis desdits Estats ajouté pour avoir lieu pour l'avenir.

Au cent quarante-uniéme article commençant par ces mots, *La premiere que le vendeur*, qui faisoit partie du soixante-septiéme article de l'ancien coutumier, s'est opposé Maître André Pecoul pour & au nom des Doyen, Chanoines & Chapitre de l'Eglise de Paris, à cause de leur Seigneurie d'Oultrebois, & pour lesdits Abbé, Religieux & Convent de Clerfay, & pour les Religieuses, Abbesse & Convent de Willencourt, pour ledit François de Semeur Seigneur du Bus lez Arthois, à cause de sa femme : Et pour ledit frere Guillaume Fleury, Commandeur des Fieffes, disant qu'à cause desdites terres, leur sont dûs droits seigneuriaux en cas de vente, donation, alienation & permutation, tels que du sixiéme denier, pour heritages cottiers & roturiers, & que dudit droit ils sont en possession immemoriale : auquel ausdits noms avons donné acte de son opposition, & passera ledit article sans préjudice de leurs droits, dont ils feront apparoir par titres & possession immemoriale.

Les articles cent quarante-cinq commençant par ces mots, *Le sieur, ou son bailly*; & cent quarante-six commençant par ces mots, *L'acquereur ou autre prétendant*, ont été de l'avis desdits Estats ajoutés, pour avoir lieu à l'avenir.

Les articles cent cinquante-uniéme commençant par ces mots, *Le Seigneur ne peut contraindre*, qui étoit le soixante dix-huitiéme article des Coutumes locales de Monstreul, & cent cinquante-deuxiéme commençant par ces mots, *Si depuis creation d hypotheque*, qui étoit le douziéme des Coutumes locales de Beauquesne, ont de l'avis desdits Etats été ajoutés à ladite Coutume generale, pour avoir lieu à l'avenir.

L'article cent cinquante-troisiéme commençant par ces mots, *L'acquereur de rente réalisée*, a été aussi par l'avis desdits Estats ajouté, pour avoir lieu à l'avenir.

Les articles cent cinquante-quatriéme commençant par ces mots, *Chacun peut demander*, qui étoit le deuxiéme de la Coutume locale de saint Riquier, & le cent cinquante-cinquiéme commençant par ces mots, *Toutefois un tiers detenteur*, qui étoit le quarante-cinquiéme article de la Coutume locale d'Amiens, ont été de l'avis desdits Etats ajoutés à ladite Coutume generale, pour avoir lieu à l'avenir.

L'article cent cinquante-sixiéme commençant par ces mots, *Il est permis à celui*, a été aussi de l'avis desdits Estats ajouté, pour avoir lieu à l'avenir.

L'article cent cinquante-septiéme commençant par ces mots, *Peut aussi proceder*, qui étoit le quarante troisiéme article de ladite Coutume locale d'Amiens, a été par l'avis que dessus ajouté, pour avoir lieu à l'avenir.

L'article cent cinquante-huitiéme commmençant par ces mots, *Et peut le locateur*, a été aussi de l'avis desdits Estats ajouté, pour avoir lieu à l'avenir.

De Prescription.

LEs articles cent soixante commençant par ces mots, *Celui qui jouit*, cent soixante un commençant par ces mots, *Et s'il jouit par trente ans*, cent soixante-deuxiéme commençant par ces mots, *Par le temps de trente ans*, & cent soixante-trois commençant par ces mots, *Meuble se prescrit*, ont été mis au lieu du troisiéme article de l'ancien coutumier, dont la teneur étoit. *Par ladite Coutume generale quiconque jouit & possesse paisiblement, ou demeure quitte & paisible d'aucun heritage, droit réel ou personnel, par le temps & espace de vingt-ans complets, continuels & ensuivans l'un l'autre à titre ou sans titre entre presens ou absens, personnes âgées & non privilégiées, & entre gens d'Eglise & privilégiés, par le temps de quarante ans aussi complets & ensuivans l'un l'autre : tel possesseur acquiert le droit de la chose ainsi par lui possesée, ou dont il est demeuré paisible par ledit temps & espace : en telle maniere qu'après ledit temps passé & expiré, aucun autre n'est recevable d'en faire amende, action ou poursuite à l'encontre de tel possesseur ou demeuré paisible : Et sont par ledit laps de temps & prescription, toutes actions sopies, éteintes & abolies.*

A la fin de l'article cent soixante-quatre commençant par ces mots, *Le vassal ne prescrit*, qui étoit le soixante-quatriéme article de l'ancien coutumier, ont été de l'avis desdits Estats ajoutés ces mots, *Mais les arrerages des redevances, cens & profits seigneuriaux, se peuvent prescrire*, pour avoir lieu à l'avenir.

L'article cent soixante-cinq commençant par ces mots, *Nul ne peut acquerir*, qui étoit le trente-sixiéme de la Coutume locale d'Amiens, a été de l'avis desdits Estats ajouté à ladite Coutume generale, & à la fin d'icelui ajouté ces mots, *S'il n'y a titre ou possession de quarante ans*, le tout pour avoir lieu à l'avenir.

Le cent soixante-sixiéme article commençant par ces mots, *Nul ne peut faire fosse*, qui étoit le trente-huitiéme de la Coutume locale d'Amiens, a été de l'avis desdits Etats ajouté à ladite Coutume generale pour avoir lieu à l'avenir.

Des Retraits lignagers & feodaux.

A L'article cent soixante & septiéme commençant par ces mots, *Quand aucun vend*, qui fait partie du quarante-septiéme article de l'ancien coutumier, ont été de l'avis desdits Etats au lieu de ces mots, *En dedans l'an ensuivant le jour de la saisine baillée d'iceux héritages*, ajoutés & entrelassés ces mots, *Dedans l'an & jour que le contrat est ensaisiné & duement insinué au registre du Seigneur duquel est mouvant ledit heritage, ou de sa jurisdiction*, pour avoir lieu à l'avenir.

Les articles cent soixante & dixiéme commençant par ces mots, *Le lignager dans la huitaine*, cent soixante & onze commençant par ces mots, *Aussi doit le lignager*, & cent soixante & douziéme commençant par ces mots, *Ledit lignager est tenu*, ont été de nouvel ajoutés par l'avis desdits Estats.

Aussi les articles cent soixante & treize commençant par ces mots, *Le retrait n'a lieu*, cent soixante & quatorziéme commençant par ces mots, *Mais étant l'héritage vendu*, & cent soixante & quinziéme commençant par ces mots, *Et si deux en même degré*, ont été de l'avis desdits Estats de nouvel ajoutés pour avoir lieu à l'avenir, & mis au lieu de ces mots, *& reconnoit l'acheteur par dedans l'an celuy de la cotte & ligne du vendeur dont l'heritage est venu, tel que bon semble audit acheteur, & par ladite Coutume ledit retrait lignager n'a lieu en permutation & échange, ne semblablement en donation : soit par entre vifs ou testamentaire, ainsi que dit est dessus*, qui étoit à la fin du quarante-septiéme article de l'ancien coutumier, & par consequent lesdits mots ont été abrogés.

Le cent soixante-dix-septiéme article commençant par ces mots : *Semblablement n'a lieu*, qui étoit le soixante & quinziéme article de la Coutume locale de Monstreul, a été par l'avis desdits Estats ajouté.

Le cent soixante-dix-neuviéme article commençant par ces mots, *Quand l'heritage propre est acquis*, a été par l'avis desdits Estats, suivant les remontrances qui avoient été faites en l'an mil cinq cens sept, ajouté pour avoir lieu à l'avenir, & mis au lieu du quarante-huitiéme article de l'ancien coutumier qui a été abrogé, & duquel la teneur étoit. *Si durant le mariage de deux conjoints, le mari de leurs deniers communs retrait par proximité de lignage aucuns heritages vendus par ses parens venans de son côté & ligne, tellement qu'ils lui seroient adjugés en vertu dudit retrait, & après va de vie à trépas, délaisse sa femme veuve ; icelle veuve aura (si elle veut) la moitié desdits deniers employés par sondit mari audit retrait, qui est à payer à l'heritier dudit mari qui succederoit audit heritage retrait : Mais si ledit heritier ne veut restituer la moitié desdits deniers, il sera contraint laisser jouir ladite veuve de la moitié d'iceux heritages hereditablement : & par ladite Coutume si ledit mari retrait par proximité, comme dessus, aucuns heritages vendus par leurs parens & amis de sa femme, & du côté & ligne d'elle, en ce cas à sadite femme doivent appartenir lesdits heritages ainsi retraits, & aux hoirs d'icelle, & non aux hoirs de sondit mari, sans qu'elle soit tenue en restituer aucune chose.*

Le cent quatre-vingtiéme article commençant par ces mots, *Toutefois si celui*, a été de l'avis desdits Estats ajouté, pour avoir lieu à l'avenir

---

Des droits des Seigneurs & Justiciers, Jurisdictions & amendes.

A L'article cent quatre-vingt-un commençant par ces mots, *Seigneur ayant haute*, qui étoit le soixante-onziéme article dudit ancien coutumier, s'est opposé ledit André Pecoul pour Charles de Gomer Ecuyer, Seigneur de Cugneres, comme mari & bail de Damoiselle Jeanne de la Tramerie Dame de Quevauviller, disant qu'il y a Coutume locale audit lieu de Quevauviller, situé en la Prevôté de Beauvoisis, par laquelle il a droit de mort & vif herbage, tel que de chacun sujet ayant bêtes à laine jusques au nombre de neuf & au-dessous pernoctans la veille de Noël ès metes & fins d'icelle seigneurie, lui appartient de chacune desdites bêtes une obole parisis, pour mort herbage, qui se doit payer sans demander la veille de saint Jean Baptiste, à peine de soixante sols parisis d'amende : & si ledit nombre de bêtes à laine est de dix & au-dessus pernoctans la veille de Noël, comme dit est, lui appartient pour droit de vif herbage, une desdites bêtes à son choix : après toutefois que celui à qui appartiennent lesdites bêtes en aura choisi une : lequel droit de vif herbage se paye quand il est demandé, & sans autre peine d'amende, s'il n'étoit refusant lorsque l'on le demande, & que le Seigneur ou son Commis fût empêché à la perception d'icelui. Auquel cas y auroit semblable amende de soixante sols parisis, sans préjudice aux fiefs & lieux francs dudit droit : duquel droit ledit sieur & ses predecesseurs Seigneurs dudit Quevauviller ont joui paisiblement par temps immemorial : & même ses sujets audit lieu lui ont reconnu & confessé ledit droit par les aveux & dénombrement qu'ils lui ont baillé, quarante ans sont & plus : & aussi en appert par la Coutume locale dudit Quevauviller, mise au Greffe dudit Bailliage d'Amiens dès l'an mil cinq cens sept, empêché par ces moyens qu'à son préjudice ledit article soit passé & homologué. Par ledit Avocat du Roy, a été dit, que ledit opposant n'est recevable en son opposition, attendu le laps de temps qui est de soixante ans & plus que lesdites Coutumes du Bailliage d'Amiens furent homologuées, sans que ledit opposant ne ses predecesseurs s'y soient opposés. Avons ordonné que ledit article demeurera comme il est, sans préjudice des droits dudit opposant & autre, dont il fera apparoir par titre, convention ou possession immemoriale.

A l'article cent quatre-vingt-quatre commençant par ces mots, *Tous Seigneurs ayans haute Justice ou moyenne, sont Seigneurs voyers*, qui étoit le soixante & quatorziéme de l'ancien coutumier, se sont opposés, ledit Cardinal de Crequy en personne, ledit des Essars pour ledit Cardinal de Bourbon Abbé & Comte de Corbie, & les Religieux & Convent dudit lieu : ledit du Gart tant pour le Vidame d'Amiens, le sieur de la Freste, que pour lui en son nom privé : encore ledit des Essars pour ledit sieur de Rambures, ledit Jacques Bauduyn pour le sieur de Gamaches, à cause de sa terre & seigneurie de Thiembronne, disant qu'ils persistent aux oppositions formées par leurs predecesseurs, dès ladite année mil cinq cens sept, & qu'ils ont Justice & autres droits en aucunes eaues & rivieres, combien qu'ils ne soient Seigneurs des terres contigues : même ledit Seigneur de la Freste qu'il a seigneurie en plusieurs chemins à trois lieues de ladite terre de la Freste. Aussi ledit Beguyn pour la Seigneurie d'Esclebecq,

clebecq, a fait semblable opposition : pareillement se sont opposés audit article lesdits Lescouverte & Vaillant pour ledit Seigneur Cardinal de Châtillon, disans, que combien qu'aucuns Seigneurs sujets & vassaux dudit Cardinal ayent au-dedans dudit Vidamé de Gerberoy Justice, toutefois ledit Seigneur Cardinal est seul Seigneur voyer : aussi ledit Miremont pour lesdits Maître Jean Vauchelles Prêtre Curé, Antoine le Blond Seigneur, Bernard Flamend & Guillaume Caze, Echevins de l'Estoille, s'est opposé, ce que ledit article ne préjudicie aux chartres, titres & droits desdits Curé, Seigneur & Echevins : mêmement ledit le Blond pour le droit de pêcherie qu'il a dit avoir en la riviere de Somme, non seulement ès endroits de sa seigneurie, mais aussi ailleurs, dont il a titres particuliers & possessions immemoriales. Nous avons ordonné que ledit article passera pour Coutume generale, sans préjudice ausdits opposans de leurs droits, si aucuns en ont, par titres ou possession immemoriale.

Le cent quatre-vingt-cinquiéme article commençant par ces mots, *Tous chemins Royaux*, qui étoit le cinquante-quatriéme de la Coutume locale de Monstreuil, a été de l'avis desdits Estats ajouté à ladite Coutume generale, pour avoir lieu à l'avenir.

A l'article cent quatre-vingt-six commençant par ces mots, *Ceux qui tiennent fiefs en plein hommage*, qui étoit le soixante & quinziéme de l'ancienne Coutume, ont été de l'avis desdits Estats, & suivant la remontrance qui en fut faite audit an mil cinq cens sept, contenue audit Livre imprimé, ajoutés & entrejettés ces mots, *ou par Procureur specialement fondé*, pour avoir lieu à l'avenir.

L'article cent quatre-vingt-sept commençant par ces mots, *Toutefois quand pour bonne*, a été de l'avis desdits Estats ajouté, pour avoir lieu à l'avenir.

A l'article cent quatre-vingt-huit commençant par ces mots, *Lesdits vassaux doivent*, qui étoit le quatre-vingt-dix-huitiéme article de l'ancien coutumier, ont été de l'avis desdits Etats ajoutés & entrejettés ces mots, *Ou y a contention entre le Seigneur & les vassaux, ou entre les vassaux, pour droits de leurs fiefs*, & au lieu de ces mots, *soixante sols parisis*, pour avoir lieu à l'avenir.

Le cent quatre-vingt-onziéme article commençant par ces mots, *Si aucuns eps ou mousches*, qui étoit le trente-neuviéme de Monstreuil, a été de l'avis desdits Estats ajouté à ladite Coutume generale, comme étant anciennement observé audit Bailliage, combien qu'il ait été obmis audit ancien coutumier : Et sur la fin dudit article après ces mots, *Au Seigneur vicomtier*, ont été mis ces mots, *ou autre ayant plus haute Justice*, pour avoir lieu à l'avenir.

A l'article cent quatre-vingt douziéme commençant par ces mots, *Gens d'Eglise*, qui étoit le soixante & dix-huitiéme article dudit ancien coutumier, ledit du Gart pour ledit Vidame d'Amiens, a dit qu'il persiste à l'opposition que les predecesseurs d'icelui Vidame firent sur ledit article audit an mil cinq cens sept, & soutenu avoir droit de prendre, à cause du pont de Picquegny, droit de peage & pontenage, & à cause de sa terre de Dours droit de bac sur toutes personnes de quelque qualité qu'ils soient, excepté les Princes du sang & ceux qui portent les Fleurs de Lys en leurs armes, dont lui & ses predecesseurs sont en bonne possession & saisine, & telle qu'elle surpasse toute memoire d'homme, justifiée par plusieurs Arrêts de la Cour de Parlement, donnés contradictoirement contre plusieurs personnes tant nobles qu'autres, & mêmement contre le Procureur General du Roy, dont les aucuns sont donnés depuis ladite opposition formée en ladite année mil cinq cens sept : à quoi par ledit Cardinal de Crequy a été dit, qu'il y avoit Arrêt de ladite Cour donné au contraire, par lequel ceux de la maison de Crequy & de Soissons sont exempts desdits droits allegués par ledit du Gart, & par ledit du Gart a été repliqué que ledit Arrêt (si aucun y a) a été donné : parce que ceux de la maison de Soissons (dont ledit Cardinal est issu) portent les Fleurs de Lys en leurs armes.

Sur quoi avons ordonné que dedans six mois ledit Vidame fera vuider avec le Procureur du Roy & gens d'Eglise, sadite opposition : autrement & où il sera negligent de ce faire, ledit article passera purement & simplement.

L'article cent quatre-vingt-quatorziéme commençant par ces mots, *Et s'il y a plusieurs Seigneurs*, a été de l'avis desdits Estats ajouté, pour avoir lieu à l'avenir.

A l'article cent quatre-vingt-seiziéme commençant par ces mots, *Quand aucun délaisse*, qui étoit le soixante-un de Monstreuil, a été dudit avis ajouté à ladite Coutume generale & entrejettés ces mots, *En temps de paix*, & à la fin de l'article mis ces mots, *jusqu'à ce que le proprietaire soit venu la demander*, pour avoir lieu à l'avenir.

A l'article cent quatre-vingt-dix-neuviéme commençant par ces mots, *Celui qui doit censives*, qui étoit le dix-huitiéme article des Coutumes locales de Vimeu, a été de l'avis que dessus ajouté à ladite Coutume generale, pour avoir lieu à l'avenir.

A la fin du deux cens deuxiéme article commençant par ces mots, *Et si lesdites bêtes*, qui faisoit partie du quatre-vingt-deuxiéme article dudit coutumier ancien, ont de l'avis desdits Estats été ajoutés ces mots, *Tant esdits bois taillis que haut bois*, lesquels mots ont été pris du vingt-sixiéme article de la Coutume locale de Vimeu, pour avoir lieu à l'avenir.

A la fin du deux cens sixiéme article commençant par ces mots, *Mais si celui qui a garde faite*, ont été de l'avis desdits Estats ajoutés ces mots, *Pourvû qu'il n'ait part à l'amende, dont il se purgera par serment*, pour avoir lieu à l'avenir.

L'article deux cens seiziéme commençant par ces mots, *Pour injure verbale*, a été par l'avis desdits Estats mis au lieu du quatre-vingt-dixiéme article de l'ancien coutumier, dont la teneur s'ensuit : *Si aucun injurie de paroles aucun autre, & il en est accusé & convaincu, il doit au Seigneur dont il est sujet, ou sous la Justice duquel il a dit icelles injures, sept sols six deniers parisis. Et semblablement quiconque frappe de main garnie : en la Justice d'un haut Justicier, tel facteur échet envers le Seigneur en amende de soixante sols parisis : & qui frappe de main non garnie, il échet en amende de sept sols six deniers parisis tant seulement : & si le delinquant se part d'escalenge de la Justice où il a commis le délit, icelui délinquant se peut purger en l'un des trois lieux qui s'ensuivent : à sçavoir, ou en la Justice où il a commis ledit délit, ou pardevant le Seigneur où il est sujet & sous-manant, ou pardevant le Prevôt Royal.*

L'article deux cens dix-sept commençant par ces mots, *Celui qui appelle*, a été de l'avis desdits Estats mis au lieu du quatre-vingt-onziéme article ancien, duquel la teneur étoit : *Si aucun appelle d'un Seigneur, ses Bailly, gens & Officiers de Justice, & celui qui a appellé est dit mal appellant, tel appellant est tenu & doit être condamné envers le Seigneur duquel en a appellé, en amende de soixante sols parisis : & s'il y renonce, il doit pareillement audit Seigneur amende de soixante sols parisis.*

Le deux cens dix-huitiéme article commençant par ces mots, *Le temps de relever*, qui étoit le cinquante-deuxiéme article des Coutumes locales de Monstreul, a été de l'avis desdits Estats ajouté à ladite Coutume generale, pour avoir lieu à l'avenir.

A l'article deux cens vingt-deuxiéme commençant par ces mots, *Quand aucun est obligé*, qui étoit le quatre-vingt-quatorziéme article dudit ancien coutumier, se sont opposés lesdits Lescouverte & Vaillant pour ledit Cardinal de Chastillon Vidame de Gerberoy, & Maître Nicole le Cat aussi Procureur dudit Seigneur Cardinal Abbé de saint Lucien, pour les terres & seigneuries de ladite Abbaye étans aux fins & metes dudit Bailliage d'Amiens : Aussi s'est opposé ledit de Lessau pour ledit Duc d'Aumalle, à cause de sa terre & Baronnie de Boves, disans que par leurs justices & sergens desdits lieux, ils peuvent faire faire execution de lettres obligatoires & mandemens Royaux : ce qu'ont pareillement dit lesdits Majeur & Echevins d'Amiens, qui ont persisté en leur opposition faite audit an mil cinq cens sept : desquelles oppositions, encore qu'elles ne semblent pertinentes à l'article, leur avons donné acte pour leur servir ce que de raison.

A l'article deux cens vingt-cinquiéme commençant par ces mots, *Quand aucun pour crime*, qui faisoit partie du quatre-vingt-dix-septiéme article ancien, ont été de l'avis desdits Estats entrejettés ces mots, *à plus de neuf ans.*

A l'article deux cens vingt-sixiéme commençant par ces mots, *Toutefois en cas de crime*, qui fait le surplus dudit quatre-vingt-dix septiéme article ancien, a été de l'avis desdits Estats, après ces mots, *de leze majesté*, ajouté ce mot, *humaine*, & néanmoins ledit des Essars pour ledit Cardinal de Bourbon Abbé & Comte de Corbie, & les Religieux & Convent de ladite Abbaye, a dit que lesdits Abbé, Religieux & Convent, ont audit lieu de Corbie tout tel & semblable droit que le Roy : & les Majeur & Echevins d'Amiens ont dit qu'ils ont Jurisdiction & connoissance du crime de fausse monnoye : ce qu'a été denié par ledit Avocat du Roy, desquels dire & denegation leur avons octroyé acte.

Les articles deux cens vingt-septiéme commençant par ces mots, *Le mari confisquant*, & deux cens vingt-huitiéme commençant par ces mots, *Aussi la femme mariée*, ont été de l'avis desdits Estats ajoutés, pour avoir lieu à l'avenir.

A l'article deux cens trente-uniéme commençant par ces mots, *Audit Bailly d'Amiens, ou son Lieutenant Juge Provincial*, qui étoit le cent septiéme article dudit ancien coutumier, s'est opposé ledit Maître Jean Guerard pour le Lieutenant du Bailly d'Amiens au Siege de Monstreul, persistant à son opposition faite dès l'an mil cinq cens sept, audit cent septiéme article, & contenant que les sujets de la Prevôté de Monstreul ne sont poursuivables au siege d'Amiens : Aussi lesdits Lescouverte & Vaillant pour ledit Cardinal de Chastillon se sont opposés, tant sur ledit article que sur le subsequent deux cens trente-deuxiéme, commençant par ces mots, *Aussi appartient*, qui étoit le cent huitiéme de l'ancien, protestant que les cas de prevention & renvois mentionnés esdits articles, ne lui puissent préjudicier, pour le regard de sondit Vidamé de Gerberoy, sur les sujets duquel ledit Bailly d'Amiens n'a aucune connoissance, ains appartient audit Bailly de Gerberoy : & par ledit Avocat du Roy a été employé pour réponse à ladite opposition ce qu'il a dit cy-dessus contre leur opposition faite à la comparition desdits Lescouverte & Vaillant pour ledit Cardinal de Chastillon, à cause dudit Vidamé de Gerberoy.

A l'article deux cens trente-quatriéme commençant par ces mots, *Les Prevosts Royaux dudit Bailliage*, qui étoit le cent dixiéme article ancien, lesdits Majeur, Prevôt & Echevins d'Amiens ont persisté à leur ancienne opposition, soutenans qu'ils sont Juges Royaux à cause de la Prevôté d'Amiens, annexée & incorporée avec la Mairerie & Echevinage : & comme tels sont capables & peuvent connoître de toutes matieres criminelles, excepté de meurtre & rapt : & ne payent aucune chose pour la conduite des prisonniers en la Ville de Paris, ne pour les ramener audit Amiens, & qu'ils peuvent condamner en plus grandes amendes que de soixante sols parisis.

Et par ledit Cardinal de Crequy comme Evêque d'Amiens, & du Gart pour ledit Vidame d'Amiens, a été persisté à l'opposition de leurs predecesseurs faite sur ledit ancien article audit an mil cinq cens sept, disans que lesdits Evêque & Vidame sont en partie Seigneurs de ladite Ville d'Amiens, & ont leurs Officiers : & en cette qualité ont part aux amendes qui sont adjugées & s'adjugent ordinairement en ladite Ville par lesdits Maire, Prevôt & Echevins, lesquels peuvent condamner les malfaicteurs en plus grandes amendes, & ont connoissance de tous cas & delits : même de crime de fausse monnoye, dont ils sont fondés par plusieurs Arrêts. Et par lesdits Prevôt de Beauquesne, Foulloy, saint Riquier, Douliens, Vimeu, & Beauvoisis, a été dit qu'ils sont fondés en l'Edit de Cremieu : par lequel ils peuvent connoître de toutes matieres criminelles, comme il est plus au long contenu audit Edit, à cette cause s'opposent ausdits articles ; Et par la Noblesse a été dit, qu'ils empêchent que lesdits Prevôts connoissent de matieres criminelles, disans qu'au Bailly d'Amiens seul privativement ausdits Prevôts, appartient de connoître desdites matieres criminelles : & par ledit le Quieu Avocat du Roy a été dit & remontré qu'il se voyoit souvent de grands discords & troubles à la grande foule & oppression des parties entre les Officiers, pour le desir qu'ils ont de croître & augmenter leur jurisdiction : & pour premierement répondre ausdits Maire, Prevôt & Echevins, a dit qu'en leur opposition de l'an mil cinq cens sept, ils n'avoient pris ladite qualité de Juges Royaux, laquelle aussi ne se pouvoit soutenir, parce que de tout temps la Justice des Maire & Echevins a été distincte & separée de celle de la Prevôté : & pour ce montrer évidemment, a dit qu'il est notoire qu'il y a divers Juges, Greffiers, Sergens & divers jours & heures pour tenir leurs plaidoyés & exercer leurs Justices en chacune desdites Jurisdictions, joint que la Prevôté d'Amiens a été baillée à ferme par le Roy ausdits Maire & Echevins, & que lesdits Maire & Echevins sont purs Juges patrimoniaux, à cette cause, a empêché & denié la qualité de Juges Royaux : & quant ausdits Prevôt de Beauquesne & Lieutenant particulier cy-dessus nommés, qui sont Juges subalternes & ressortissans par appel audit Bailliage d'Amiens de tout temps & ancienneté : même par la Coutume generale dudit Bailliage d'Amiens, usances & anciens titres d'icelle Prevôté, ne peuvent connoître de matieres criminelles, & condamner en amende plus grande que de soixante sols parisis : & que si leur opposition avoit lieu, ce seroit rendre inutile l'état & office du Bailly d'Amiens ou son Lieutenant, & du tout énerver & abolir la Jurisdiction dudit Bailliage, laquelle anciennement & auparavant que le ressort d'Artois & Bailliage de Hesdin fût perdu, étoit l'un des beaux Sieges & d'aussi grande étendue & ressort qu'il y eût sous ladite Cour de Parlement à Paris : que ce n'étoit du jourd'hui que lesdits Prevôts ont voulu ainsi augmenter leurs Jurisdictions au préjudice de celle dudit Bailliage : mais sitôt que les Officiers du Roy audit Bailliage ont été ouys, & que la Coutume generale dudit Bailliage a été donnée à entendre à Messieurs du Conseil, lesdits Prevôts n'ont obtenu à leurs intentions : même y a eu Lettres de Déclaration du Roy pour l'entretenement & conservation de ladite Coutume contre ledit Edit de Cremieu, entherinées en ladite Cour de Parlement, ouy sur ce le Procureur General du Roy, & Arrêt contradictoirement donné entre ledit Bailly d'Amiens ou son Lieutenant, & lesdits Prevôts, en l'année mil cinq cens trente-huit : par lesquels lesdits Prevôts ont été declarés non-recevables à l'opposition par eux formée à l'entherinement desdites Lettres de Declaration. Et outre, en l'an mil cinq cens cinquante-quatre sur l'entherinement de certain Edit donné à Laon à l'avantage & à l'amplification de la Jurisdiction desdits Prevôts, y eût Lettres de Declaration du Roy, données en son Conseil Privé, obtenues à la poursuite, instance & requête des Maire, Prevôt & Echevins d'Amiens, publiées & enregistrées en la Cour de Parlement. Par ces moyens & aussi pour l'inconvenient qui adviendroit au public, si l'opposition desdits Prevôts avoit lieu, étans les Sieges desdits Prevôts assis en lieux champestres, & la plûpart au delà de la riviere de Somme, où n'y a prisons pour tenir seurement les prisonniers, & que cela redonderoit à la grande diminution & ruine de ladite Ville d'Amiens, capitale du païs, requiert que ladite Coutume generale soit entretenue. Sur quoi avons donné acte audit Cardinal Evêque d'Amiens & Vidame d'Amiens de leurs oppositions, & déclaré que n'entendons préjudicier à leurs droits particuliers, dont ils ont titres ou possessions immemoriales : & quant aux autres oppositions, avons renvoyé les parties en la Cour, au lendemain de la S. Martin, & cependant ordonné que l'article aura lieu, & néanmoins enjoint ausdites parties de garder les Edits, Ordonnances & Arrêts sur ce donnés entre elles sans aucunes choses innover, le tout par maniere de provision, jusques à ce qu'autrement en ait été ordonné par le Roy ou ladite Cour.

A la fin de l'article deux cens trente septiéme commençant par ces mots, *Celui qui a enfraint la main*, qui étoit le quatre-vingt-dix-neuviéme de l'ancien coutumier, ont été de l'avis desdits Etats ajoutés ces mots, *Et par corps*, pour avoir lieu pour l'avenir.

Les articles deux cens quarante-sept commençant par ces mots, *Si aucun arrache bornes*, deux cens quarante-huit commençant par ces mots, *Avant qu'un Seigneur*, deux cens quarante-neuf commençant par ces mots, *Le bâtard peut*, deux cens cinquante commençant par ces mots, *Et s'il y a enfans legitimes*, deux cens cinquante & un commençant par ces mots, *S'il n'a enfans & n'a disposé*, deux cens cinquante-deux commençant par ces mots, *Au Seigneur haut Justicier appartient*, & deux cens cinquante-trois commençant par ces mots, *La succession des aubeines*, qui étoient les vingt-huitiéme, quarante-quatriéme, quarante-cinquiéme, quarante-sixiéme & quarante-septiéme articles de Monstreul, horsmis quelques mots y nouvellement ajoutés & reformés par les Officiers dudit Monstreul, ont été de l'avis desdits Etats ajoutés à la Coutume generale, pour avoir lieu à l'avenir.

De Criées.

Les articles deux cens cinquante-quatre commençant par ces mots, *Le sergent procedant*, deux cens cinquante-cinq commençant par ces mots, *Ledit Seigneur executeur*, deux cens cinquante-six commençant par ces mots, *Doit ledit sergent*, deux cens cinquante-sept commençant par ces mots, *Si le debteur sur lequel*, & deux cens cinquante-huit commençant par ces mots, *Le Seigneur feodal*, ont été pris des cinquante-neuviéme & soixantiéme articles de l'ancien coutumier, excepté que l'on y a ajouté de l'avis desdits Etats, quelques mots, pour plus grande explication d'iceux.

L'article deux cens cinquante neuf commençant par ces mots, *L'acheteur & dernier encherisseur*, qui étoit le trente-huitiéme de Beauquesne, a été de l'avis desdits Etats ajouté à la Coutume generale, pour avoir lieu à l'avenir : Et quant aux autres articles qui étoient audit ancien coutumier sous ledit titre de criées, ont été rayés : & enjoint aux Juges & Officiers dudit Bailliage d'Amiens, d'observer au lieu desdits articles rayés, l'Ordonnance du Roy faite sur les criées en l'an mil cinq cens soixante un, publiée & verifiée en ladite Cour de Parlement.

Après la lecture desdites Coutumes generales, ainsi que voulions proceder à la lecture des Coutumes locales & particulieres contenues audit Livre imprimé, nous a été presenté de la part desdits Maire, Prevôt & Echevins d'Amiens, un cayer en papier des Coutumes locales & particulieres desdites Mairie, Prevôté & Echevinage dudit Amiens, qu'ils nous ont dit avoir été toujours par cy-devant observées, combien qu'elles n'eussent été imprimées ; ce qui seroit advenu par faute & omission : Nous requerant vouloir, avant toutes autres locales & particulieres dudit Bailliage, proceder à la lecture & homologation d'icelles, ce que leur avons accordé.

Coutumes locales de la Ville, Loy, Mairie, Prevôté, Echevinage, & Banlieue d'Amiens.

A L'article vingt-cinquiéme commençant, *Un chacun doit closture*, ont été de l'avis desdits Etats entrejettés & ajoutés ces mots, *De pierre, brique, brocail, moillon ou palliz*, & encore ces mots, *d'une part & d'autre*, pour avoir lieu pour l'avenir.

Aux articles vingt-septiéme commençant par ces mots, *Sergens à masse*, & vingt-huitiéme, commençant par ces mots, *Aussi peuvent lesdits sergens*, s'est opposé ledit le Quieu Avocat du Roy, disant qu'il n'y a que quatre Sergens à masse en ladite Ville qui puissent faire les exploits mentionnés esdits articles : & que les autres douze n'ont ledit pouvoir : & par lesdits Maire, Prevôt & Echevins, a été soutenu au contraire, disans qu'ils en ont privilege & joui de tout temps. Sur lequel differend les avons renvoyé à la Cour au lendemain de la saint Martin.

Coutumes particulieres & locales de la Prevôté de Monstreul sur la mer.

L'Article cinquiéme commençant par ces mots, *Quand un tenant cottier va de vie à trépas*, a été par l'avis desdits Etats, mis au lieu du dix-septiéme du cayer ancien desdites Coutumes locales, dont la teneur s'ensuit : *Si aucun tenant feodal ou cottier va de vie à trépas, son tenement feodal ou cottier retourne de son plein droit en la main du Seigneur duquel il est tenu, en telle maniere que si les heritiers du trépassé ne relievent ledit fief & tenement feodal du Seigneur duquel il est tenu en dedans quarante jours & quarante nuits, & le tenement cottier en dedans sept jours & sept nuits, ledit Seigneur duquel ledit fief ou cotteries sont tenus, en peut prendre les fruits, profits & émolumens, & en jouir & profiter comme de sa chose vraiment retournée à sa table & domaine : Et en peut icelui Seigneur jouir tant qu'il soit venu devers lui heritier habile à succeder, qui relieve lesdits fiefs & cotteries.* Poursuivant les autres articles, ledit Guerard Avocat audit Monstreul, nous a dit qu'il a presenté lesdits articles pour les sujets & répondans audit Siege de Monstreul : mais que par telle presentation, ne pour la comparition qu'il a faite ausdites Coutumes, il n'a entendu & n'entend en rien déroger aux prerogatives du Siege de ladite Prevôté du Monstreul : lequel est du tout distinct & separé de celui d'Amiens, & ressortit immediatement en la Cour de Parlement, & aussi qu'il ne presentoit lesdites Coutumes comme étant de la Prevôté de Monstreul, laquelle est de present supprimée : mais comme étant dudit Bailliage d'Amiens audit lieu de Monstreul, auquel ladite Prevôté est réunie. Et par ledit le Quieu Avocat du Roy, a été dit, que ledit Siege de Monstreul n'est tellement distinct & separé de celui d'Amiens, que les Sergens Royaux dudit lieu ne puissent faire exploits audit Monstreul, combien que les Officiers dudit Monstreul s'efforcent ordinairement les empêcher, & les veulent contraindre de prendre *pareatis* : combien que ledit Siege de Monstreul soit Siege particulier dudit Bailliage d'Amiens & ressortissant audit Siege d'Amiens ès cas Royaux. Sur quoi avons ordonné que les Sergens Royaux dudit Bailliage d'Amiens pourront executer audit Monstreul sans demander pareatis, sans toutefois préjudicier aux droits & prérogatives dudit Siege de Monstreul en autres choses.

A la fin du dix-huitiéme article commençant par ces mots, *Toutes espaves doivent*, qui étoit le quarantiéme du cayer ancien, au lieu de ces mots, *Et si aucun ne vient, elles sont à son profit, & en peut faire son profit, tant que cestui à qui elles appartiennent vienne, qui en auroit l'estimation*, ont été de l'avis desdits Etats ajoutés & mis ces mots, *Et s'ils y viennent dedans un an, leur doivent être rendus en payant les frais de la garde, sinon ledit Seigneur en peut faire son profit.*

En la fin du vingt-septiéme article commençant par ces mots, *Quiconque est exempt par appel*, qui n'étoit cotté au livre ancien de ladite Coutume locale & suivoit le cinquante-quatriéme article dudit Livre, ont été de l'avis desdits Etats ajoutés ces mots: *Pourvû que l'appel soit interjetté sans fraude, & est tenu l'appellant le faire vuider dedans six mois, autrement icelui temps passé, l'exception n'a lieu.*

Au vingt-huitiéme article commençant par ces mots, *Celui qui demeure cottierement*, qui étoit le cinquante-cinquiéme dudit ancien coutumier de Monstreul, ont été de l'avis desdits Etats ajoutés ces mots, *En tenant toutefois par ledit Seigneur son bureau*, pour avoir lieu à l'avenir.

COUTUMES LOCALES ET PARTICULIERES
de la Prevôté Foraine de Beauquesne du côté d'Artois, & la Riviere d'Authie

EN faisant lecture de ladite intitulation, nous a été dit par Maître Adrian Picquet, Prevôt dudit Beauquesne, que ce qui est de ladite Prevôté de Beauquesne par deçà ladite riviere d'Authie du côté de France, se gouverne selon la Coutume generale d'Amiens, & que la Coutume locale n'y a lieu.

Le quatriéme article commençant par ces mots, *Chacun Seigneur ayant Justice*, qui étoit le cinquiéme article dudit ancien coutumier de Beauquesne, est passé avec la remontrance ancienne mise audit Livre à la fin dudit article, qui a été reçue & trouvée bonne par lesdits Etats.

COUTUME LOCALE ET PARTICULIERE
de la Prevôté de Foulloy.

A L'article de ladite Coutume commençant par ces mots, *Quand un tenant cottier*, qui étoit le second article de ladite ancienne Coutume particuliere de Foulloy, ont été de l'avis desdits Etats, au lieu de ces mots, *sept jours*, qui étoient audit ancien, mis ces mots, *vingt jours*, pour avoir lieu à l'avenir.

Ce fait, ayant lû tous lesdits articles desdites Coutumes particulieres & locales des Mairie, Prevôté & Echevinage d'Amiens, Prevôté de Monstreul, Foulloy, saint Riquier, Doullens, & celles que Maître Nicole Froment Procureur du Roy en la Prevôté de Vimeu, assisté de Maître Jacques le Fuzelier Prevôt, Maître Jean Roget Lieutenant general, Martin Herisson, Charles Roussel, Leon des Preaulx, Antoine du Rot, & autres Praticiens dudit Vimeu, nous ont presenté comme Coutumes locales de Vimeu, * combien qu'audit an mil cinq cens sept, elles furent par omission adirées, & par ce moyen ne furent publiées. Et que voulions proceder à la lecture de deux articles de la Prevôté de Beauvoisis étans audit Livre imprimé & non cottés, Maître Adrian Dainval Prevôt de Beauvoisis, & Adrian Herisson Lieutenant au Siege de Granviller, nous ont requis que les sujets répondans en ladite Prevôté de Beauvoisis, fussent doresnavant en tout & par tout regis & gouvernés par ladite Coutume generale.

Avons de l'avis desdits Etats ordonné, qu'à la fin des articles des susdites Coutumes Locales, seroit mis l'article non cotté, commençant par ces mots, *Ladite Mairie, Prevôté & Echevinage d'Amiens.* Et sur ce que plusieurs tant dudit Etat Ecclesiastique, que de la Noblesse, mêmement lesdits Lescouverte & Vaillant pour ledit Vidame de Gerberoy, nous ont presenté des Coutumes locales qu'ils prétendent tous respectivement avoir en leurs terres & seigneuries: & nous ont aussi verbalement allegué plusieurs droits particuliers qu'ils prétendent avoir en leursdites terres & seigneuries, qui ne sont compris en ladite Coutume generale: protestant respectivement chacun d'eux, qu'elle ne puisse préjudicier à leursdits droits. Leur avons dit que ne recevrions autres Coutumes

* Maître Charles du Molin sur le Procès verbal de l'ancienne Coutume avoit ajouté: Dont le Cayer des Coutumes locales apporté audit Antoine de S. Denys, fut mangé & rongé de son levrier. Et parce que ceux de Vimeu, lors de la publication des Coutumes, ne purent promptement fournir le cayer de leurs Coutumes particulieres, qui avoient été mangées des chiens, ils demeurerent sous la Coutume generale d'Amiens; & ainsi l'ai veu juger par Arrêt en un procès environ l'an 1548. C. M.

locales, que celles qui feroient rapportées par les trois Etats, en la maniere due & accoutumée : & que néanmoins nous n'entendons par cette presente rédaction, préjudicier à leursdits prétendus droits, desquels ils pourront faire apparoir par titres ou possession immemoriale.

Et le Vendredi vingt-sixiéme jour dudit mois de Septembre audit an mil cinq cens soixante-sept, en procedant à la lecture, arrêt & publication desdites Coutumes, qui a été faite par l'ordonnance & en la presence de Nous Commissaires susdits, & des Officiers du Roy audit Bailliage, Maieur, Prevôt, Echevins & autres personnes des trois Etats d'icelui Bailliage, pour ce assemblés audit Auditoire Royal, lieu destiné pour ce faire. Avons, ledit Procureur du Roy ce requerant, dit & ordonné, disons & ordonnons, que les ajournés qui n'ont comparu durant notre seance à la rédaction desdites Coutumes, soit gens d'Eglise, de Noblesse, ou du tiers Etat, seront, pour le profit des défauts par nous contre eux donnés, censés & réputés être sujets ausdites Coutumes ainsi arrêtées par les trois Etats : Et au surplus avons dit & ordonné que lesdites Coutumes seront tant par lesdits défaillans que comparans, entretenues, gardées & observées pour loy : & à ce faire les avons condamné, leur faisant inhibitions & défenses de poser & articuler doresnavant autres Coutumes : & ausdits Bailly, Prevôts, leurs Lieutenans, & autres Officiers dudit Bailliage, de non recevoir les parties à en poser & articuler autres, & d'en informer par turbes : & aux Avocats, Procureurs & autres gens de Conseil, de poser, articuler & alleguer en jugement & ailleurs, autres Coutumes que les susdites accordées.

Et tout ce que dessus, Nous Commissaires susdits, certifions être vrai & avoir été fait comme est contenu en ce present notre Procès verbal, lequel en témoignage de ce, avons signé de nos seings manuels, & scellé du Scel de nos Armes, les an & jour que dessus.

Signé C. DE THOU, B. FAYE, J. VIOLE.

Extrait des Registres du Parlement.

Apportées en la Cour de Parlement par Messire Christofle de Thou Chevalier, & Premier President en ladite Cour, & Conseiller du Roy en son Privé Conseil : & Maître Barthelemi Faye & Jacques Viole, aussi Conseillers dudit Seigneur en ladite Cour, Commissaires en cette partie, en la presence du Procureur General du Roy, le trentiéme & dernier jour de Juin, l'an mil cinq cens soixante-huit. Signé N. de S. Germain.

DISCOURS

Concernant ce qui s'est passé au sujet des deux redactions des Coutumes du Bailliage d'Amiens, tant generales que locales ; Et particulierement à l'égard de la Coutume locale de Gerberoy.

Le deuxiéme jour d'Avril de l'an 1506. le Roy Louis XII. decerna sa Commission au Bailly d'Amiens, pour, en execution des precedens Edits faits pour la rédaction & la réformation de toutes les Coutumes du Royaume, assembler pardevant lui les Gens des trois Etats, ensemble les Officiers & Praticiens de son Bailliage, à l'effet de rédiger toutes les Coutumes tant les generales, que les locales des Prevôtés subalternes, & des Comtés, Baronnies, Châtellenies, & autres seignenries de ce Bailliage, pour ensuite être portées aux Commissaires députés par sa Majesté.

Ces Lettres de Commission contiennent une clause par laquelle le Roy prévoyant que les Pairs de France, dont les causes par privilége se traitent directement au Parlement, feroient difficulté de comparoître pardevant le Bailly d'Amiens, ordonna que les Pairs de France qui avoient interêt à la rédaction de ces Coutumes, ne laisseroient point d'être tenus de se trouver à l'Assemblée qui seroit convoquée à ce sujet, pour voir corriger, interpreter & rédiger les Coutumes de leurs Comtés & seigneuries qui sont dans le détroit du Bailliage d'Amiens, sans préjudice de leurs droits de Pairie & priviléges, & sans que l'on pût dire que par leur comparution ils eussent été rendus sujets à ce Bailliage plus avant qu'ils n'étoient auparavant.

En execution de ces Lettres, l'Assemblée ayant été convoquée au 25. Aoust de l'année suivante 1507. comparut la plus grande partie de ceux qui avoient été appellés, & entr'autres Maître Jean Fourcroy, Procureur de Monsieur l'Evêque de Beauvais, en qualité de Vidame de Gerberoy. Tous les Prevôts Royaux, à la réserve du Prevôt d'Amiens, presenterent les Coutumes de leurs Prevôtés, comme firent pareillement plusieurs des gens d'Eglise, Nobles & autres, les Coutumes locales & particulieres de leurs seigneuries.

Et quant à Monsieur l'Evêque de Beauvais, il remontra par son Procureur, qu'il n'étoit point tenu de comparoir au Bailliage d'Amiens, mais seulement au Parlement, & que néanmoins il avoit été envoyé aux protestations portées par la commission decernée par le Roy, avec offres de faire apporter sa Coutume locale de son Vidamé, en lui accordant un délai raisonnable. Sur quoi & en consequence de ce qu'il se trouva un si grand nombre de Coutumes locales, que la lecture, à ce que contient le Procès verbal, n'en auroit pû être faite en six mois de temps, le Lieutenant du Bailly d'Amiens ordonna que la lecture en seroit differée jusques à nouvel ordre du Roy. De sorte que l'on ne lut dans cette Assemblée que les Coutumes generales du Bailliage, & les Coutumes locales des Prevôtés Royales,

Cependant Monsieur l'Evêque de Beauvais fit assembler les trois Etats de son Vidamé en la Ville de Gerberoy, le 23. du même mois d'Aoust de l'année 1507. pardevant Maître Guillaume Choffart son Bailly, où les Coutumes du Vidamé furent lûes, accordées, & signées par une grande partie des vassaux de ce Vidamé, qui se trouverent en l'Assemblée qui avoit été convoquée en execution de la Commission du Roy.

Mais le 28. Octobre ensuivant, les Commissaires deputés par le Roy ayant fait lire & decreter les Coutumes generales avec les Coutumes locales des Prevôtés Royales seulement, sans préjudice des autres Coutumes locales & particulieres des seigneuries du même Bailliage, qui furent remises au premier jour de Carême, la confusion fut plus grande qu'auparavant à l'égard de ces Coutumes locales des seigneuries; parce que l'Ordonnance des Commissaires ne fut point executée.

Il se voit néanmoins par des memoires que l'on m'a communiqué, qu'y ayant eu contestation entre le temps de cette premiere rédaction des Coutumes generales & de la nouvelle reformation qui en a été faite en l'année 1567. pour sçavoir si on observoit encore la Coutume locale de Gerberoy dans l'espece du douaire, en ce que par l'article 66. de cette Coutume locale il étoit dit, que le douaire étoit réputé le propre heritage des enfans, contre la disposition de la Coutume generale, qui ne fait point passer le douaire aux enfans, & ne l'admet qu'en usufruit pour la femme, il y eut Arrêt, qui n'a même été rendu qu'après la derniere réformation, le 17. Juin de l'année 1569. entre Pierre Hainques & consorts, demandeurs & appellans, d'une part; & Benoît Henry & consorts, intimés & defendeurs, d'autre part. Il est pourtant vrai que le registre dans lequel cet Arrêt doit être inseré, ne se trouve point au Greffe de la Cour.

On peut aussi observer que les usages locaux des Villages appellés les conquêts de Hue, de Gournay, & speciautés de Beauvoisis, redigés avec la Coutume de Normandie, qui sont Villages & Hameaux mêlés parmi le Vidamé de Gerberoy, ont apparemment emprunté quelque chose de cette Coutume locale de Gerberoy, notamment les articles deuxiéme & cinquiéme de ces usages, qui statuent qu'au fils aîné appartiennent les deux tiers des fiefs, outre le manoir seigneurial, & qu'au tiers qui demeure propre aux puînés, les filles y ont part égale avec eux, qui sont dispositions bien éloignées des Coutumes, soit de Normandie, soit d'Amiens, & du tout conformes à la locale de Gerberoy, laquelle probablement s'observoit en tout ce quartier-là jusques à la riviere d'Epte, au deçà de laquelle sont situés ces conquêts de Hue & de Gournay, mêlés comme j'ay dit, avec les tenemens du Vidamé de Gerberoy. Et j'apprends même qu'il se trouve d'anciens dénombremens des fiefs situés dans ces conquêts, qui portent qu'ils se gouvernent suivant les us & coutumes du Vidamé de Gerberoy.

Mais quoi que c'en soit, Monsieur l'Evêque de Beauvais ayant à la réformation de la Coutume d'Amiens de l'année 1567. insisté inutilement à la publication de la Coutume locale de son Vidamé, elle a passé en non usage avec le temps, & ne l'a-t'on plus considerée pour ce qui concerne le droit public; les peuples de ce Vidamé, qui est de fort grande étendue, s'étans petit à petit soumis à la disposition de la Coutume d'Amiens, qui passe pour la loy commune du pays.

Et même à l'égard des droits particuliers de Seigneuries, quoique cette Coutume locale eût été accordée & signée par les vassaux, qui s'étoient trouvés presens à la rédaction de cette Coutume; & ainsi qu'il semblât que ce fut un titre particulier contre eux: néanmoins les mêmes vassaux l'ont depuis voulu contester contre Monsieur l'Evêque de Beauvais, en ce qu'elle leur étoit plus onereuse que la Coutume generale, dont j'ai rapporté un Arrêt sur l'article 7. de cette Coutume generale, par lequel sans avoir égard à l'inscription en faux qui avoit été formée contre la Coutume de Gerberoy, une saisie feodale faite pour un droit particulier établi par cette Coutume locale, fut confirmée, contre la Note que Maître Charles du Molin avoit faite sur l'ancien Procès verbal de la Coutume generale, & que j'ai inserée avec le nouveau.

Comme par cet Arrêt la Coutume locale du Vidamé de Gerberoy sert encore pour les droits de seigneuries, entre Monsieur l'Evêque de Beauvais & les vassaux du Vidamé, & que d'ailleurs cette Coutume contient d'assez belles dispositions pour les droits publics qui servent à l'éclaircissement des Coutumes d'Amiens, de Senlis & de Normandie, entre lesquelles elle se trouve située, j'ai cru que je rendrois service au public, en la faisant imprimer avec les Coutumes generales du Bailliage d'Amiens.

¶ J'ai rapporté sur l'article 263 de la Coutume de Senlis, plusieurs Arrêts & Jugemens qui ont autorisé en celle d'Amiens des droits des Seigneurs, plus forts que ceux qui sont portés par la Coutume, comme des lots & ventes au sixiéme denier du champart, outre la censive & autres

Il y a aussi dans la Ville de Beauvais des maisons qui doivent le sixiéme à toutes mutations, même en ligne directe: mais je ne crois pas qu'on les puisse exiger pour la mort seule, lorsqu'il y a un curateur à la succession vacante, mais seulement pour la vente faite par le curateur

Je croy aussi que ces droits exhorbitans devroient être limités, eu égard au prix de l'ancienne concession, suivant Pontanus sur Blois, quoique la Coutume locale de Gerberoy donne des amendes pour ventes recelées, & pour s'être mis en possession sans la permission du Seigneur, on doit suivre celle d'Amiens, qui n'en donne pas.

COUTUMES GENERALES DU VIDAMÉ DE GERBEROY.

Lûes & accordées audit lieu, le Lundy vingt-troisiéme Août, l'an mil cinq cens sept.

L'An mil cinq cens sept, le Lundi vingt-troisiéme jour d'Août, pardevant Nous Guillaume Chofflart, Licentié ès Loix, & Bachelier en decret, Bailly de Beauvais & de Gerberoy, pour Reverend Pere en Dieu Monseigneur l'Evêque & Comte de Beauvais, Pair de France & Vidame dudit Gerberoy, en Jugement au Siege & Auditoire de ladite Vidamé & Bailliage, fut fait ce qui ensuit. Sur ce que pour accomplir à notre pouvoir, le bon vouloir du Roy notre Sire, & de faire rapport, accorder & rédiger par écrit les Coutumes notoirement tenues & gardées audit Vidamé & Chastellenie de Gerberoy, avions fait ajourner à être & comparoir pardevant Nous audit jour les gens d'Eglise, Nobles, Avocats, Praticiens & Notaires frequentans ledit Siege, les Gardes de Justices subalternes & Officiers en icelles, & autres gens laïcs en vertu de la Commission de nous donnée, dont la teneur ensuit. Guillaume Chofflart Licentié ès Loix, & Bachelier en Decret, Bailly de Beauvais & de Gerberoy, pour Reverend Pere en Dieu Monseigneur l'Evêque & Comte de Beauvais, Pair de France & Vidame de Gerberoy : Au premier Sergent de mondit Seigneur esdits Bailliages, qui sera sur ce requis, SALUT. De la partie du Procureur General de mondit Seigneur, nous a été dit & remontré, que puis huit jours en ça, en ensuivant la volonté & bon plaisir du Roy notre Sire, ait été mandé de rédiger par écrit & accorder les Coutumes du Royaume, & en ensuivant ce, a été enjoint à mondit Seigneur ou à ses Officiers, de rédiger & mettre par écrit les Coutumes desquelles on a accoutumé user en la Vidamé & Chastellenie de Gerberoy, & icelles faire porter & envoyer au vingt-cinquiéme jour du present mois d'Août, en la Ville d'Amiens, pour les porter aux Commissaires sur ce ordonnés de par le Roy notredit Seigneur. Et parce qu'en ladite Vidamé & Chastellenie y a plusieurs Coutumes locales & particulieres, lesquelles est expedient de rédiger par écrit & accorder ; Pour lesquelles choses valablement faire, convient assembler les gens des trois Etats d'icelle Vidamé & Chastellenie. A CES CAUSES, vous mandons qu'ajourniez à Lundi prochain, heure de dix heures du matin, les gens d'Eglise, Nobles, leurs Officiers & Praticiens dudit Vidamé & Chastellenie, sur certaines grosses peines, à comparoir audit lieu de Gerberoy, pour illec à l'Auditoire assister avec nous & les Officiers de mondit Seigneur, à rédiger par écrit & accorder lesdites Coutumes, sans que pour la brieveté du délai entendions préjudicier au privilége de leur Noblesse, & nous certifiez suffisamment audit jour de ce que fait en aurez, de ce faire vous donnons pouvoir, mandons à vous en ce faisant être obéi : Donné sous le contre-sel aux causes dudit Bailliage, le Samedi vingt-uniéme jour d'Août, l'an mil cinq cens sept. Ainsi signé, J. Malingre. C'est à sçavoir les Doyen, Chanoines & Chapitre de l'Eglise de Beauvais, à cause de leur terre & seigneuries de Rothengy, & autres leurs terres & seigneuries tenues dudit Vidamé comparans par venerable & discrete personne Maître Blanchet le Tellier, Licentié en Droit, Chanoine de ladite Eglise & Procureur d'iceux de Chapitre, suffisamment fondé de Lettres de Procuration, passées sous le Scel du Chapitre, desquelles il est apparu : les Doyen, Chanoines & Chapitre de l'Eglise saint Pierre de Gerberoy, par Maître Andry Collart, Chanoine de ladite Eglise, & Procureur d'iceux fondé aussi de Lettres de procuration. Les Religieux, Abbé & Convent de saint Germer de Flay, à cause des terres & seigneuries qu'ils ont audit Vidamé, comparans Reverend Pere en Dieu Monseigneur Guy de Villers, Abbé dudit lieu. Les Religieux, Abbé & Couvent de l'Eglise Notre-Dame de Beaupré, par Berthault Thicquet leur garde de Justice. Les Religieuses, Abbesse & Convent de Notre-Dame de saint Paul, par Maître Guillaume des Quesnes leur Procureur & Receveur, fondé de Lettres de Procuration. Messire Jean le Febvre Prêtre, Curé de Fontaines, present : Guillaume Marc Vicegerent de Rothengy, present : Jean de la Marre Prêtre, Curé de Haucourt sous Cahgny, present : Raoul Laffineur Prêtre, Curé de Caighy, present : Martin Damileville, present : Mathieu de la Fontaine, Curé de Canny & de Bazancourt, present : Maître Jean le Long, Curé de Hanache, present : Jean le Monnier, Curé de saint Pol, absent, & excusé pour sa maladie : Et Messire Adam de la Fontaine, Curé de saint Denicourt, Prêtres, presens. Messire Guillaume de Pisseleu, Chevalier, Seigneur de Fontaine la Vaigant comparant par Nicolas Avril son Procureur : Messire Jean de Gouy, Chevalier, Seigneur en partie de saint Sanson, par Jean du Saussoy son Procureur : Jean Lhuillier Ecuyer, Seigneur aussi en partie dudit saint Sanson, par Berthault Ticquet son Procureur, & garde de Justice dudit lieu : Perceval de Melchastel, aussi Seigneur en partie dudit lieu, absent, & mis en défaut : Adrien de sainte Marie Ecuyer, Seigneur de Frommeries

Frommeries, comparant par Mathieu Fournier son Procureur : Charles de Boulanvillers, Ecuyer, aussi Seigneur dudit Frommeries, comparant par ledit Fournier : Josse de Paillart Ecuyer, Seigneur de Songneuses lez Benars, present. Jean de Boufliers Ecuyer, Seigneur de Caigny, present. Jean le Charpentier, Ecuyer Seigneur de Suions, en partie. Maître Jean Descourtils, Ecuyer, Seigneur de Vrocourt, present. Jean Aubert, Ecuyer, Seigneur de Molaignies, present. Raoul de Lymermont Ecuyer, Seigneur de Champeaux, present : Richard de Courcelles, Ecuyer, Seigneur de Creuses, present : Jean Bigant, Ecuyer Seigneur de Carrois, present : Claude de Buziers, Ecuyer, Seigneur de Feuquieres, present : François de Luzieres Ecuyer, Seigneur en partie dudit Feuquieres, present : Jean Toupiole, Ecuyer, Seigneur de la Bucaige, present : Bertault Ticquet, Seigneur de Vrocourt & Fretoy, present : Maître Jean le Voignier, Licentié en Decret, heritier de défunt Guillaume le Voignier, en son vivant Seigneur de la Place, & d'un fief assis à la Chapelle en Bray : Andry d'Abencourt, Seigneur dudit lieu, comparant par Nicolas de Bruau son Procureur : Mahost le Sueur, Seigneur de Bosqueaux, absent : le Seigneur de Sarcut, par Jean Ladire son Procureur : Guillaume de Pisseleu bâtard, Ecuyer, Seigneur de Desmarets & saint Delincourt, par Jean Dupuy son Procureur : Guillaume Roiault absent, excusé par Maître Jean Descourtils : Pierre Lenglentier, Ecuyer, Seigneur de saint Arnoul, absent, excusé parce qu'il est au service du Roy : Adam de Villers, Ecuyer, comparant par Simon Bontemps : les hoirs de Josse de Gourlay absens & mis en défaut. Adrien de saint Remy, Ecuyer, Seigneur de Courcelles la Ranton, par Jean du Saussoy son Procureur & Garde de Justice : Louis de Gronchy, Seigneur de Reaucourt, par Jean de Quesnes, dit Dauregny : Guillaume de Ricarville, par Jean du Saulchoy son Procureur & Garde de Justice : les hoirs de feu François le Cat, Seigneurs de Bazencourt, par Maître Jean Descourtils leur tuteur & curateur. Jean Bastard d'Abencourt, Seigneur de Ravines, par Nicolas de Breuil son Procureur : Jean d'Abencourt, Seigneur en partie dudit lieu, comparant aussi par ledit de Breuil : Antoine de l'Espinay, Ecuyer, Seigneur de Blacourt & le bois Aubert, par Jean de l'Espinay Ecuyer son fils : Messire Guillaume de Billepart, Seigneur de Hennaches absent, & excusé parce qu'il est dit au service du Roy : Raoul de Halecourt, par Jean du Saulchoy son Procureur : les hoirs de Jean de Guisemoust, Seigneurs de Guisencourt, par Jeaminet du Bois leur Procureur. Tassin Dachier, Seigneur de Rieul, avec Jean Lhuillier Ecuyer, par Berthault Ticquet leur Procureur : Louis de Pisseleu Ecuyer, Seigneur de Greimeviller, par Nicolas Eurad son Garde Justice : Charles de saint Arnoul, Seigneur de Hancourt sous Caigny, par Raoulin de la Vigne : Martin de Baaleu, Ecuyer, Seigneur de Baaleu, par Jean le Charpentier : Antoine de la Place, Ecuyer, Seigneur d'Enoy & Fresnoy : Noel le Bel Ecuyer, Grenetier de Creil, mari & bail de Peronne Aubert, Seigneur de Bontavant, par Jean Fourcroy l'aîné : Guillaume Mallet, Seigneur de la Ruttoire en partie : Roy & Handerelles, presens : Nicolas de Creil, Seigneur de Liecourt & Lievecourt, par Jean de Niviller leur Procureur : Pierre de Puymont Ecuyer, ayant la garde-noble des enfans de lui & de défunte Damoiselle Marie de Bailleul, Seigneur du Mont, par Jean Fourcroy : Jean de Monceaux, Ecuyer, Seigneur de Hodent, Blacour & Glatigny, par Maître Jean le Caron son Procureur & Receveur : Venerable & discrete personne Maître Thiebault le Bastier, Vicaire de l'Evêché de Beauvais, Seigneur du Quesnoy Marcille, par Maître Guillaume Bochard son Procureur : les hoirs Philippes de Rivery, par Maître Guillaume Desquesnes leur Procureur : Mademoiselle du Boissay, ayant la garde-noble de ses enfans, par Tassin le Goix son Procureur : Nicolas Chabaille, garde de la Justice dudit Rothengy present : Nicolas Durant, garde de la Justice de Marceille, Roy & Gremeviller en partie : Jean Gregoire, garde de la Justice de Hevecourt, par Louis de la Vigne, & Jean Fortier Lieutenant du Garde de la Justice de Songneuses lez Benars : Jean de saint Pré es Champs, Ecuyer : Pierre Tonnel & Jacques Leaderet Ecuyer, aussi present : Maître Jean Dugué, Avocat audit Siege : Maître Jean le Voignier, aussi Avocat : Jean Fourcroy l'aîné : Guillaume Mallet, Jacques Ogier, Pierre Louvy, Mathieu Fournier, Antoine Castelain Greffier & Praticien, Jean du Saussoy, Jean de Cary, Jean de Niviller, Guillaume d'Airie & Benhault Triquet : Tous presens Procureurs Praticiens audit Siege : Jean Pinart l'aîné, Jacques de la Fontaine, Maître Nicole le Voignier, Avocats & Praticiens, absens : Antoine Dairie, Nicolas Thorel, Jean Godebes, Mathieu Baillet, Jean Dubus, Nicolas du Puy & Honorot Patin, Jean Anglier, Mathieu Dupuys, Colinet de la Trepaigne, Jean le Roy, Charlot Cornet, Pierre du Saulchoy, Jean Rigault, Quentin Deshayes, & plusieurs autres Habitans dudit Vidamé, presens, ajournés & presens. Ausquels comparans a été par nous dit & remontré ès presences de honorables hommes & sages Maître Jean Fourcroy, Licentié ès Loix & en Decret, Procureur general de mondit Seigneur, ledit Dugué, Licentié en Decret, Avocat : Nicolas Boileau, Receveur general dudit Seigneur : Nicolas Dexin, Lieutenant general dudit Gerberoy. Godegran Moreau, Verdier des bois & garennes de mondit Seigneur : Nicolas Regnard, Hector Dauviller, Jacques de Bommieres, Sergens audit Bailliage, & autres. Que le vouloir & bon plaisir du Roy notre Sire étoit afin de soulager son peuple, le relever de frais & autres causes à ce le mouvans, de faire rapport, accorder & rediger par écrit les Coutumes de son Royaume, & qu'il avoit été mandé à mondit Seigneur & autres Pairs de France, & aux Comtes tenans en appanage du Roy notre Sire, à leurs Officiers de porter & bailler les Coutumes de leurs Comtés, terres & seigneuries : A Monseigneur le Bailly d'Amiens ou son Lieutenant, pour icelles, ainsi rapportées, accordées, redigées par écrit & signées, porter, envoyer & bailler à Messeigneurs les Commissaires sur ce ordonnés & députés par le Roy notredit Seigneur, lequel toutefois n'entend point & ne veut aucunement déroger ne préjudicier aux droits & privilèges de Pairie de mondit Seigneur, ne des autres Pairs de France, ne que par les Lettres patentes sur ce par lui decernées, & ce que dit est ci-dessus, ils soient sujets à mondit Seigneur le Bailly d'Amiens ou son Lieutenant. Pour lesquelles causes, & que ladite Vidamé tenue par mondit Seigneur de Beauvais en Pairie du Roy notredit Seigneur, sous le ressort de sa Cour de Parlement, étoit de grande étendue, en laquelle il avoit assises & ressort, & où les Coutumes d'icelles, où la plûpart étoient & sont differentes des Coutumes generales dudit Bailliage d'Amiens, ils avoient été appellés pour rapporter, accorder & rediger par écrit en un cayer, les Coutumes dudit Vidamé & Châtellenie dudit Gerberoy, & icelles signer pour faire & fournir, à ce que dit est, & recité cidessus, par protestation expresse faite par ledit Procureur General, de non attribuer audit Bailly d'Amiens ou sondit Lieutenant, aucune Jurisdiction contre mondit Seigneur de Beauvais, ses Officiers ou sujets, & que ce ne puisse aucunement prejudicier à sondit droit de Pairie. En déclarant outre par nous, que par le rapport & accord qui presentement seront faits desdites Coutumes, ne sera & n'entendons être dérogé au droit des mesures, aulnes, estallons, au droit d'aubeine, & autres droits particuliers que mondit Seigneur a en sondit Vidamé, ne pareillement aux Arrêts par lui & ses predecesseurs obtenus en ladite Cour de Parlement, ne aussi aux droits particuliers de ses vassaux, qu'ils ont à cause de leursdits fiefs, par la nature d'iceux ou autrement. Ce fait, ont été rapportées & accordées en ladite Assemblée par tous concordablement, lesdites Coutumes de ladite Vidamé, lûes en Jugement les unes après les autres, ainsi & par la maniere qui ensuit.

TITRE I.

De haute Justice.

I.

LE meurtre, rapt, boute-feu, peché contre nature, toutes batures & mutilleures faites de fait, d'aguet & de propos deliberé, *& maximè* à la priere d'autrui, pardon, promesse ou autrement, & de port d'armes, la connoissance en appartient au haut Justicier.

II.

Item, le haut Justicier a connoissance d'espaves, confiscations & tresors trouvés, & viennent à son profit.

III.

Item, la connoissance de punition corporelle, comme d'abscision de membres, fustigation, bannissement de sa terre & seigneurie, comme bannir à temps, ou bannir à toujours, & faire déclaration de confiscation.

IV.

Item, le haut Justicier connoît des cas criminels qui sont de sa jurisdiction, de toutes causes réelles, possessoires & civiles, passer les Decrets en sa Cour, pourvû que les criées ayent été publiées au lieu de sa seigneurie, & les solemnités sur ce gardées.

V.

Item, un haut & bas Justicier peut mettre & faire mettre en sa main les heritages tenans ou mouvans de lui, étans en sa seigneurie haute ou basse, par faute de titre non montré, champart emporté, cens non payez, ventes celées, droits de saisine & dessaisine, amendes pour ce dûes, foy & hommage non faits, droits & devoirs pour ce dûs non payés.

VI.

Item, il loist aussi à un haut ou bas Justicier de saisir ou faire saisir & mettre en sa main tous les heritages étans ès fins & metes de sa Justice, pour contraindre les détenteurs desdits héritages, à montrer & enseigner à quel titre ils les tiennent & possedent.

VII.

Item, si les détenteurs & possesseurs desdits heritages saisis à faute dudit titre non montré, s'opposent audit arrêt, ledit arrêt serviroit seulement pour ajournement; & pendant le procès, lesdits détenteurs & possesseurs jouiront desdits heritages ainsi saisis que dit est, posé ores qu'il fût & soit notoire que ledit heritage ou heritages ainsi saisis que dit est, fussent situés & assis ès fins & metes de la Justice dudit Seigneur.

VIII.

Item, & ce au moyen dudit arrêt & saisie au regime & gouvernement desdits heritages saisis à Commissaire ou Commissaires ordonnés, & si ledit Commissaire en est poursuivi pour rendre compte de l'administration desdits heritages saisis, & le détenteur & possesseur s'opposent audit arrêt, & à ce est reçû, ladite poursuite se pourra asseoir sur ledit Commissaire, & aura ledit détenteur & possesseur main-levée, & tournera la matiere en action réelle, où il échet vûe & garens formels.

IX.

Item, il loist au haut Justicier & Seigneur mettre en ses mains tous biens vacans, qui ne sont tenus ne occupés par les Proprietaires, ne de leur consentement, & jouir d'iceux heritages & biens vacans, jusques à ce qu'aucun Proprietaire s'appere. Mais par ladite Coutume sur iceux biens vacans, les créanciers seront payés de leur dû, ou ils feront vendre iceux biens & heritages vacans.

X.

Item, quand aucuns biens situés & assis en la haute Justice d'aucun Seigneur sont dits & declarés confisqués, ledit haut Justicier ne sera tenu payer aucune dette, ne rente ou arrerages d'icelle, si celle rente n'est proprietaire, ensaisinée ou infeodée, si c'est rente constituée.

X I.

Item, la femme d'un homme executé pour ses demerites, est tenue payer la moitié des dettes dûes par les conjoints, à l'heure du trépas dudit executé.

X I I.

Item, droit de travers est droit seigneurial de haute Justice, & les exploits qui en sont faits à la conservation dudit droit, sont tenus & reputés exploits de haute Justice; auquel appartient la punition & correction des transgresseurs dudit droit de travers, & non pas au bas Justicier.

X I I I.

Item, au haut Justicier appartient faire bournaige & separation de terroirs, justice & seigneurie, & non au bas Justicier.

X I V.

Item, au haut Justicier d'aucun lieu appartient à faire le cry le jour de la Fête dudit lieu, prendre ou faire prendre, punir & corriger les malfaicteurs, les punir criminellement ou civilement, par amendes arbitraires ou autrement, selon les exigences des cas, si mestier est. Donner congé de faire prendre prix, pour jouer à la paulme, aux barres & autres jeux, appeller ou faire appeller à ban les delinquans, saisir leurs biens, inventorier, faire pendre, traîner, fustiger, exoriller, escheller, pillorifer, faire bournaige & separations de seigneuries, comme dit est, & donner congé d'estaller marchandises.

X V.

Item, aux Seigneurs hauts Justiciers ayant droit de garenne ou gruirie, appartient la paisson & penage des bois assis en leurs terres & seigneuries étans dedans les fins & metes de leur haute Justice, gruirie & seigneurie, & non pas aux bas Justiciers.

X V I.

Item, & n'y a audit Vidamé aucuns Seigneurs particuliers ayant moyenne Justice seulement.

TITRE II.

De basse Justice.

X V I I.

Le bas Justicier a connoissance des meubles, & de battre autrui sans sang & sans poing garni, de vilaines paroles & injures entre ses hôtes & sujets.

X V I I I.

Item, peut mettre bornes entre deux sentiers entre champs & terres arables, faire division de champs & terres voisines, entre divers heritages de ses sujets.

X I X.

Item, avoir connoissance de sa saisine, condamner ses sujets en amende par défaut de cens non payés.

X X.

Item, faire arrêter & mettre brandons sur les terres mues de lui par faute dudit cens non payé, commettre Commissaires à icelles terres arrêtées, comme dit est.

X X I.

Item, avoir connoissance de sa main brisée & de champars emportés, avec plusieurs autres cas particuliers, selon la diversité d'iceux, desquels ont la connoissance les hauts & bas Justiciers, chacun en son regard.

TITRE III.

De matiere feodale.

X X I I.

Par la Coutume notoirement gardée en ladite Vidamé, il loist à un Seigneur feodal de saisir & mettre en sa main & en la main du Seigneur souverain en confortant la sienne, les fiefs, terres & seigneuries noblement tenus de lui par faute d'homme, droits & devoirs non faits; Et ce fait, jouira ledit Seigneur dudit fief, & fait les fruits siens, sans aucune chose restituer, tant que lesdites foy & hommage lui seront faits.

X X I I I.

Item, aussi à faute de denombrement baillé, peut ledit Seigneur feodal faire saisir & mettre commissaire, qui jouira sous la main de Justice desdits fiefs, tant & jusques à ce que tel vassal ait baillé son dénombrement, & qu'il lui soit accordé, & qu'il ait main-levée : Toutefois ledit Seigneur feodal ne fait point les fruits siens.

XXIV.

Item, il loist au nouveau Seigneur feodal saisir & faire saisir les fiefs tenus de lui par défauts de droits & devoirs non faits & payés, & ledit arrêt signifié suffisamment au lieu des fiefs desdits vassaux : Et après les quarante jours passés de ladite saisie, & que lesdits vassaux ou vassal n'auroient voulu faire les foy & hommage, payer les droits & devoirs non payés pour ce dûs, ledit Seigneur feodal peut derechef faire saisir lesdits fiefs & mettre en sa main, & iceux regaler & faire les fruits siens, supposé, comme dit est, que lesdits vassaux eussent fait les foy & hommage, payé les droits & devoirs pour ce dûs au predecesseur Seigneur dudit nouveau Seigneur.

XXV.

Item, en ligne directe en matiere de fief, comme de pere à fils, n'est dû aucune finance pour droit de relief, mais seulement bouche & mains avec le chambellage, qui est selon la nature dudit fief, si ce n'est que par la nature des fiefs il y eût relief de toutes mains. Mais en ligne collaterale ceux à qui échéent lesdits fiefs, doivent plein relief au Seigneur dont les fiefs sont tenus, avec ledit droit de chambellage.

XXVI.

Item, droit de relief est tel, qu'il se doit offrir au Seigneur feodal par le vassal, & au chef-lieu du fief seigneurial : C'est à sçavoir une somme de deniers pour une fois, ou de trois années l'une, ou le dict des Pairs & vassaux étans sous le Seigneur feodal, au choix dudit Seigneur feodal, au cas que le fief ou arriere-fief n'auroit été estimé ou apprecié selon sa nature, soit d'esperons dorés ou autre chose.

XXVII.

Item, en matiere de fiefs, après le trépas d'un vassal, son Seigneur peut faire saisir le fief tenu de lui, & les quarante jours passés après la saisie, peut regaler ledit fief & faire les fruits siens, au cas que dedans lesdits quarante jours, après le trépas dudit vassal n'aura été fait chevy, ou composé par celui à qui est échû tel fief à sondit Seigneur foy & hommage, droit de relief ou chambellage, si aucuns en sont dûs.

TITRE IV.

De Succession de Fiefs.

XXVIII.

QUand aucun va de vie à trépas, & il délaisse plusieurs enfans, ou enfans de ses enfans, ses heritiers en ligne directe, mâles & femelles, le mâle aîné pour son droit d'aînesse aura & emportera les deux parts ès fiefs demeurés du decès de ses pere & mere, ayeul, ayeule, ou autres en ligne directe, & les autres enfans auront l'autre tiers seulement, sans ce que l'aîné prenne aucun droit audit tiers.

XXIX.

Item, par la Coutume dudit Vidamé, entre filles n'a point de droit d'aînesse; & pour ce si dudit trépas n'y a que filles deux, trois, ou plusieurs, & y a fiefs, la fille aînée n'aura point plus de prérogative en la succession que les autres maisnées, & n'en emportera plus l'aînée que les autres.

XXX.

Item, en ligne collaterale filles ne succedent point, où en pareil degré il y a hoir mâle, comme de frere à sœur, cousins ou cousines, soit entre nobles ou non nobles, & ès fiefs le mâle emporte tout, & n'y ont rien les femelles, posé ores qu'elles soient aînées du mâle.

XXXI.

Item, & s'il y a plusieurs freres ou cousins en un même degré de lignage, lesdits fiefs ainsi échus en ligne collaterale se partiront teste à teste entre eux, sans prérogative du droit d'aînesse, lesquels freres ou frere préfereront d'un degré lesdits cousins.

XXXII.

Item, entre nobles conjoints ensemble par mariage, le survivant peut prendre & apprehender les meubles demeurés du decès dudit trépassé en payant les dettes dûes au jour du trépas, obseques & funerailles.

XXXIII.

Item, un noble homme allé de vie à trépas, sa femme peut renoncer aux meubles & acquêts par eux faits durant & constant leur mariage, incontinent après ledit trépas; & en ce faisant, elle demeurera quitte des dettes personnelles que devoit son feu mari auparavant leur mariage, & que le trépassé avoit faites durant & constant leurdit mariage, esquelles elle ne se seroit point obligée.

XXXIV.

Item, quand de deux nobles conjoints par mariage, l'un va de vie à trépas, les biens immeubles

& acquêts durant & constant leurdit mariage, se divisent & partissent également entre le survivant & les heritiers du trépassé.

XXXV.

Item, si l'un des deux nobles conjoints par mariage ayans enfans mineurs va de vie à trépas, le survivant desdits conjoints ou eux decedés, l'ayeul ou l'ayeule pourra avoir la garde desdits enfans; & en acceptant telle garde aura les meubles de tels mineurs, & si jouira de leurs heritages, en payant droit de relief, & faisant les foy & hommage au Seigneur feodal, avec le chambellage, selon la nature du fief.

XXXVI.

Item, les gardiens qui ont la garde noble d'aucuns mineurs, font les fruits des heritages desdits mineurs à eux, sans en rendre compte à iceux mineurs ou mineur, quand ils viendront en âge; & en ce faisant, seront tenus nourrir & entretenir bien & honnêtement lesdits mineurs selon leur état, & entretenir les heritages desdits mineurs ou mineur, & les rendre en la fin en aussi bon état qu'ils étoient quand ils prirent ladite garde, payer les dettes, acquitter lesdits mineurs, & les rendre en la fin en aussi bon état qu'ils étoient quand ils prirent ladite garde, regir & gouverner les Justices desdits mineurs, & en la fin icelles Justices rendre quittes & depeschées de tous troubles & empêchemens mis & donnés esdites Justices.

XXXVII.

Item, si la mere qui aura, ainsi que dit est, pris la garde de ses enfans, se remarie, à cause dudit mariage, sera sondit mari tenu de relever & payer relief au Seigneur feodal, pour raison desdits enfans mineurs.

XXXVIII.

Item, un enfant noble mâle est reputé âgé de vingt ans & un jour, & une femme & une fille à seize ans & un jour.

XXXIX.

Item, si plusieurs mineurs n'ont parent en ligne directe, ou que tel parent en ligne directe ne veuille prendre la garde dudit mineur, les parens en ligne collateralle pourront prendre le Bail de tels enfans, entre lesquels parens sera preferé l'aîné qui atteindra tels mineurs au plus prochain degré; lequel Baillistre sera tenu relever les Fiefs desdits mineurs, entrer en foy & hommage pour iceux mineurs; & payer le relief, & fera tel Baillistre les fruits des heritages desdits mineurs siens, sans ce qu'il soit tenu ne sujet rendre compte: Mais toutefois il sera tenu payer les dettes desdits mineurs, & rendre en la fin les heritages d'iceux en bon état, & leurs Justices dépeschées de tous troubles & empêchemens, les nourrir, gouverner & entretenir, & si seront tenus inventorier, garder & rendre compte des meubles desdits mineurs, qu'ils auroient à l'heure que ledit Bail a été pris.

XL.

Item, en une succession où il y a fils & filles, ou filles seulement, & il y a fiefs, le fils fait la foi & hommage seulement une fois desdits fiefs au Seigneur feodal, si bon lui semble, la fille tant qu'elle se tient à marier, elle ne payera aucun relief pour sa part dudit fief, parce que par ladite Coutume, comme dit est, de pere à fils, ou fille, n'y a que bouche & mains, avec chambellage.

XLI.

Item, mais incontinent que ladite fille se mariera, le mari est tenu relever l'heritage de sadite femme, parce qu'il est étrange personne: & toutes fois qu'elle se remariera, sera semblablement tenue & son mari pour elle, payer relief, tel que dessus est declaré.

XLII.

Item, un vassal ne peut charger son fief d'aucune rente ou hypotheque, au préjudice de son Seigneur feodal, duquel est tenu & mouvant ledit fief, sinon que telle rente & hypotheque fût ensaisinée ou infeodée dudit Seigneur feodal, au profit de celui ou ceux à qui sont dûes telles rentes & hypotheques.

XLIII.

Item, un vassal ne peut démembrer son fief sans le consentement de son Seigneur.

XLIV.

Item, si tels fiefs ainsi chargés que dit est, de telles rentes ou hypotheques non ensaisinées ou infeodées, viennent en la main du Seigneur feodal par regale, aubeine, confiscation, commission de fiefs, ledit Seigneur peut regaler & tenir ledit fief entierement, sans payer aucunes choses desdites rentes & hypotheques, non ensaisinées & infeodées, & n'en est aucunement tenu ledit Seigneur feodal, comme dit est.

XLV.

Item, le mari peut recevoir les foy & hommage des vassaux qui tiennent en fief de la seigneurie de sa femme, & semblablement bailler les saisines des heritages roturiers vendus étans en la censive ou seigneurie de sadite femme, & n'est pas requis à ce faire le consentement de sadite femme.

XLVI.

Item, un vassal se peut jouer de son fief jusques à demission de foy & hommage, en telle maniere qu'il peut bailler le tout ou partie d'icelui à cens ou rente, ou autres droits seigneuriaux, s'il ne se devest & dessaisit de sondit fief ès mains de sondit Seigneur feodal, lequel Seigneur est tenu de mettre son consentement avant qu'il sortisse aucun effet, touchant lesdites alienations.

TITRE V.

De Successions en general.

XLVII.

PAr ladite Coutume, quand en une succession n'y a qu'heritages roturiers, soit propres, acquêts ou conquêts & meubles, & en icelle y a plusieurs enfans, tant mâles que femelles, ils viennent également à ladite succession, de pere ou mere, ayeul ou ayeule, sans y avoir quelque prérogative pour raison du droit d'aînesse.

XLVIII.

Item, en ligne directe si un fils ou fille va de vie à trépas, sans hoirs de son corps, à icelui ou icelle fille, succedera le pere ou la mere, ayeul ou ayeule, quant aux meubles, acquêts ou conquêts immeubles: Et quant aux propres heritages, les freres & sœurs, ou autres qui seront les plus prochains du trépassé, du côté & ligne desquels ils sont avenus au trépassé succederont, pour ce que les propres heritages d'un trépassé ne remontent point.

XLIX.

Item, le mort saisit le vif, son plus prochain heritier habile à lui succeder, lequel par ladite Coutume est saisi de tous les biens meubles & immeubles demeurés du decès du trépassé, pour d'iceux en jouir, comme vray heritier.

L.

Item, aucun ne peut être heritier & legataire ensemble: mais celui à qui seroit fait aucun legs se peut tenir à sondit legs, & renoncer à la succession dudit défunt, si bon lui semble.

LI.

Item, les propres d'un défunt retourneront toujours au plus prochain parent du côté & ligne dont ils viennent, posé ores qu'ils ne soient si prochains au trépassé comme d'autres, comme les heritages venus au trépassé du côté de son feu pere, iront aux heritiers du côté dudit défunt son pere, & ceux du côté de sa mere aux heritiers du côté de sa mere, succedent les freres & sœurs du pere & mere, ou du côté du pere ou de la mere seulement également, quant aux meubles & acquêts.

LII.

Item, les heritiers d'un trépassé peuvent être poursuivis personnellement des faits, promesses & obligations du trépassé, pour telle part & portion qu'ils sont heritiers, & hypothequairement pour le tout, supposé qu'aucuns desdits heritiers ait plus grande portion par droit d'aînesse, que l'un des autres, & n'en est point tenu l'aîné plus que l'un des autres.

LIII.

Item, institution d'heritier audit Vidamé n'a point de lieu, parce qu'il est en pays coutumier.

LIV.

Item, les heritiers d'un trépassé sont tenus des faits, promesses & obligations d'icelui trépassé, chacun pour telle part & portion qu'il est heritier des dettes personnelles.

LV.

Item, quand aucun habile à être heritier d'un trépassé, s'immisce & prend de la succession dudit trépassé, ou applique à son profit jusques à la valeur de cinq sols parisis, il est tenu & reputé vray heritier dudit trépassé, & comme tel peut être poursuivi par les heritiers dudit trépassé.

LVI.

Item, quand aucuns enfans ont été mariés des biens communs de leurs pere & mere, & l'un d'eux, soit le pere ou la mere, vont de vie à trépas, & icelui enfant ou enfans ainsi mariés que dit est, veulent venir à la succession de tel trépassé avec les autres enfans non mariés, faire le peuvent en rapportant la moitié de ce qui leur aura été donné en mariage ou autres avantages; & si tous deux, c'est à sçavoir si les pere & mere étoient décedés, tels avantagés rapporteront le tout.

LVII.

Item, par la Coutume dudit Vidamé, representation n'a point de lieu.

LVIII.

Item, par ladite Coutume en ladite Vidamé hors la Ville dudit Gerberoy, quand aucuns conjoints ensemble par mariage vont de vie à trépas delaissans plusieurs enfans mâles, au maisné d'iceux mâles appartient hors partage le principal manoir, si manoir y a; sinon la principale mazure qu'il voudra choisir des heritages cottiers & roturiers appartenans au jour dudit trépas à leur pere ou mere decedés, & non des autres heritages. Mais s'il n'y a qu'un fils mâle & filles, n'y a point de droit de maisnesse.

TITRE VI.

D'hypotheque.

LIX.

PAr la Coutume dudit Vidamé, l'hypotheque n'a point de lieu, sinon contre l'obligé sa vie durant, & pour autant que les heritages seront en sa main, si ce n'est que telle hypotheque soit infeodée, ensaisinée ou reçûe par le Seigneur.

L X.

Item, tous detenteurs & proprietaires d'aucuns heritages, ou de part & portion d'iceux chargés & redevables d'aucunes rentes, ou autre charge réelle & annuelle, sont tenus personnellement payer & acquitter lesdites charges, ensemble les arrerages desdites charges & rentes échûes de leur temps, si lesdites rentes sont ensaisinées, comme dit est, toutefois lesdits détenteurs & proprietaires desdits heritages ainsi chargés que dit est, incontinent lesdites rentes venues à leur connoissance, peuvent renoncer ausdits heritages ainsi chargés, sans pour ce être tenus payer aucune chose desdites charges & rentes, & des arrerages pour ce dûs.

L X I.

Item, droit & action d'hypotheque ensaisiné ne se divise point.

TITRE VII.

Des Executeurs de Testament.

L X I I.

PAr ladite Coutume l'executeur ou executeurs du Testament d'un trépassé, sont saisis des biens meubles dudit testateur, jusques à la concurrence dudit Testament pour icelui accomplir en dedans l'an & jour.

L X I I I.

Item, les executeurs d'un Testament, après le trépas du défunt, peuvent faire délivrance aux légataires quant aux biens meubles, & quant aux conquêts immeubles & quint des propres héritages, aux heritiers du trépassé appartient faire ladite délivrance.

TITRE VIII.

De douaires.

L I X V.

PAr ladite Coutume il y a deux manieres de douaire, l'un qu'on appelle douaire coutumier, & l'autre douaire préfix.

L X V.

Item, douaire coutumier dont la femme peut être douée, est de la moitié en usufruit de tous heritages que le mari avoit le jour de ses nopces, & de ceux qui lui sont échûs & écheront en ligne directe durant & constant leur mariage.

L X V I.

Item, le douaire est reputé propre heritage des enfans, si que le pere, s'il a dudit mariage aucuns enfans après le trépas de sadite femme, jouira desdits heritages sujets à douaire quant à l'usufruit seulement, & lesdits enfans en seront vrais seigneurs & proprietaires.

L X V I I.

Item, les enfans desdits conjoints après le trépas de leurs pere & mere, peuvent prendre & apprehender lesdits heritages sur lesquels étoit douée ladite femme leur mere franchement, sans payer aucunes dettes, pourvû qu'ils renoncent à la succession de leur pere.

L X V I I I.

Item, douaire coutumier est dû incontinent après le trépas du mari, & est tenue la veuve le demander aux heritiers dudit deffunt, pour avoir les fruits.

L X I X.

Item, si ladite femme étoit douée du douaire coutumier sur heritages étans en fief tenus d'aucuns Seigneurs, incontinent après le trépas du mari, ses heritiers seront tenus aller devers les Seigneurs ou Seigneur feodal, relever lesdits fief ou fiefs; & pour raison d'iceux en faire les foy & hommage, ou obtenir souffrance desdits Seigneurs ou Seigneur feodaux, afin que ladite femme pût jouir & posseder de sondit douaire, après qu'ils auront été sommés par ladite veuve.

LXX.

Item douaire préfix c'est quand une femme est accordée en mariage, & par les parens & amis du mari, ou par icelui mari, ou l'un d'eux, est baillé ou assigné aucun heritage ou heritages, pour une somme de deniers, à ladite femme, ses parens & amis, tel heritage ou heritages est dit & réputé douaire préfix à ladite femme, incontinent que le douaire aura lieu.

LXXI.

Item, ledit douaire préfix est aussi propre heritage aux enfans venus & procréés dudit mariage, comme est le douaire coutumier à ladite femme usufruictiere seulement, après le trépas de sondit mari.

LXXII.

Item, combien que ladite femme ait été douée de douaire préfix, comme dit est, néanmoins incontinent après le trépas de sondit mari, ou que douaire aura lieu, peut ladite femme délaisser ledit douaire préfix, & prendre le douaire coutumier.

LXXIII.

Item, le douaire coutumier & préfix se doivent demander par ladite veuve ou ses enfans, aux heritiers du trépassé, duquel douaire préfix, s'il consiste en fiefs, les heritiers du trépassé sont tenus en faire les foy & hommage aux Seigneurs ou Seigneur feodaux, en payer les droits & devoirs pour ce dûs, ou obtenir souffrance, afin que ladite veuve en puisse jouir, comme dessus est dit de douaire coutumier.

LXXIV.

Item, si le mari de ladite femme après le trépas de ladite femme, se remarioit la seconde fois délaissant enfans du premier mariage, la seconde femme sera douée seulement sur la moitié des heritages, sur lesquels ladite premiere femme avoit été douée, que on dit douaire d'un quart égaré; & outre, sera douée de la moitié de tous les héritages qui après le premier mariage solut tel mari auroit acquis & lui seroient écheus, & desquels il possessoit à l'heure de sondit second mariage, & de la moitié de tous ceux qui lui écherront en ligne directe durant & constant tel second mariage; lequel douaire sera semblablement tenu & reputé propre heritage des enfans dudit second mariage; & l'usufruit à ladite seconde femme comme du précedent, *& sic consequenter*, des mariages subsequens.

LXXV.

Item, l'homme ne peut vendre, aliener ne aucunement hypothequer le propre heritage de sa femme, son douaire coutumier ne préfix, sans l'exprès consentement de sa femme & enfans quant au douaire: & si autrement est fait, lesdites obligations & alienations sont nulles.

TITRE IX.

De Prescription.

LXXVI.

Quiconque a joui & possessé d'aucun heritage à juste titre & de bonne foi continuellement, sans contredit ou empêchement, aucun par le temps & espace de dix ans entre presens, & vingt ans entre absens, âgés & non privilégiés, & trente ans sans titre, il a acquis & acquiert par prescription la proprieté & seigneurie de tel héritage.

LXXVII.

Item, toutes actions personnelles sont esteintes & prescrites par l'espace & temps de trente ans.

LXXVIII.

Item, quiconque a joui & possessé d'aucun heritage à titre ou sans titre, tant par lui que ses predecesseurs, franchement, sans payer aucune rente ou autre charge réelle par le temps & espace de quarante ans continuels & accomplis, il a acquis par prescription la franchise de ladite rente ou charge réelle.

LXXIX.

Item, toutes actions en matiere d'hypoteque pour rentes & autres droits réels, sont éteintes & expirées par le temps & espace de quarante ans, excepté le droit seigneurial de censive & fonds de terre, qui ne se prescrit point, combien que les arrerages de ce soient prescrits par trente ans.

LXXX.

Item, prescription n'a point de lieu contre l'Eglise, sinon par l'espace de quarante ans seulement.

LXXXI.

Item, vûes & égousts n'acquierent point de possession ne saisine, par quelque laps de temps que ce soit, sans titre.

TITRE

TITRE X.

De ceux qui ont puissance d'aliener, & comment tiennent telles alienations, ou constitutions de rente.

LXXXII.

PAr ladite Coutume toute personne usant de ses droits, ayant le gouvernement & administration de ses biens, peut vendre, aliener & constituer rentes sur les heritages tenus en fief ou en censive d'aucun Seigneur; & telle vendition ou constitution de rente, est bonne & valable, si elle est ensaisinée ou infeodée, comme dit est.

LXXXIII.

Item, ladite rente ensaisinée & infeodée a cours sur les heritages dudit vendeur & constituant, quand ils sont tenus & possedés par ledit constituant ou ses heritiers, ou par un tiers détenteur.

LXXXIV.

Item, si les heritages sur lesquels l'on a constitué rentes non ensaisinées ne infeodées, sont réunis au Domaine du Seigneur feodal ou censuel, par défauts de droits & devoirs non faits, confiscation par aubaine ou amission de fiefs, en ce cas ledit Seigneur censuel ou feodal ne seroit tenu de ladite charge ou rente non ensaisinée ou infeodée, & en demeurent quittes

LXXXV.

Item, nul ne peut être rentier & proprietaire de l'heritage ainsi chargé que dit est de ladite rente, car icelle rente est confuse au crediteur en prenant par lui la proprieté.

TITRE XI.

De Donations.

LXXXVI.

PLusieurs sont especes de dons, il y a dons entre-vifs, dons par testament, & ordonnance de derniere volonté.

LXXXVII.

Donation faite entre-vifs vaut & tient, quand elle est faite par personne usante de ses droits, ayant le gouvernement & legitime administration de ses biens, à personne autre que sa femme, si telle donation n'étoit faite à sa femme par don mutuel, comme sera cy après déclaré.

LXXXVIII.

Item, donner & retenir ne vaut rien, en telle maniere que si aucun a donné une rente, maison ou autre heritage, à un quidam, soit son parent ou autre étrange, avant que ledit don sortisse son effet, convient que le donateur se dessaisisse de tel heritage ou rente donnée ès mains du Seigneur de qui il est tenu & mouvant, & que le donataire en soit saisi du vivant du donateur, autrement ledit don seroit nul & recherroit en la succession dudit donateur, ou que du vivant & consentement dudit donateur il y ait apprehension de fait à la chose donnée, qui vaut saisine au préjudice du donateur. Et donner & retenir ne vaut rien, comme dit est, posé ores que le donateur ait en soi retenu l'usufruit de la chose donnée, s'il n'y a dessaisine faite par ledit donateur, & que ledit donataire en soit saisi & vêtu du vivant d'icelui donateur, quoi qu'il soit que ledit donataire en ait pris & apprehendé de fait la possession, present ledit donateur qui vaut saisine au prejudice dudit donateur, mêmement quand telle chose valablement peut être saisie par le Seigneur de qui elle est mouvante.

LXXXIX.

Item, quand aucun est avantagé par donation entre-vifs de pere ou mere tant en mariage qu'autrement, tel avantagé se peut tenir au don & transport à lui fait, sans ce qu'il peut être contraint rien en rapporter en commun entre ses freres & sœurs, ou autres ses coheritiers. Mais s'il veut venir à la succession d'icelui donateur, comme son heritier, faut qu'il rapporte ce qui lui aura été donné ou transporté, ou autrement, il ne pourra rien prendre à ladite succession.

XC.

Item, quand aucun donne aucun heritage, soit en fief, ou roturier, & ledit don est recompensatif, le donateur est tenu dedans quarante jours avertir & faire sçavoir à sondit Seigneur de son don, & payer les quints deniers, & en faire les foy & hommage: & s'il est roturier, il en sera tenu payer dedans quarante jours les droits & ventes, qui sont de seize sols parisis, seize deniers parisis, avec le droit de saisine, sur peine de soixante sols parisis d'amende.

XCI.

Item, quand à deux diverses personnes a été donné ou vendu un heritage en fief ou roturier, celui qui premier aura été saisi dudit heritage, mis & reçû en foy & hommage, ou de celui heritage aura eu apprehension de fait, qui en ce équipolle à saisine, au sçû ou consentement du donateur ou vendeur, sera preferé audit heritage donné & vendu, posé ores qu'il soit le second donataire ou acquesteur, & a le plus clair droit.

XCII.

Item, un chacun soit homme ou femme, peuvent laisser par testament & ordonnance de derniere volonté, à un étrange, ses meubles, acquêts & conquêts immeubles, avec le quint de son propre heritage à toujours.

XCIII.

Item, en simple donation d'heritage noble & tenu en fief, quand elle est faite à l'heritier apparent habile à succeder en avancement d'hoirie & de succession, n'en est dû quint ne requint, mais seulement relief: C'est à sçavoir une somme de deniers, le revenu d'une année prise en trois, ou est le dict des pairs, comme dit est, avec le droit de chambellage, & en heritage roturier audit cas n'en sont point dûes ventes. Mais le donataire doit prendre la saisine du Seigneur en dedans les quarante jours de la donation, sur peine de soixante sols parisis d'amende, & payer le relief.

XCIV.

Item, homme & femme conjoints ensemble par mariage, peuvent par testament & ordonnance de derniere volonté, laisser l'un à l'autre leurs meubles, acquêts & conquêts immeubles, avec le quint de leurs propres heritages, au préjudice de leurs enfans & autres heritiers.

XCV.

Item, quand aucun a vendu ou donné aucun heritage à l'Eglise, soit à augmentation du divin service ou autrement, le Seigneur de qui est tenu ledit heritage ainsi vendu ou donné que dit est, dedans l'an & jour que tel don ou transport sera venu à la connoissance dudit Seigneur, sera telle Eglise tenue, ou les Marguilliers d'icelle, les mettre hors de leurs mains en dedans l'an & jour de la sommation ou commandement à eux faits par tels Seigneurs.

XCVI.

Item, homme & femme conjoints par mariage, peuvent faire l'un à l'autre don mutuel de tous leurs biens meubles, acquêts & conquêts, immeubles, ensemble du quint de leurs propres heritages au survivant, pourvû qu'ils n'ayent aucuns enfans, que iceux conjoints soient égaux en sorte, âge & chevance.

XCVII.

Item, quand aucun est avantagé en mariage ou autrement, par donation faite entre-vifs par ses pere & mere, ou autre en ligne directe, tel avantagé se peut tenir au transport à lui fait, sans qu'il pût être contraint à venir à succession, & à rapporter tel avantage.

TITRE XII.

De Retraits lignagers.

XCVIII.

QUand aucun a vendu ou autrement cedé & transporté par titres onereux équipolens à vendition son propre heritage à personne étrange de son lignage, du côté & ligne dont lui est venu & échû par succession ledit propre heritage ainsi vendu que dit est, il est loisible au parent du lignage dudit vendeur, du côté & ligne dont est venu & échû ledit heritage, à requerir & demander par retrait lignager ledit heritage dedans un an & jour de ladite vendition, ou dedans l'an & jour que ledit acheteur ou acquesteur en sera saisi, s'il est tenu en censive, ou qu'il en ait été reçû en foi & hommage, s'il est tenu en fief, en remboursant ledit acheteur du sort principal, & des loyaux coustemens.

XCIX.

Item, le lignager qui requiert & demande par retrait ledit heritage ainsi vendu que dit est, est tenu offrir à l'acheteur bourse & deniers, & à parfaire pour ledit sort principal & loyaux coustemens, & ainsi faire par chacune journée que ladite cause sert, ou consigner ès mains de justice ledit argent, si ledit défendeur qui est acheteur ne consent lesdites offres être faites une fois pour tout: autrement ledit retrayant décherra de sadite action en matiere de retrait.

C.

Item, retrait lignager n'a point de lieu quand un heritage venu de propre est donné ou échangé but à but sans soulte, à l'encontre d'autres heritages d'une même nature, & sans dol ou fraude, comme d'un heritage feodal ou d'un autre heritage tenu en fief à l'encontre d'un autre heritage feodal ou tenu en fief, & d'un heritage tenu en censive à l'encontre d'un autre heritage aussi tenu en censive.

CI.

Item, en matiere de retrait n'est pas requis que le retrayant soit tenu & reputé le plus prochain en degré & ligne du vendeur, mais suffit qu'il montre ou enseigne suffisamment qu'il est parent & lignager dudit vendeur du côté & ligne dont est venu & échû en succession ledit heritage vendu audit acheteur étranger.

C I I.

Item, si un Seigneur feodal a retenu & réuni à sa table par puissance de seigneurie aucun fief, terre ou seigneurie ainsi vendu par son vassal, comme dit est, ledit Seigneur feodal est tenu laisser par retrait au lignager du parent du vendeur venu du côté & ligne dont est venu & échû par succession ledit heritage, fief, terre & seigneurie ainsi vendu, comme dit est, en venant dedans l'an & jour de ladite retenue & réunion faite par ledit Seigneur feodal du fief, terre & seigneurie ainsi vendu que dit est, en lui offrant par ledit lignager bourse & deniers, tant pour le pur sort que loyaux coustumens, & à parfaire si metier est.

C I I I.

Item, pareillement quand un Seigneur censuel retient par puissance de seigneurie heritage vendu par un lignager tenu à cens de lui, le parent lignager qui veut retraire ledit heritage ainsi vendu que dit est, est tenu venir dedans l'an & jour de ladite retenue dudit heritage, faite par ledit Seigneur censuel, offrir la bourse & deniers pour le pur sort & loyaux coustumens, & à parfaire si metier est.

C I V.

Item, esdits deux cas derniers, l'an de retrait desdits heritages, tant en fief qu'en censive, retenus par les Seigneurs par puissance de seigneurie, commence à courir à l'encontre des retrayans lignagers, du temps de la retenue desdits heritages, par puissance de seigneurie, quand ladite réunion est faite par lesdits Seigneurs feodaux ou censuels, pardevant Juge compétent ou personne publique, & en appert sinon en secret.

C V.

Item, si le mari durant & constant le mariage de lui & de sa femme, acquiert aucun heritage qui soit propre heritage dudit vendeur, & soit icelui vendeur & lignager à icelle femme du côté & ligne dont vient ledit heritage vendu, un autre lignager prochain dudit vendeur, ne pourra ravoir par retrait ledit heritage ainsi vendu que dit est, durant & constant le mariage de ladite femme, pour ce qu'elle est lignagere audit vendeur : mais après le trépas d'icelle un lignager dudit vendeur du côté & ligne dont est venu ledit heritage, dedans l'an & jour du trépas d'icelle pourra ravoir par retrait la part & portion dudit heritage ainsi vendu que dit est, audit mari, & dont il jouïssoit par le moyen de ladite acquisition, en lui remboursant la moitié desdits deniers.

C V I.

Item, ledit heritage ainsi acquesté que dit est, par ledit mari, durant & constant le mariage de lui & de sa femme, sera tenu & réputé acquêt audit mari, pour moitié, si après l'an & jour du trépas de sadite femme, aucun lignager d'elle du côté & ligne dont est venu & échû ledit heritage ainsi vendu que dit, ne veut requerir & demander par retrait ledit heritage vendu audit mary, & lui offrir bourse & deniers pour le pur sort & loyaux coustemens, en dedans l'an de sa saisine, s'il n'étoit saisi avant le trépas de ladite femme.

C V I I.

Item, quand aucun heritage est donné purement & simplement à personne ou personnes conjoints ensemble par mariage, & non pas en mariage ou en avancement d'hoirie, tel heritage ainsi donné est tenu & reputé acquêt, quand il est fait sans dol & fraude, & ne chiet point de retrait, comme dit est.

TITRE XIII.

D'eschange.

C V I I I.

PAr ladite Coutume quand aucun heritage est baillé par échange à autrui, à l'encontre d'un autre heritage d'une même condition, comme heritage roturier à l'encontre d'un autre heritage roturier, ou d'un fief à l'encontre d'un autre fief tenu en fief but à but, sans soulte, & tellement, qu'il n'y ait aucun retrait, comme dit est, les heritages ainsi baillés par échange sont tenus & réputés de telle nature, comme ceux qui ont été baillés : C'est à sçavoir que s'ils étoient tenus & réputés propres, aussi seront ceux ainsi baillés par échange l'un à l'autre.

TITRE XIV.

De droits seigneuriaux.

C I X.

QUand aucun a vendu aucun heritage, terre ou seigneurie tenus en fief ou en censive, tel vendeur est tenu venir devers le Seigneur feodal ou censuel dedans quarante jours, en lui notifiant ladite vendition, payer & bailler les droits & ventes, si c'est heritage tenu en censive : C'est à sçavoir seize deniers parisis pour chacun franc : & sera tenu soy dessaisir ès mains dudit Seigneur, sur peine de soixante sols parisis d'amende : & ne se peut l'acquesteur bouter en tel heritage, sinon par la main dudit Seigneur, & en prenant la saisine, sur peine d'autres soixante sols parisis d'amende; & si c'est fief, ledit vendeur sera tenu payer quint denier au Seigneur feodal, & soy dessaisir d'icelui heritage dedans le temps de quarante jours, & requerir par ledit acheteur en être saisi & reçû en foy & hommage, en payant le droit de chambellage & lettres d'hommage au Seigneur de qui sont tenus lesdits heritages feodaux & censuels, après lesdits quarante jours passés, si lesdits Seigneurs ne veulent retenir par puissance de fief & seigneurie lesdits heritages ainsi vendus, comme dit est, en rendant audit acheteur les deniers qu'il en auroit baillés, avec loyaux coûtemens, & en déduisant par ledit Seigneur ledit quint denier, requint ou ventes pour ce dûes.

CX.

Item, si ladite vendition est faite à francs deniers, soit à censive ou fief, lesdits Seigneurs auront pour raison de ladite vente, si c'est fief, quint & requint : c'est à sçavoir cinquiéme denier de ladite vente, & le cinquiéme denier dudit quint denier; & si c'est heritage tenu à censive, aura desdites ventes de seize sols parisis seize deniers parisis; & les venterolles est le seiziéme denier desdites ventes.

CXI.

Item, lesdits Seigneurs feodal & censuel après lesdits quarante jours passés, depuis ladite acquisition, pour être payés de leurs droits de ventes & quint denier, & pour les droits de saisine, pourroient proceder ou faire proceder par arrêt par leurs Justiciers sur lesdits heritages ainsi vendus que dit est : lequel arrêt & main-mise tiendra quant aux heritages tenus en fiefs, jusques à ce que lesdits droits & devoirs ayent été payés, & les foy & hommage faits; & quant aux roturiers, jusqu'à ce que ledit détenteur se soit rendu opposant, lequel au moyen de sadite opposition, aura main-levée, en baillant caution sujette : ou si bon semble ausdits Seigneurs feodaux, peuvent faire ajourner lesdits vendeur & acheteur pour payer lesdits droits, & faire lesdites foy, hommages & ventes.

CXII.

Item, si le vendeur n'a payé les droits de ventes au Seigneur censuel dedans quarante jours, & l'acheteur n'est ensaisiné dudit Seigneur, & qu'il se soit bouté audit heritage acquesté sans avoir saisine du Seigneur, ils échéent chacun en amende de soixante sols parisis envers le Seigneur : pour raison desquels droits, ventes & saisines, la main du Seigneur mise & apposée audit heritage ainsi vendu que dit est, tiendra jusqu'à plein payement & satisfaction d'iceux droits seigneuriaux, s'il n'y a opposition donnée comme dit est, & en ce cas il est tenu de bailler caution : Et si ledit heritage est saisi, pour les arrerages de la censive de plusieurs années, l'opposant n'aura point & ne doit avoir main-levée, sinon en nantissant de la derniere année.

CXIII.

Item, par ladite Coutume y a droit de relief en ladite Vidamé ès heritages cottiers & roturiers, qui est tel qu'après le trépas d'aucun decedé, les heritiers d'icelui défunt sont tenus relever du Seigneur feodal ou censuel, les heritages cottiers & roturiers tenus d'iceux en dedans sept jours après ledit trépas, sur peine de l'amende; & pour ce faire sont tenus payer au Seigneur dont sont tenus lesdits heritages cottiers, pour chacune mazure cinq sols parisis, & pour chacune mine de terre ou pré, douze deniers parisis.

CXIV.

Item, quand aucuns heritages feodaux ou cottiers sont échangés but à but sans soulte, à l'encontre d'autres heritages d'une même nature, & tenus d'une même seigneurie sans moyen, est dû au Seigneur feodal ou censuel droit de relief seulement, tel que ci-dessus a été déclaré, avec les foy, hommage, & droit de chambellage quant aux feodaux : Mais si les fiefs sont tenus de diverses seigneuries, ou qu'il y ait soulte, est dû au Seigneur ou Seigneurs, droit de quint denier par appréciation desdits fiefs ou fief, foy & hommage, & droit de chambellage. Et quant aux heritages cottiers où il y a soulte, & qui sont tenus de diverses seigneuries, est dû droit de ventes, de saisine & dessaisine aux Seigneurs dont ils sont tenus, lesquels droits faut payer & signifier ausdits Seigneurs, comme dessus est dit des venditions, sur pareilles amendes.

TITRE XV.

De saisine.

CXV.

PAr ladite Coutume quiconque a jouy & possedé d'aucune chose par le temps & espace d'un an paisiblement, *non vi, non clam, vel precariò*, il a acquis saisine & possession de telle chose.

CXVI.

Item, quiconque a joui par an d'aucune chose, *non vi, non clam, vel precariò*, & il est inquieté en ladite possession & saisine, après l'an & jour passé de ladite possession paisible, icelui possesseur peut valablement intenter son cas de nouvelleté contre celui qui ainsi l'a troublé, dedans l'an & jour dudit trouble & empêchement.

TITRE XVI.

De Sentence coutumace.

CXVII.

PAr ladite Coutume devant que aucun puisse obtenir Sentence diffinitive par coutumace contre aucun, pour raison d'aucune dette personnelle ou pour la proprieté d'aucun heritage, il convient ajourner le détenteur & possesseur, ou debteur, & obtenir contre lui jusqu'à quatre défauts bien & dûement obtenus & continués, faits par quatre divers ajournemens, dont l'un d'iceux convient être fait à personne, & ledit défaut bien & dûement obtenu & continué, comme dit est : autrement sur lesdits défauts ne sera donnée aucune Sentence diffinitive pour l'adjudication dudit heritage ou de la dette personnelle, & si faut que ledit demandeur affirme par serment sa demande.

TITRE XVII.

D'Arrêts & main-mise.

CXVIII.

PAr ladite Coutume aucun ne peut proceder ou faire proceder pour son dû par voye d'arrêt ou main-mise de fait, sur le corps & biens d'autrui, s'il n'a sur lui ou ses biens bonne obligation, condamnation, chose privilegiée ou qui vaille.

TITRE XVIII.

De conjoints par mariage.

CXIX.

PAr ladite Coutume femme ne peut ester en jugement, sans l'autorité de son mari, ou qu'elle soit autorisée par Justice.

CXX.

Item, le mari est Maître & Seigneur de tous les biens meubles & acquêts immeubles, faits durant & constant leur mariage, & d'iceux en peut disposer à son bon plaisir, iceux vendre & aliener sans le consentement de sa femme, & si jouit de l'usufruit des propres heritages de ladite femme constant leur mariage,

TITRE XIX.

De Criées.

CXXI.

QUand aucun heritage chargé de rentes non propriétaires, non ensaisinées, non infeodées, mais de rentes constituées ou usuraires, est mis en criées & subhasté à défaut de payement, pour arrérages desdites rentes, icelles rentes sont tenues & réputées dettes mobiliaires seulement ; en telle façon que les créanciers desdites rentes qui se sont à ce opposés, viendront tous à contribution aux deniers qui viendront de la vendition desdits heritages ainsi criés & subhastés, comme dit est, sans avoir égard à la priorité ne posteriorité de la constitution desdites rentes, combien que par ladite Coutume tels créanciers de telles rentes sont préferés aux autres créanciers, qui sur la proprieté desdits heritages ainsi criés, comme dit est, auroient aucun droit d'hypoteque pour raison d'aucune dette particuliere ou somme de deniers pour une fois, en espece de chose, comme du vin, du bled ou autrement. Mais toutefois lesdits heritages pour lesdites rentes ne se peuvent crier, sinon sur l'obligé & ses heritiers, ainsi que dessus est touché.

CXXII.

Item en matiere de criées les surcens ou rentes proprietaires ausquelles seroient baillés les heritages & les arrérages d'icelles rentes, seront préferés devant toutes autres rentes constituées & non infeodées,

CXXIII.

Item, mais quand lesdits heritages ainsi criés que dit est, sont chargés de rentes constituées, qui sont ensaisinées ou infeodées, les créanciers à qui sont dûes lesdites rentes ensaisinées ou infeodées, sont preferés aux autres, à qui seulement sont dûes lesdites rentes constituées non ensaisinées ne infeodées, posé ores qu'elles soient de datte subsequente de celles non ensaisinées ne infeodées: Et encore prefereront les premieres ensaisinées, celles, qui depuis sont ensaisinées: & si doivent les heritages ainsi criés être adjugés par decret, à la charge desdites rentes ensaisinées ou infeodées, & arrerages d'icelles, s'il n'y a aucun qui les mette à prix à la valeur de ce, & non autrement.

CXXIV.

Item, il convient que les créanciers desdites rentes proprietaires & rentes ensaisinées s'opposent si bon leur semble ausdites criées avant l'adjudication ou scellé du decret: Car si ils ne s'y opposoient, ils perdroient leur droit de rente d'hypoteque, tant pour le principal que les arrerages, sur lesdits heritages criés, & sur celui à qui ils auront été adjugés.

CXXV.

Item, en simple action & poursuite, autre qu'en matiere de criées, quand il y a plusieurs créanciers, celui qui a la premiere obligation & constitution de rente mobiliaire, préferera les autres créanciers, si iceux derniers créanciers n'étoient possesseurs des rentes ensaisinées ou infeodées, auquel cas lesdits seconds créanciers à qui étoient dûes lesdites rentes ensaisinées ou infeodées, prefereront les autres précedentes, comme dit est. Et au cas dessusdit, l'on vend les biens par autorité de Justice, sans qu'il soit nécessaire garder les solemnités requises en criées.

CXXVI.

Item, quand aucun qui est détenteur & proprietaire d'aucun heritage, soit par decret ou autre titre particulier, a acquis ou acquiert aucune rente constituée sur ledit heritage, icelle rente est confuse & éteinte, & ne s'en peut ledit détenteur ou proprietaire aider contre les autres créanciers ayans droit de rente ou hipoteque sur iceux heritages, posé ores qu'ils fussent subsecutifs en datte desdites rentes ou rente confuse, si ce n'étoit toutefois que la proprieté desdits heritages fût évincée par Justice dudit détenteur ou proprietaire, auquel cas par ladite Coutume, ledit acquesteur de rente ou autre charge de qui seroit évincée la proprieté desdits heritages, peut valablement demander ses droits & action des rentes & autres charges par lui acquestés, tant sur lesdits heritages évincés, comme sur les autres non évincés comme les autres créanciers, & tout ainsi qu'il eût pû faire auparavant l'acquisition de la proprieté desdits heritages évincés.

CXXVII.

Item, quand aucun heritage est crié ou subhasté, le droit de cens ou fonds de terre seigneurial doit préceder tous autres droits de rente constituée, ou autre droit, soit proprietaire, ensaisinée ou infeodée, posé ores qu'ausdites criées, ledit Seigneur soit opposant ou non: combien que si le Seigneur n'est opposant, il perdroit les arrerages de tel droit de cens.

CXXVIII.

Item, outre droit de cens & fonds de terre dû à aucun Seigneur, ne se perd point par criées, ne est prescrit.

CXXIX.

Item, quand aucun heritage est crié, tel heritage crié & adjugé est franc de toutes autres charges, excepté de celles des opposans, & ausquelles tel heritage est adjugé avec les droits de censive & fonds de terre.

CXXX.

Item, quand heritage est mis en criées, & adjugé par decret au plus offrant, sans la charge de l'opposition d'aucun qui y prétendoit droit qui ne s'y est opposé, tel opposant par l'adjudication du decret qui en est faite, perd le droit réel qu'il y prétendoit, & qu'il eût pû demander sur ledit heritage crié, & d'icelui droit en est debouté, excepté le Seigneur pour sondit droit de censive ou fonds de terre, comme dit est dessus.

CXXXI.

Item, avant l'adjudication du decret de l'heritage mis en criées, faut qu'il y ait criées solemnellement faites par un Sergent par vertu d'une obligation ou condamnation, en faute de payement du dû, après les commandemens faits, & biens meubles non trouvés, par quatre quinzaines, au lieu où lesdits heritages sont situés & assis publiquement, & rapportées au lieu où le decret se doit adjuger, & qu'icelles criées soient bien & dûement faites, sans discontinuation; & avec ce que ledit debteur sur lequel se fait ledit decret, soit ajourné en sa personne ou domicile, pour voir adjuger ledit decret.

CXXXII.

Item, le créancier qui fait faire les criées d'aucun heritage, n'est tenu de faire signifier lesdites criées & adjudication dudit decret, aux autres créanciers ayans droit d'hypoteque sur lesdits heritages criés, si bon ne lui semble, si lesdits créanciers ne s'étoient opposés ausdites criées, en la main du Sergent executeur ou Greffier du lieu auquel se doit faire le decret, auquel cas leur seroit donné jour pour dire leurs causes d'opposition.

CXXXIII.

Item, quand aucun heritage est mis en criées, chacun est habile à soy opposer ausdites criées,

Jusqu'à ce que lesdites criées & decret soient signés & scellés en Jugement du Scel du Juge pardevant lequel est faite l'adjudication dudit decret de l'heritage ainsi crié, comme dit est, après lequel Scel apposé, aucun n'est recevable à soy opposer, ne à y mettre enchere.

TITRE XX.

Des heritages baillés à surcens ou rente.

CXXXIV.

ITem, quand aucun a pris aucun heritage à rente, & à ce s'est obligé à toujours ou à temps, & promis ledit héritage entretenir tellement que ladite rente y pût être perçûe, tel preneur ne se peut départir dudit contrat de prise, ne renoncer à icelle prise, sans le consentement du bailleur, ou de celui qui aura cause de lui.

TITRE XXI.

De louage.

CXXXV.

ITem, un locateur de maison, le terme dudit louage échu, peut faire executer le conducteur, & lui faire garnir la maison de biens pour le dû; & s'il se part hors ladite maison louée, & a emporté tous ses biens, ledit locateur le peut contraindre par Justice à remettre des biens meubles en ladite maison louée, peut faire execution sur lesdits biens ainsi remis que dit est, jusqu'à la concurrence dudit louage.

CXXXVI.

Item, un locateur de soy peut gaiger son conducteur pour ledit louage sans autre Sergent ou homme de Justice; mêmement quand il voit sondit conducteur soy partir de ladite maison ou heritage louée, avec ses biens, sans payer ledit louage par lui dû. *Signés Guy Abbé de saint Germer, G. Chofflart, Fourcroy Dugué, Malingre, C. le Volguier, le Tellier, Oger, P. Lonvi, Luzieres, Baileaue, du Saulchoy, Aubert, Cauy, Ma. Fournier, Patin, Chastelain, de la Mare, Afineur, Darie, Prevôt, Mortellier, Luzieres, G. Marc, Descourtils, Charpentier, B. Ticquet, A. Cossart, de la Vigne, Bouchart, Robinet, Aventin.*

OBSERVATION

Sur ce qui a été dit de la Coutume de Gerberoy par Monsieur du Fresne, dans son Commentaire sur la Coutume d'Amiens.

LEs termes avec lesquels j'ai donné au Public les Coutumes locales du Vidamé de Gerberoy, redigées en l'année 1507. par Maître Guillaume Chofflart mon trisayeul, lors Bailly du Comté de Beauvais, & les précautions que j'avois prises dans la Préface que j'ai faite à ce sujet, en observant ce qui pouvoit faire contre leur établissement, aussi-bien que ce qui pouvoit les favoriser, & en insinuant que je les presentois plutôt pour servir de memoire que de loy, particulierement pour ce qui concerne les Reglemens publics, devoient sans doute contenter également ceux qui se trouvent dans des inclinations contraires; mais comme l'interêt n'a point de mesure, quelques particuliers qui sont engagés à ne laisser aucune vigueur à cette Coutume locale, par le motif d'une instance qu'ils ont pendante au Parlement, ayans sçû que je les faisois imprimer, me firent solliciter d'y ajouter un Arrêt du septiéme Janvier 1608. qui se trouve conforme à leur intention : mais étans de ma connoissance, aussi-bien que de la leur, que cet Arrêt avoit été annullé par un postérieur, j'évitai la surprise qu'ils me vouloient faire, & laissai les choses dans la verité.

Mais le dessein de ces particuliers a mieux réussi dans une autre entreprise qu'ils ont faite. Ils ont sçû que Monsieur du Fresne Avocat en Parlement, faisoit imprimer un nouveau Commentaire sur la Coutume d'Amiens; d'où ils ont pris occasion de lui porter l'Arrêt de l'année 1608. pour l'inserer dans son Livre, & combattre en même temps un autre Arrêt de l'année 1621. duquel je me suis servi, & qui a jugé le contraire, après que les choses, pour la forme, avoient été remises en leur entier, par un Arrêt du 7. Juillet 1618. qui avoit entheriné les Lettres en forme de Requête civile, obtenues contre le premier Arrêt de l'année 1608.

Cependant le sieur du Fresne a ajouté plus de foy aux memoires que ces particuliers lui ont fournis, & qu'il a inserés à la fin de son Ouvrage, qu'à ce que j'en avois dit, & à ce qu'il en avoit lui-même écrit dans les observations que nous avons fait l'un & l'autre, sur l'article septiéme de la Coutume d'Amiens, & n'épargnant pas mon nom, il m'a taxé d'avoir legerement rapporté l'Arrêt de l'année 1621. & de m'être servi d'une preuve suspecte pour authoriser les Coutumes locales de Gerberoy.

Je ne me serois pas mis en peine de me purger contre ce reproche, si j'avois été seulement combattu dans la résolution d'une question, parce qu'il y a long-temps que je me suis persuadé que les hommes n'étoient pas infaillibles dans leurs sentimens, sur-tout ceux qui ont aussi peu de lumiere que moi; mais comme je n'aurois pû me servir d'un Arrêt supposé, sans me rendre coupable de mauvaise foi, & que j'ai même tellement affecté d'être exact dans toutes les citations que j'ai faites, que je n'ai point employé de loy, ou d'autre autorité dans mes ouvrages, que je n'aye revû jusqu'à deux fois dans leurs originaux, ni aussi rapporté d'Arrêts modernes, que je n'aye entendu prononcer, ou que je n'aye vû sur les Registres de la Cour, & fait tirer copie des plus notables; J'ai estimé que mon honneur se trouvoit engagé à faire connoître que l'Arrêt de l'année 1621. est veritable, & que celui de l'année 1608. que le sieur du Fresne lui a opposé ne subsiste plus, ayant été annullé par un Arrêt subsequent de l'année 1618. Ce qui m'est d'autant plus facile, que je n'ai qu'à opposer cet Auteur à lui-même, & à transcrire les trois Arrêts.

EXTRAIT

Du Commentaire de Monsieur du Fresne, sur l'article VII. de la Coutume d'Amiens.

Ce n'est pas que quelques Seigneurs ne puissent faire payer par leurs vassaux de plus grands droits pour les Reliefs, que ceux qui sont ici specifiés, quand ils en ont titres ou possession immemoriale, parce que les droits Feodaux & Seigneuriaux dépendent des pactions & conditions qui ont été imposées lors de l'investiture des Fiefs, lesquels par consequent, peuvent être plus grands à l'endroit des uns que des autres, selon la diversité des conventions: Et de fait, Messieurs les Commissaires députés du Parlement, qui ont procedé à la réformation de cette Coutume, l'ont ainsi prudemment jugé sur l'opposition qui fut lors formée à la rédaction de cet Article septiéme, par les Doyen, Chanoines, & Chapitre de Beauvais, qui soutenoient par du Beguin leur Procureur, qu'en leur terre de Gaincourt, & autres qu'ils possedoient dans l'étendue du Bailliage d'Amiens, ils avoient plusieurs Mairies en Fiefs mouvantes de leur Eglise, pour le relief desquelles leur étoit dû à toutes mutations, même de pere à fils revenu d'année; & qu'outre ils avoient droit de Relief sur toutes les terres cottieres; sçavoir pour chacune mesure tenue à cens, & pour chacune mine de terre tenue en champart, cinq sols parisis.

Et l'ont encore jugé de cette façon, à l'égard de l'opposition qui fut aussi lors formée par le Sieur Cardinal de Chastillon, qui remontroit par l'Esconverte & Vaillant ses Procureurs, que dans l'étendue de son Vidamé de Gerberoy, en cas de donation faite d'aucun heritage Noble, & tenu en Fief par un vassal à son heritier apparent, & en avancement d'hoirie & de succession, lui appartenoit pour droit de Relief revenu d'année, ou une somme de deniers pour une fois, offerte au Chef-lieu du Fief Seigneurial, ou le dire des Pairs & vassaux, étans sous le Seigneur Vidame, au choix dudit Seigneur.

Et bien que ce jugement pour le relief de revenu d'année en cette hypothese, ne dût, ce me semble, servir de préjugé aux mutations de Fiefs, qui arrivoient par mort ou par mariage, quand la Femme ayant Fief se marie, dont le mari est bail & garde, ou qu'il lui échet pendant le mariage; Néanmoins il a été jugé par Arrêt contradictoire du quatorziéme Aoust 1621. qu'il y devoit avoir aussi lieu avec d'autant plus de raison, qu'il y avoit bien moins de répugnance d'ordonner le Relief de Revenu d'année, en ces trois sortes de mutations, qu'en celle qui arrive par donation entre-vifs; parce que lors le donataire laisse toujours l'ancien vassal vivant, & comme l'homme ordinaire du Seigneur. Et cet Arrêt a été donné au profit de Messire Augustin Potier Evêque de Beauvais, & Vidame de Gerberoy contre le sieur Sennemont Ecuyer, & Dame Gabrielle Tiercelin son épouse, Appellans d'une Sentence du Baillif dudit Gerberoy, qui avoit déclaré la saisie du Fief de Lignieres, appartenant à ladite Dame, bonne & valable, faute de payement fait par ledit sieur de Sennemont son mari, & bail du Relief de revenu d'année dudit Fief, conformement à la Coutume locale & particuliere du Vidamé de Gerberoy, redigée en l'année 1507.

EXTRAIT

Des observations generales, sur la Coutume d'Amiens, que le même Auteur a ajoutées à son Commentaire.

De sorte qu'il est à douter, vû ladite Ordonnance & les Arrests ci-dessus rapportés, & ceux en particulier donnés de temps en temps contre les Evêques de Beauvais qui les ont déboutés comme Seigneur & Vidame de Gerberoy, de pouvoir alléguer & mettre en fait, autres Coutumes locales dans l'etendue l'étendue d'icelui, que la generale du Bailliage d'Amiens où il est assis; qu'il soit intervenu Arrêt du quatorziéme Août 1621. au profit de Messire Augustin Potier Evêque de Beauvais, en qualité de Vidame de Gerberoy, contre Jean de Senemont Ecuyer, & Damoiselle Gabrielle de Tiercelin sa femme, par lequel il ait été jugé, selon que Maître Jean Marie Ricard Avocat au Parlement, le cite en ses Notes qu'il a faites n'agueres sur cette Coutume, que la saisie feodale faite à la requête du Procureur fiscal dudit Vidamé, sur le Fief de Lignieres appartenant à ladite Damoiselle Tiercelin, tiendroit tant que ledit Sieur de Senemont son mari, & Bail, auroit payé le Relief audit Sieur Evêque, selon la Coutume locale & particuliere dudit Vidamé, qui est de revenu d'année, & jusqu'à ce, les fruits du Fief saisi, avoir été declarés acquis depuis ladite saisie.

Car il faudroit qu'il y eût eu Requête civile, obtenue par ledit Sieur Evêque, contre l'Arrêt du septiéme Janvier 1608. transcrit ci-dessus, qui a envoyé absous ledit Sieur de Senemont, des fins & conclusions contre lui prises par Messire René Potier son predecesseur audit Evesché, dont ne fait mention ledit Arrêt, & que ladite Requête civile eût été entherinée, ou qu'en tout cas ledit Arrêt n'ait été donné, tant en vertu d'aucune Coutume locale, qu'en consideration d'une Loy, paction, & condition de Fief, imposée lors de l'investiture par les premiers Vidames de Gerberoy à leurs vassaux, dont ledit Sieur Evêque eût fait apparoir, n'y ayant point de doute que les Coutumes generales des Bailliages & Senechaussées, qui ont établi les droits de Relief, selon que le frequent usage les avoit authorisés, in his quæ, ἐπὶ τὸ πλεῖον, *id est,* ut plurimum fiebant, *ne font point de préjudice aux Seigneurs particuliers, qui par convention & loy de Fiefs s'en sont reservé de plus grands, quand ils ont mis hors leurs mains partie de leurs terres.* Namque agrorum lex dicta servanda est, *en la loy* 1. §. Denique, ff. de aqua pluviæ arcenda.

Arrêt du 7. Janvier 1608. qui avoit donné main-levée d'une saisie feodale, faite en consequence de la Coutume locale de Gerberoy.

Extrait des Registres de Parlement.

ENtre Jean de Senemont Ecuyer, appellant d'un Jugement donné par le Baillif de Gerberoy, le vingt-quatriéme Decembre 1604. & des défenses faites en vertu du Jugement dudit jour neuviéme Septembre 1606. Et Messire René Potier, Evêque & Comte de Beauvais, Vidame de Gerberoy, intimé d'autre, sans que les qualités puissent préjudicier; après que Germain pour l'appellant a conclu en son appel, tant de ce qu'au prejudice de ses offres, suivant la Coutume d'Amiens, pour le droit de Relief, saisie a été faite de son Fief, que de ce que le Juge a reçû l'intimé à faire preuve d'un fait d'une Coutume locale contraire, ensemble de toute la procedure, & à ce qu'il soit dit mal & nullement, que ses offres seront déclarées valables, avec main-levée, dommages & intérêts. Desmarests pour l'intimé dit, que par le Procès verbal de reformation de la Coutume, son predecesseur est conservé en ses droits à lui appartenans par la Coutume locale, laquelle écrite, lui attribue plus grands droits que ceux offerts par l'appellant, qui d'ailleurs ne les a offerts en personne, ni fait les foy & hommage, partant & que le Reglement à informer, a été executé, soutient qu'il n'y a aucuns griefs, comme il a été jugé par Sentence diffinitive. Le Bret, pour le Procureur General du Roy, dit que l'appellant ayant épousé sa femme, a offert, comme Bail d'icelle, le droit de Relief de soixante sols parisis, pour le Fief qui releve de l'intimé, se disant exempt du droit de Chambellage: Au contraire, l'intimé a soutenu que la foy & hommage n'a été faite en personne, & par la Coutume locale de Gerberoy, le droit de Relief est de plus grande somme, ou des fruits d'une année, ou le dire de Prudhommes dont est en possession: Quant à ce qui est de n'avoir fait les offres en personne, ne s'y arrêtent, parce que lors l'intimé n'étoit en personne sur les lieux; & pour ce qu'il allégue de la Coutume locale qui lui donne les droits qu'il prétend, que par le Jugement des Commissaires à la derniere reformation, il a été ordonné que nonobstant icelle, l'article de la Coutume generale demeureroit, de vrai, sans prejudicier aux droits ausquels les Seigneurs se trouveroient fondés par leurs titres ou possession immemoriale. Mais ledit Sieur n'ayant depuis fait apparoir de l'un ni de l'autre par écrit, comme il est requis, l'appellant avoit satisfait à ce qu'il est tenu. La Cour a reçu & reçoit l'appellant, appellant de toute la procedure & Sentence diffinitive, l'a tenu & tient pour bien relevé: Et faisant droit sur toutes les appellations, les a mises, & ce dont a été appellé, au neant, sans amende & dépens des causes d'appel. A fait, & fait main-levée à l'appellant du Fief saisi, faisant par lui les foy & hommage, & payant le droit de Relief, suivant la Coutume du Bailliage d'Amiens. Fait en Parlement le 7. Janvier 1608. Signé Du Tillet.

Arrêt du 7 Juillet 1618. par lequel les Lettres obtenues par Monsieur l'Evêque de Beauvais contre le premier Arrêt, ont été entherinées.

Extrait des Registres de Parlement.

ENtre Messire René Potier, Evêque & Comte de Beauvais, Vidame de Gerberoy, Pair de France, demandeur à l'entherinement de Lettres Royaux, en forme de Requête civile par lui obtenue le 18. Mars 1608. d'une part: Et Jean de Senemont Ecuyer Sieur de Lignieres, assis à Feuquieres, & Damoiselle Gabrielle Tiercelin sa femme, défendeurs, d'autre. Vû par la Cour lesdites Lettres en forme de Requête civile dudit jour 18. Mars 1609. Arrêt du 29. Novembre

1610. par lequel sur lesdites Lettres les Parties avoient été appointées au Conseil, plaidoyer & Productions desdites Parties, même l'Arrêt du 8. Janvier 1608. contre lequel lesdites Lettres de Requête civile auroient été obtenues, forclusions de bailler contredits par lesdits défendeurs, après que le demandeur auroit renoncé d'en bailler de sa part, la Requête du 30. Juin 1612. Conclusions du Procureur General du Roy, tout consideré. Dit a été, que ladite Cour ayant égard ausdites Lettres, & en les enterinant a remis & remet lesdites Parties en tel état qu'elles étoient auparavant ledit Arrêt du 8. Janvier 1608. a ordonné & ordonne, que les parties concluront au Procès par écrit, sur l'appel de la Sentence donnée par le Baillif de Gerberoy le 20. Septembre 1607. Joint les appellations verbales de l'appointement & contrarieté du 23. Decembre 1604. & autres procedures faites pardevant ledit Baillif, pour ledit Procès communiqué au Procureur General du Roy, être procedé au jugement d'icelui ainsi qu'il appartiendra, sans dépens. Prononcé le 7. jour de Juillet 1618.

Arrêt du 14. Août 1621. entre les mêmes Parties, & sur la même contestation, par lequel la saisie feodale faite par M. l'Evêque de Beauvais, faute de Relief payé selon les Us & Coutumes du Vidamé de Gerberoy, a été confirmé.

Extrait des Registres de la Cour de Parlement.

COmme de la Sentence donnée par le Baillif du Vidamé de Gerberoy, ou son Lieutenant le 20. Septembre 1607. entre le Procureur Fiscal dudit Vidamé, demandeur en saisie du fief de Luzieres, assis à Feuquieres d'une part : Et Jean de Senemont Ecuyer, & Damoiselle Gabrielle de Tiercelin sa femme, défendeurs & opposans d'autre, par laquelle ledit Baillif ou son Lieutenant avoit declaré la saisie faite dudit fief bonne & valable : & ordonné qu'elle tiendroit jusqu'à ce que lesdits défendeurs eussent payé les droits de Relief dûs audit demandeur, selon les Us & Coutumes dudit Vidamé de Gerberoy, & fait les devoirs pour raison dudit Fief, & que les fruits perçus depuis ladite saisie, & qui se percevroient par ci-après jusqu'à ce que lesdits droits fussent payés, & devoirs faits, seroient & demeureroient acquis audit Procureur, & condamné lesdits défendeurs ès dépens : Eut été appellé à notre Cour de Parlement, en laquelle Parties ouyes en leurs causes d'Appel, & le Procès par écrit conclu, & reçû pour juger entre lesdits de Senemont & sa femme appellans d'une part : Et notre amé Cousin Augustin Potier, Evêque & Comte, Pair de France, Vidame de Geoffroy, prenant le fait & cause pour son Substitut audit Gerberoy, & ayant repris le procès au lieu aussi de notre amé Cousin René Potier vivant, Evêque dudit Beauvais, intimé. Et encore entre Gerberoy Tiercelin Sieur de Brosses & Leuquieres, reçû partie intervenante audit procès, par Arrêt du 4. Janvier 1620. appellant de ladite Sentence : Et ledit Evêque de Beauvais d'autre, joint les griefs hors le procès, pretendus moyens de nullité, & production nouvelle desdits appellans, qu'ils pourroient bailler dans le temps de l'Ordonnance, ausquels griefs & moyens de nullité, ledit intimé pourroit répondre, & contre ladite production nouvelle bailler contredits aux dépens desdits appellans : Joint les appellations verbales par lesdits Senemont & sa femme, & ledit Tiercelin interjettées de l'appointement de contrarieté du 23. Decembre 1604. & de ce qui s'en seroit ensuivi, sur lesquelles lesdites Parties écriroient, par mêmes griefs & réponses, & produiroient, joint aussi les fins de non recevoir dudit intimé, que ledit Tiercelin n'étoit dénommé aux jugemens dont étoit appel, & n'avoit interêt à la condamnation portée par ladite Sentence du 21. Septembre. Défenses au contraire, sur lesquelles sera prealablement fait droit, icelui procès vû : Forclusions de fournir griefs, moyens de nullité, & produire de nouvel par lesdits appellans, & des défenses par ledit Tiercelin ausdites fins de non recevoir, productions dudit intimé sur lesdites appellations, & d'y fournir de contredits suivant l'Arrêt du 22. Juin 1619. production desdites Parties sur ladite intervention, & Requêtes des 12. Mars & 28. Avril 1620. employées pour contredits par ledit intimé contre la production dudit Tiercelin : Contredit dudit Tiercelin. Acte d'inscription en faux, faite au Greffe de notredite Cour le 27. Août 1620. par le Procureur dudit Tiercelin, contre un Livre dans lequel la pretendue Coutume de Gerberoy du 23. Août 1507. est transcrite. Moyens de faux, baillés par ledit Tiercelin, joint audit procès par Arrêt du trentiéme Janvier mil six cens douze. Conclusions de notre Procureur General, & tout diligemment examiné : NOTREDITE COUR, par son Jugement & Arrêt ; faisant droit tant sur ledit procès par écrit, qu'appellations verbales, sans s'arrêter ausdites fins de non recevoir, & avoir égard tant ausdits moyens de faux, qu'intervention, a mis & met lesdites appellations au néant, sans amende : A ORDONNÉ & ORDONNE que la Sentence, & ce dont a été appellé, sortiront leur effet, condamne lesdits appellans ès dépens des causes d'appel, chacun à leur égard ; & ledit Tiercelin en ceux de l'instance d'intervention, sans prejudice des fruits échûs depuis le Contrat du 1. Février 1613. produit audit procès, sur lesquels lesdits Evêque de Beauvais & Tiercelin compteront plus amplement, la taxe des dépens adjugés à notredite Cour reservée. Prononcé le quatorziéme Août 1621.

FIN.

TABLE
DES MATIERES

Contenues tant au Texte de la Coutume d'Amiens qu'aux Remarques.

Les articles sont signifiés par ce mot abregé, art. *Et les Remarques sont distinguées par* pages. *Et les nouvelles Additions par une marque de cette maniere* ¶. *Dans lesquelles plusieurs autres difficultés se trouvent expliquées, après avoir conferé les Remarques de M. Jean du Fresne, avec celles de M. J. M. Ricard.*

E

F

¶ Legs

R

S

T

V

Fin de la Table des Matieres.

De l'Imprimerie de KNAPEN, Pont S. Michel. 1753.

www.ingramcontent.com/pod-product-compliance
Ingram Content Group UK Ltd.
Pitfield, Milton Keynes, MK11 3LW, UK
UKHW021156260726
13994UKWH00001B/490

9 782329 428796